人力资源高手

从0到1玩转人力资源管理

吴丽娜 ◎ 著

中华工商联合出版社

图书在版编目(CIP)数据

人力资源高手：从0到1玩转人力资源管理 / 吴丽娜
著. —北京：中华工商联合出版社，2024.10.
ISBN 978-7-5158-4086-4

Ⅰ.F243

中国国家版本馆CIP数据核字第2024Y3C360号

人力资源高手：从0到1玩转人力资源管理

作　　者：	吴丽娜
出 品 人：	刘　刚
责任编辑：	胡小英　楼燕青
装帧设计：	王玉美
排版设计：	水京方设计
责任审读：	付德华
责任印制：	陈德松
出版发行：	中华工商联合出版社有限责任公司
印　　刷：	三河市宏盛印务有限公司
版　　次：	2024年10月第1版
印　　次：	2024年10月第1次印刷
开　　本：	710mm×1020mm　1/16
字　　数：	280千字
印　　张：	18.5
书　　号：	ISBN 978-7-5158-4086-4
定　　价：	68.00元

服务热线：010－58301130－0（前台）
销售热线：010－58302977（网店部）
　　　　　010－58302166（门店部）
　　　　　010－58302837（馆配部、新媒体部）
　　　　　010－58302813（团购部）
地址邮编：北京市西城区西环广场A座
　　　　　19－20层，100044
http://www.chgslcbs.cn
投稿热线：010－58302907（总编室）
投稿邮箱：1621239583@qq.com

工商联版图书
版权所有　侵权必究

凡本社图书出现印装质量问题，请与印务部联系。
联系电话：010－58302915

Preface | 前言

现如今市场竞争日趋激烈，企业之间的竞争也是围绕着各种资源展开。企业资源中最核心的部分无疑是人才竞争，毕竟人才是企业发展的根基。而负责招聘人才的人力资源管理者也越来越受到企业的重视，人力资源管理水平也得以迅猛发展。

目前，人力资源管理已经具有比较科学系统的体系。作为一名人力资源管理者要想做好工作，必须系统地学习人力资源管理理论，增强工作的实操性。从人力资源管理角度来说，企业管理者和人力资源总监都明白人力资源管理的重要性，因此不光是人力资源从业人员需要学习相关知识，企业管理者也需要学习人力资源相关知识。

在学习人力资源相关知识时，要注重结合企业的特性进行实操。脱离了企业环境的人力资源管理是不切实际的，因为企业之间是不相同的。因此在学习本书的时候，不要生搬硬套，合适的才是最好的。书中的实操方法、模板工具、相关资料等是以不同的企业规模、经验状况、管理模式等情况为背景的，虽然有着通用性，但是也有着差异性。因此，一定要结合企业的实际情况去学习。

另外，在学习时，最好是带着问题来学习。通过本书的方法来分析你遇到的问题，最终解决问题。带着问题学习，能提升查看工具书的效率，更能体现出知识的价值。

本书是一本人力资源工具书，既有人力资源的基础理论知识，又有实操案例，可以帮助你快速成为一名人力资源管理达人。本书的内容较为全面，涵盖了人力资源管理工作的诸多方面。在人力资源管理的众多模块中，都可以找到相对应的操作方法和解决方案。本书侧重于人力资源管理理论在实际工作中的应用。

本书分为九个模块，包括人力资源管理的常识、招聘管理、入职及离职管理、培训管理、绩效管理、薪酬管理、员工关系管理、社会保险、人力资源管理者的职场规划，详细阐述了人力资源开发与管理，是一本非常实用的实操书。

本书为大家提供了相关的图片、表格以及模板和资料，方便大家拿来即用。

人力资源工作是一项综合性很强的工作，笔者尽管已经竭尽所能去全面详尽地阐述，但是由于能力有限，一定还有很多顾及不到的地方，书中如有错误或者不当之处，还请大家谅解，也欢迎大家批评指正。

Contents 目录

第1章 人力资源管理到底管哪些

1.1 人力资源管理的常识 / 002
- 1.1.1 人力资源管理与企业管理的关系 / 002
- 1.1.2 人力资源管理的范畴和任务 / 004

1.2 人力资源管理的岗位职责与功能 / 006
- 1.2.1 人力资源规划与组织架构 / 006
- 1.2.2 岗位体系与岗位定编 / 008
- 1.2.3 招聘与人才需求 / 011
- 1.2.4 入职、离职与人事管理 / 015
- 1.2.5 培训与培训需求 / 018
- 1.2.6 绩效考核、评估 / 019
- 1.2.7 员工关系管理 / 020
- 1.2.8 战略人力资源管理 / 021

1.3 人力资源管理的常见问题 / 022
- 1.3.1 人力资源管理的对象是谁 / 023
- 1.3.2 人力资源管理者的能力要求 / 024
- 1.3.3 人力资源管理的具体工作 / 024

1.3.4　人力资源管理的工作误区　　　　　　　　　　　／027
【实战案例】阿里巴巴在人力资源管理上的与众不同　　／028

第2章　招聘管理应该做好的十一个方面

2.1　招聘目标和原则　　　　　　　　　　　　　　／034
2.2　招聘工作流程　　　　　　　　　　　　　　　／036
2.3　招聘计划的制订　　　　　　　　　　　　　　／038
2.4　招聘渠道　　　　　　　　　　　　　　　　　／040
　2.4.1　招聘渠道的选择　　　　　　　　　　　　／040
　2.4.2　选择招聘渠道需要注意事项　　　　　　　／042
2.5　校园招聘　　　　　　　　　　　　　　　　　／043
　2.5.1　五步落实实习生计划　　　　　　　　　　／043
　2.5.2　提升招聘应届毕业生效率的方法　　　　　／044
2.6　网络招聘　　　　　　　　　　　　　　　　　／046
2.7　猎头式招聘　　　　　　　　　　　　　　　　／048
2.8　简历筛选、电话沟通、面试　　　　　　　　　／050
　2.8.1　简历筛选方法　　　　　　　　　　　　　／050
　2.8.2　电话与视频面试的前期准备和流程　　　　／051
　2.8.3　电话与视频面试的技巧　　　　　　　　　／053
　2.8.4　电话与视频面试的注意事项　　　　　　　／053
2.9　面试与求职者能力测试　　　　　　　　　　　／054
　2.9.1　面试时需要掌握的技巧　　　　　　　　　／054
　2.9.2　面试评估　　　　　　　　　　　　　　　／055
　2.9.3　屏蔽用人风险技巧　　　　　　　　　　　／056
　2.9.4　PDP职业性格测试答案分析　　　　　　　／060
2.10　背景调查　　　　　　　　　　　　　　　　　／061
　2.10.1　界定内容，明确调查方向　　　　　　　／062

2.10.2 背景调查的注意事项 / 064

2.11 通知书规范 / 066

2.11.1 对录用者的通知方式和要点 / 066

2.11.2 对落选者的通知方式和要点 / 068

【疑难问题】如何提高邀约者的面试到场率 / 068

【实战案例】结构化面试成功案例 / 070

第3章 入职、离职及劳动合同管理应知应会

3.1 入职管理 / 072

3.1.1 新员工入职流程 / 072

3.1.2 试用期及转正 / 073

3.2 离职管理 / 077

3.2.1 离职流程 / 077

3.2.2 离职表单 / 078

3.2.3 离职证明模板 / 079

3.2.4 离职原因种类 / 079

3.2.5 员工离职面谈技巧 / 080

3.2.6 合法合理辞退员工 / 082

3.2.7 规避自离风险 / 082

3.3 认识劳动合同 / 084

3.4 劳动合同管理 / 085

3.4.1 劳动合同管理流程 / 085

3.4.2 合同签订前提条件 / 086

3.4.3 劳动合同签订的注意事项 / 096

3.4.4 不签订劳动合同的风险评估 / 096

3.4.5 劳动合同的续签与变更 / 097

3.4.6 劳动合同的解除与终止 / 098

【疑难问题】如何处理高薪员工离职问题　　　　　　　　　　/ 100

【疑难问题】如何处理轻微违纪员工离职问题　　　　　　　/ 101

【实战案例】通过调岗让员工主动离职案例分析　　　　　　/ 102

第4章　搞好员工培训，激活企业人力资源

4.1 何为员工培训　　　　　　　　　　　　　　　　　　　/ 106
4.1.1 培训的含义　　　　　　　　　　　　　　　　　/ 106
4.1.2 培训的种类　　　　　　　　　　　　　　　　　/ 107
4.1.3 培训管理工作流程　　　　　　　　　　　　　　/ 111
4.1.4 培训需求分析　　　　　　　　　　　　　　　　/ 114
4.1.5 培训评估方法与模板　　　　　　　　　　　　　/ 117
4.1.6 企业培训的注意事项　　　　　　　　　　　　　/ 118

4.2 明确人力资源管理者的角色定位和培训目的　　　　　　/ 119
4.2.1 人力资源管理者在企业中的角色定位　　　　　　/ 119
4.2.2 人力资源管理者通过培训想要实现的目的　　　　/ 120

4.3 新员工培训　　　　　　　　　　　　　　　　　　　　/ 120
4.3.1 新员工培训内容　　　　　　　　　　　　　　　/ 121
4.3.2 新员工培训流程　　　　　　　　　　　　　　　/ 121
4.3.3 新员工培训注意事项　　　　　　　　　　　　　/ 123

4.4 组织完成培训工作　　　　　　　　　　　　　　　　　/ 124
4.4.1 培训前的准备工作　　　　　　　　　　　　　　/ 124
4.4.2 培训课程开发　　　　　　　　　　　　　　　　/ 126
4.4.3 培训现场的把控　　　　　　　　　　　　　　　/ 128

4.5 如何让企业各部门配合培训工作　　　　　　　　　　　/ 130
4.5.1 调动员工参与培训的积极性　　　　　　　　　　/ 130
4.5.2 如何培养下属的执行力，减轻人力资源经理的负担
　　　　　　　　　　　　　　　　　　　　　　　　　　/ 132
4.5.3 争取企业领导者对员工培训的支持　　　　　　　/ 133

【疑难问题】培训时间应选择业余时间还是工作时间 / 134
【实战案例】预防员工培训后离职案例分析 / 136

第 5 章 绩效管理不简单

5.1 绩效管理的概念 / 140
5.2 绩效管理的作用 / 140
5.3 绩效管理实施流程 / 141
5.4 绩效管理中的常见误区 / 142
5.5 绩效指标的设计和分解 / 144
5.5.1 绩效指标的设计程序 / 144
5.5.2 设置绩效指标目标的方法 / 145
5.5.3 不同类别岗位绩效指标的特点 / 146
5.6 绩效辅导 / 147
5.6.1 绩效辅导的作用 / 147
5.6.2 绩效辅导常见问题 / 148
5.7 绩效评价 / 150
5.7.1 绩效信息收集 / 150
5.7.2 如何建立奖罚机制 / 154
5.8 绩效考核 / 156
5.8.1 销售人员绩效考核 / 156
5.8.2 财务人员绩效考核 / 160
5.9 绩效反馈 / 163
5.9.1 认识绩效结果反馈 / 164
5.9.2 绩效诊断方法 / 165
5.9.3 绩效结果分析方法 / 167
5.9.4 绩效反馈面谈技巧 / 168
5.9.5 绩效改进的实施 / 169

【疑难问题】绩效反馈中如何处理对抗情况 / 172
【实战案例】员工不认可绩效考核结果怎么办 / 173

第6章 薪酬管理要抓住关键点

6.1 薪酬管理原则与目标 / 176
6.1.1 薪酬管理原则 / 176
6.1.2 薪酬管理目标 / 178
6.1.3 薪酬管理流程 / 179

6.2 如何设计薪酬体系 / 180
6.2.1 薪酬的含义 / 180
6.2.2 薪酬的组成要素 / 181
6.2.3 薪酬变动 / 182
6.2.4 薪酬体系的设计流程 / 182
6.2.5 岗位分析 / 183
6.2.6 岗位价值评估技巧 / 187
6.2.7 薪酬调查原则 / 189
6.2.8 薪酬调查作用 / 190
6.2.9 薪酬调查程序 / 191
6.2.10 内部薪酬调查方法 / 192

6.3 薪酬核算 / 193
6.3.1 工资核算方法 / 193
6.3.2 假期工资如何核算 / 198
6.3.3 年终奖金如何核算 / 202
6.3.4 奖金发放注意事项 / 203

6.4 绩效考核与薪酬管理 / 204

6.5 典型职位的薪酬设计分析 / 205
6.5.1 高管职位薪酬设计 / 205

      6.5.2   研发职位薪酬设计　　　　　　　　　　　　　　　/ 207

      6.5.3   销售职位薪酬设计　　　　　　　　　　　　　　　/ 208

6.6 薪酬奖罚方案的作用和操作　　　　　　　　　　　　　　　/ 211

【疑难问题】如何让薪酬核算更为规范合理　　　　　　　　　　/ 218

【实战案例】怎样做好薪酬激励方案和降低降薪风险　　　　　　/ 219

第 7 章　员工关系管理要管出新境界

7.1 员工关系管理　　　　　　　　　　　　　　　　　　　　　　/ 224

      7.1.1   员工关系管理的内容　　　　　　　　　　　　　　/ 224

      7.1.2   员工关系管理的意义　　　　　　　　　　　　　　/ 225

7.2 员工意见调查　　　　　　　　　　　　　　　　　　　　　　/ 226

      7.2.1   内部员工满意度调查　　　　　　　　　　　　　　/ 226

      7.2.2   采纳员工合理化建议　　　　　　　　　　　　　　/ 229

      7.2.3   做好员工与企业的沟通工作　　　　　　　　　　　/ 231

      7.2.4   合理处理员工的投诉　　　　　　　　　　　　　　/ 232

7.3 劳动纠纷　　　　　　　　　　　　　　　　　　　　　　　　/ 234

      7.3.1   劳动纠纷产生的原因　　　　　　　　　　　　　　/ 234

      7.3.2   劳动纠纷处理方法　　　　　　　　　　　　　　　/ 235

      7.3.3   劳动纠纷调解程序　　　　　　　　　　　　　　　/ 238

      7.3.4   如何减少劳动纠纷　　　　　　　　　　　　　　　/ 240

【疑难问题】如何解决员工不胜任工作问题　　　　　　　　　　/ 240

【实战案例】员工外出面试引发的劳动纠纷案例分析　　　　　　/ 241

第 8 章　社会保险不可马虎

8.1 认识社会保险　　　　　　　　　　　　　　　　　　　　　　/ 246

      8.1.1   社会保险的特点　　　　　　　　　　　　　　　　/ 246

      8.1.2   社会保险缴费流程　　　　　　　　　　　　　　　/ 246

8.2　社会保险的构成　　　　　　　　　　　　　　　　　　/ 248
　　　　8.2.1　养老保险　　　　　　　　　　　　　　　　　　/ 248
　　　　8.2.2　医疗保险　　　　　　　　　　　　　　　　　　/ 252
　　　　8.2.3　失业保险　　　　　　　　　　　　　　　　　　/ 257
　　　　8.2.4　工伤保险　　　　　　　　　　　　　　　　　　/ 258
　　　　8.2.5　生育保险　　　　　　　　　　　　　　　　　　/ 263
　　【疑难问题】员工不愿意参加社保怎么办　　　　　　　　　　/ 266
　　【实战案例】试用期工伤员工医疗报销案例分析　　　　　　　/ 267
　　【实战案例】值班回家途中突然死亡算不算工伤　　　　　　　/ 269

第 9 章　人力资源管理者的职场规划

　　9.1　人力资源管理者的职业定位　　　　　　　　　　　　　/ 272
　　9.2　人力资源管理者职业生涯规划　　　　　　　　　　　　/ 275
　　9.3　人力资源管理者职业测评　　　　　　　　　　　　　　/ 280

第1章 | CHAPTER 1

人力资源管理到底管哪些

不论在哪个行业,人力资源都是企业中重要的资源,也是能够创造价值的资源。企业在人力资源方面的管理水平从侧面反映了企业整体的经营管理水平。人力资源掌管着企业的人才流动,是企业发展的动力之源。因此,要想经营好一家企业,一定要提升人力资源的管理。要想提升人力资源的管理,就得先从人力资源的常识和作业原理入手。

1.1 人力资源管理的常识

在系统学习人力资源管理的知识前，我们要先对人力资源管理有一个基本的了解。人力资源一般可以划分为六大模块，包括人力资源规划、招聘与配置、培训与开发、绩效管理、薪酬福利管理、员工关系管理。接下来，我们将从这六大模块入手，来系统学习人力资源管理。

1.1.1 人力资源管理与企业管理的关系

人力资源管理和企业管理有多大的关系？其实很多企业管理者在创业之初并没有人力资源管理的概念，因为大部分创业者刚开始只是凭着一腔热血和吃苦耐劳的拼劲打拼出自己的一片天地，而当企业发展到一定阶段的时候，才开始思考如何管理企业的问题。

而企业管理，就是对企业经营活动中的一系列管理活动的统称，包括目标的设定、计划的分解、资源的组织、工作分配等。具体来说，就是根据企业的预期目标对人、财、物等各种资源进行有效规划和利用，通过企业成员的分工劳作，最终实现预期目标的过程，是集目标、计划、组织、实施与监控的循环过程。这一过程，人力资源管理将贯穿始终，因为企业无论如何发展，永远离不开人，离不开人力资源管理。从人力资源管理工作的核心目的来说，人力资源管理侧重于"选、训、育、留"四个方面。这四个方面是以多数人力资源管理工作的核心目的为背景进行的，是对人力资源管理模块的简化表述。

从人力资源管理工作层面来说，人力资源管理工作的内容主要包含招聘管理、培训管理、绩效管理、薪酬管理、员工关系管理、入职与离职管理、职业发展管理等以管理性为主、以事务性为辅的人力资源管理工作。

人力资源管理是企业管理的一部分，二者相辅相成。有的企业会把人力资源管理工作与办公室工作混为一谈，因为企业管理者搞不清楚人力资源管理和行政管理的区别。很多企业会认为人力资源管理就是做人事管理工作的，像人事管理、人事档案管理、员工入职管理、员工离职管理、社保公积金管理等简单、重复、事务性的工作。但事实上，这些工作只是人力资源管理的一部分，是人力资源管理的初级阶段，也就是人事管理阶段。

到了人力资源管理阶段，人力资源的工作逐渐向招聘管理、培训管理、福利管理、职业发展、薪酬管理、绩效管理、员工关系管理等内容发展。这时，企业管理者开始意识到人力资源管理工作的重要性，人力资源部管理性的工作逐渐增多，管理职能凸显出来，企业管理者才意识到人力资源管理工作的重要性。

到了最高的人力资本管理阶段，也就是人力资源管理的高级阶段，人力资源的管理工作在企业中的重要位置更加凸显出来。在这个阶段，人力资源部站在一个战略规划的高度，对人力资源有着战略规划，同时也会有组织架构。随着企业的业务发展，对人力资源管理工作的要求也越来越高。

人力资源管理发展的不同阶段及其特点如表1-1所示：

表1-1 人力资源管理发展的三个阶段

阶段	描述	关键点
初级阶段（人事管理阶段）	这是人力资源管理的起始阶段，主要涉及基础的人事行政工作	事务性工作为主，如招聘、入职离职手续、档案管理等；管理者对人力资源管理的认识有限，仅关注基础操作，缺乏系统的管理策略和规划

续表

阶段	描述	关键点
中级阶段（人力资源管理阶段）	随着企业的发展，人力资源管理工作开始涉及更多管理性内容	招聘、培训、福利、薪酬、绩效、员工关系等管理性工作逐渐增多；管理者开始意识到人力资源管理对企业发展的重要性；人力资源管理部门开始承担更多管理职能，如制订人力资源策略、规划等
高级阶段（人力资本管理阶段）	人力资源管理进入战略层面，成为企业战略规划的重要组成部分	站在企业战略规划的高度，对人力资源进行战略规划；涉及组织架构设计、人才发展、企业文化建设等更高层次的工作；人力资源部不仅是执行者，更是企业战略的参与者和推动者；强调人力资源的资本价值，关注员工的长期发展和企业的持续增长

人力资源管理与企业管理是不同的，企业管理侧重人、财、物的管理，人力资源管理侧重"人"的管理。企业管理包含人力资源管理，人力资源管理是企业管理的重中之重。因为管理好了人，才能管理好其他事情。

1.1.2　人力资源管理的范畴和任务

"人力资源"这一概念早在1954年由彼得·德鲁克在其著作《管理的实践》中提出并加以明确界定。现如今，人力资源管理经过长时间的发展日趋成熟，并在实践中得到进一步发展，被企业管理者所接受，并逐渐取代了狭隘的人事管理。

1.人力资源管理的范畴

人力资源管理的范畴是人，所有的工作都是围绕着人进行的。据此，人力资源管理可被划分为三个层次：

第一个层次是基础人事工作层。在这个层面，人力资源管理人员的主要工作是围绕为员工办理入职和离职手续、计算和缴纳社会保险和公积金、保管和管理员工人事档案、记录并核对员工考勤、计算并发放员工工资等一系列偏重于基础性的、标准性的、事务性的、重复性的人力资源工作。

第二个层次是人力资源管理工作层。在这个层面，人力资源管理人员逐渐开始从事岗位管理、能力管理、招聘管理、培训管理、绩效管理、薪酬管理、职业规划、员工关系管理等以管理为主、以事务性为辅的人力资源工作。

第三个层次是战略人力资源管理工作层。在这个层面，人力资源管理人员除了需要从事前两个层面的工作之外，还会有人力资源规划、组织机构设计和变革等定位在战略管理层面的人力资源管理工作。

当人力资源部能够逐渐由浅到深地掌握这三个层面的工作，将一切的管理和事务性工作有序、平稳地开展时，随着组织发展对核心人才的需求和重视，人力资源管理将会逐渐进入人力资本管理阶段。

2. 人力资源管理的任务

人力资源管理者所做的工作是根据企业当前及未来的发展，对宏观、微观的人才布局提出合理的发展意见。人力资源管理的基本任务有六个方面：

第一个方面，确定发展目标。确定清晰的业务发展目标、科学的远景目标，定义公司核心价值观。

第二个方面，人力资源规划管理。收集人才供求信息，制订招聘、培训等计划与方法，评估人才现状。

第三个方面，组织结构规划。设计企业的整体组合结构框架，注重组织信息的收集、处理与应用。

第四个方面，制度体系构建完善。构建企业内部员工绩效考核、培训福利等人力资源管理体系。

第五个方面，劳动关系管理。科学处理内部劳动关系和劳动争议，开发员工沟通渠道。

第六个方面，多项费用规划。主要是对人力资源管理各项费用的预算、核算、审核、结算等。

当然，建立完善的激励机制与掌握合适的激励手法是人力资源管理的中心任务。对于激励通常有两种方式：一种是物质激励，更多体现在工资分配制度上；另一种是职业发展激励，企业经营往往需要整个团体分工合作，建立职业发展激励，可以给员工创造一个成长的空间，形成培养人、重视人的企业文化，这是十分重要的。

1.2 人力资源管理的岗位职责与功能

要想了解人力资源管理，我们先要知道人力资源管理的岗位职责与功能是什么。了解了岗位职责与功能可以让我们更全面地了解人力资源管理。

1.2.1 人力资源规划与组织架构

人力资源规划是针对企业某一个时间周期的经营目标与任务，进行统筹规划，把企业的经营目标与人力资源管理工作紧密地连接在一起。许多企业由于经营管理存在随意性，缺乏规划工作，使得人力资源管理工作只停留在事务性工作层面，使得人力资源管理工作陷入被动局面。

1. 人力资源规划

人力资源规划指的是人员的配置计划、补充计划和晋升计划。如果把范围扩展得更广泛一些，则是员工培训与发展计划、薪酬与激励计划、绩效管理计划、员工福利计划、员工职业生涯规划、员工援助计划等与人力资源管理相关的一系列计划的总称。

人力资源规划是确保企业战略目标实现的重要基础，其实施过程需紧密结合企业实际情况。那么，人力资源规划的程序是什么呢？

（1）信息搜集与整理

收集企业战略信息：全面梳理企业的市场、产品、技术、扩张等战略规划，了解企业未来的发展方向和目标。

内部经营状况分析：深入调查企业的生产、销售、财务等内部经营数据，评估企业的运营效率和潜力。

人力资源现状调查：收集企业现有人力资源的数量、质量、能力、结构等信息，确保数据的真实性和可靠性。

外部人力资源市场分析：了解行业人才供给情况、竞争对手的人力资源配置，以及劳动力市场的发展趋势。

（2）现状分析

人力资源需求分析：基于企业战略目标和内部经营状况，预测未来人力资源的需求数量、结构和能力要求。

人力资源供给分析：首先评估企业内部员工的晋升、调动和培训等内部供给能力，再考虑外部招聘、人才引进等外部供给渠道。

（3）供需预测

人力资源盘点：对现有人力资源进行全面盘点，了解员工的数量、质量、能力、层次、结构以及离职率等情况。

供需预测方法：结合定量和定性方法，如趋势分析法、比率分析法、德尔菲法等，对人力资源的供需状况进行预测。

盘活存量与预测增量：在充分盘活现有人力资源的基础上，预测未来的人力资源增量需求，确保企业的人力资源与战略目标相匹配。

（4）制订与实施计划

制订人力资源规划：根据需求分析和供给预测的结果，制订具体的人力资源规划，包括招聘计划、培训计划、薪酬计划等。

计划实施：按照人力资源规划的要求，逐步实施各项计划，确保计划的顺利执行。

长短期需求兼顾：在编制人力资源计划时，既要考虑企业的短期需求，也要关注企业的长期发展需要，确保人力资源的持续供给。

员工发展机会：在计划中充分考虑员工的职业发展需求，为员工提供成长空间和晋升机会，激发员工的工作积极性和创造力。

（5）评价与调整

实施监控：对人力资源规划的实施过程进行实时监控，确保计划的顺利执行。

效果评估：定期对人力资源规划的实施效果进行评估，分析计划的执行情况和存在的问题。

调整优化：根据评估结果和企业内外部环境的变化，及时调整和优化人力资源规划策略，确保规划始终与企业战略目标保持一致。

2. 组织架构

人力资源部门要针对经营目标与业务情况提出与之相匹配的人力资源工作目标与规划；对经营目标进行有效的分解，从而设定合理的组织架构与部门职能；为各个部门找到符合需求的部门绩效目标。

组织架构是一种组织的构成形态，是组织为了达成战略目标而设计出的对人力资源的上下级关系、平行关系、内外部关系、工作流程、岗位职责、工作内容、工作目标等各类要素的组合配置方式。

根据管理流程、分工模式和上下级关系的不同，组织机构可以分成很多种类型。这些不同类型的组织机构没有绝对的好与坏，通常认为，能够完成组织战略目标的最简单、最有效的组织机构就是最优的组织机构。

那么，组织机构可以分成哪些类型呢？其主要可分为职能型组织、事业部型组织、矩阵型组织、多维立体型组织、模拟分权型组织、流程型组织、网络型组织等。

1.2.2 岗位体系与岗位定编

岗位是一个企业里最基本的单位。它是企业发展的一个重要存在，它承接了企业发展的分解目标，是一个动态的发展情况，稳定地存在着。岗位是一个固定的职位，无论有多少个员工的离开与到来都不影响这个岗位的变动，然而岗位会随着企业发展与变革的状态而发生改变。

1. 岗位体系

那么，什么是岗位体系呢？岗位体系能够帮助企业持续不断地吸引到优秀人才，因为它是人力资源管理体系的基础，它与职业发展体系、薪酬管理体系、绩效管理体系等形成关联体系，并且相互作用。

比如，有了岗位体系，就可以根据岗位确定薪酬和福利的标准；绩效体系的结果，又可以作为个人升职、降职、调薪、激励的依据。

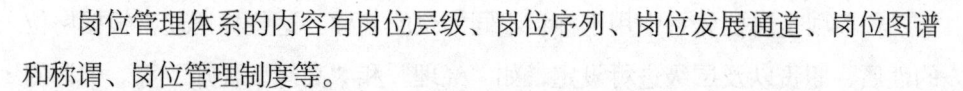

岗位管理体系的内容有岗位层级、岗位序列、岗位发展通道、岗位图谱和称谓、岗位管理制度等。

（1）岗位层级

岗位层级是根据岗位的职能和价值进行划分的，是一个纵向权限的分布，是岗位的相对价值存在。它可通过工作能力、专业指导、贡献大小、岗位影响力等角度来测量岗位的价值，划分岗位层级。

（2）岗位序列

岗位序列主要是一个横向分布，是根据工作内容来划分的，满足岗位要求的岗位任职者所需技能、知识，工作领域相同或相近的岗位组成的岗位集合。

设置岗位序列主要是为人力资源调配提供一个新的工具，可以对数量较大的岗位进行更好的动态管理；还可以建立多渠道的职业发展途径，扩展员工在企业的发展空间，同时保留和激励企业的核心人员。

（3）岗位发展通道

岗位发展通道通俗地说就是职业通道，即采取横向调岗的方式，让工作充满多样化的可能性，唤醒员工新面貌，激发员工的斗志。这种方式虽然没有加薪和晋升的激励作用大，但也可以激发员工迎接挑战的积极性。如果一个企业没有建立完善的晋升制度或者更高的职位提供给员工，而长期从事一项工作内容又会给人带来枯燥感和疲惫感，便可以采用岗位发展通道这种模式。

（4）岗位图谱和称谓

岗位图谱和称谓是岗位体系建设中的重要组成部分，它们共同构成了岗位体系的结构和标识。

岗位图谱是一种可视化的工具，用于展示组织中不同岗位之间的关系和结构。它通过横纵交叉的方式，清晰地呈现了岗位的层级、序列以及职级等信息。这种图谱不仅有助于员工理解组织的结构，还为员工的职业发展提供了清晰的路径。例如，通过岗位图谱，员工可以明确地看到从初级岗位到高级岗位的晋升路径，以及不同岗位之间的转换可能性。

称谓则是岗位体系中用于标识不同岗位的名称。这些称谓通常根据岗位的性质、职责以及层级进行设定，如"经理"和"高级工程师"等。称谓的确定基于岗位族群、序列结果和岗位层级的确认，确保了每个岗位都有一个与其职责和层级相匹配的名称。这样的命名系统有助于员工理解自己的岗位在组织中的位置，同时也为外部人员提供了了解组织结构的一个窗口。

（5）岗位管理制度

岗位管理制度是为了更好地规范岗位职责，让企业更好地明确岗位的管理原则，晋升管理、降级管理、转岗管理等内容，可以让企业更加明确岗位的职责。

2. 岗位定编

岗位定编的含义是企业采用科学的方法和常用的程序，对企业的岗位进行人员数量和素质的配备。它根据企业的业务方向和目标，在一定的时间内和有限的技术条件下，始终贯彻提高工作效率、节约用人、精简机构的原则，确定各个岗位必须配备的人员数量。

岗位定编的原则是以企业的经营目标为核心，专业、科学、合理地进行设置。

（1）专业

定编对人力资源的要求很高，需要有专业性、技术性，它涉及的面非常广泛，像业务技术和经营管理等，它的准确度直接影响着企业的运行。这就要求人力资源要具备相关领域内比较高的理论水平和丰富的业务经验。

（2）科学

岗位定编要符合人力资源管理的一般规律，提升工作效率。在保证正常工作的前提下，与同行业标准或条件相同的企业所确立的标准相比较，要能体现出人力资源的价值，体现出岗位组织精简、劳动效率相对较高的优势。

（3）合理

要从组织的实际出发，结合人力资源部门的业务类型、专业度、员工能力、企业文化等，考虑提高工作效率和员工潜力的可能性来确定编制人数。合理安排管理人员与员工的比例分配。

1.2.3　招聘与人才需求

在人力资源管理工作中，最重要的工作内容之一就是招聘，而最难的也是招聘。

很多企业的人力资源管理者，并不是很明白招聘的真实目的和价值所在，往往只是停留在信息发布、简历筛选、面试通知、面试沟通等事情上。

那么，想要做好招聘就要了解招聘的原则，即人岗匹配。人力资源管理者要充分了解岗位的特点，才是做好招聘工作的前提。企业需要招到合适的、优秀的人，而不仅仅是最好的、有能力的人。这个"合适"要与企业的岗位相匹配，所以，如果我们对岗位的属性、工作内容、职责范围、岗位目标不清楚的话，是无法做好招聘工作的。当然，人力资源管理者也可以向用人部门的主管和领导求助，与他们一起完成招聘工作。

像专业的猎头，在招聘高端人才的时候，甚至会去企业相应的猎聘岗位上体验一段时间，了解这个岗位的工作内容、工作范围、工作目标、所需的知识和技能、上下级关系，以及企业的文化氛围。

招聘的渠道有内部招聘、网络招聘、现场招聘、猎头顾问招聘、校园招聘、云招聘等。

招聘的作用与价值：完成企业需要的人员、人才的引进；留住优秀人才；宣传推广企业；收集行业信息、竞争信息；向有经验的专业人才学习。我们针对其中的三点内容展开来说一下：

1. 收集行业信息、竞争信息

招聘的作用不仅仅是为了引进人才，在招聘的过程中还可以获取同行业的薪酬信息、业务信息以及竞争信息。但是，很多人力资源管理者在做招聘工作的时候往往不注重收集有效的信息，不能给公司领导提供意见参考和经营决策。当今社会市场化竞争越来越激烈，市场的竞争就是信息的竞争，越了解市场行情越能抢先竞争对手招到合适的人才。如果一个企业的高端人才被猎头挖走，很容易给竞争对手钻空子的机会。企业如果不建立一个健全的竞争保护制度，那么很容易会留下隐患（具体内容见附件）。

2. 向有经验的专业人才学习

在进行面试的过程中，人力资源部门和用人部门会仔细考察求职者的知识储备、实战经验、业务能力，会要求求职者详细讲述处理某个问题的方法、技巧、解决方案和实际操作案例等，这是最好的学习过程。很多企业的人力资源部门在招聘员工的时候，会让用人部门的主管一起参加，这样一方面可以寻找到部门需要的人才，另一方面也可以向这些人才学习，有些问题的解决方案就是在面试的过程中了解的。这是一种非常好且常用的向业界人才学习的方法。

3. 宣传推广企业

招聘过程其实也是企业宣传的过程，所以一定要认真对待每一位前来应聘的求职者。求职者在面试的时候，接触的第一个人通常是面试者，而面试者的形象和气质直接代表了企业的形象。如果一个面试者在面试时，对求职者给予了极大的尊重和认可，那么求职者也会对招聘企业产生好感，从而在无形中宣传推广了企业。

《劳动合同书》附件：

竞业限制协议

甲方（公司）：

乙方（员工）：

鉴于：

甲乙双方于_____年_____月_____日签订《劳动合同书》，乙方现在甲方从事_____岗位工作；

乙方因受聘于甲方而充分接触甲方的各类信息，并且熟悉甲方的经营、业务和前景及甲方的客户、供应商及其他与甲方有业务关系的相关方。

因此，为保护甲方技术及其他商业秘密，甲乙双方根据《中华人民共和国劳动法》（以下简称《劳动法》）和《中华人民共和国劳动合同法》（以下简称《劳动合同法》）等法律、法规规定，就乙方对甲方承担的竞业限制义务等相关事项，订立下列条款，以资共同遵守。

第一条　乙方承诺在甲方任职期间，将以其全部的时间和精力投入甲方的业务，并尽其最大努力为甲方拓展业务、扩大利益，而不会参与任何其他（竞争或其他）业务。

第二条　乙方同意其在甲方任职期间不得有下列行为：未经甲方股东大会同意，利用职务便利为自己或者他人谋取属于甲方的商业机会，自营或者为他人经营与甲方相同、相近或相竞争的业务。

第三条　乙方同意，在其与甲方无论因何种原因解除或者终止劳动关系后的两年内继续承担竞业限制义务，不得到与甲方生产或者经营同类产品、从事同类业务的有竞争关系的其他用人单位任职，或者自己开业生产或者经营同类产品、从事同类业务。

第四条　乙方同意，在竞业限制期限内，无论其是为自己还是代表任何其他个人或企业，不应：

（1）直接或间接地劝说、引诱、鼓励或以其他方式促使甲方或其关联企业的（ⅰ）任何人员终止与甲方或其关联企业的聘用关系；（ⅱ）任何客户、供应商、代理、分销商、被许可人、许可人或与甲方或其关联企业有实际或潜在业务关系的其他人或实体（包括任何潜在的客户、供应商或被许可人等）终止或以其他方式改变与甲方或其关联企业的业务关系。

（2）直接或间接地以个人名义或以一个企业的所有者、许可人、被许可人、本人、代理人、咨询顾问、乙方、独立承包商、业主、合伙人、出租人、股东或董事或管理人员的身份或以其他任何名义：（ⅰ）投资或从事与甲方或其关联企业所经营的业务相同、相近或相竞争的其他业务，或成立从事竞争业务的组织；（ⅱ）向竞争对手等任何其他第三方提供任何服务或披露任何保密信息。

（3）在业务过程之外使用或允许任何未经甲方批准的第三方使用由甲方使用的任何名称、标志或其他知识产权，或者可能与甲方之名称、标志、其他知识产权相混淆的名称或标志。

第五条　自甲乙双方解除劳动关系之日起，乙方将不再声称自己仍然：

为甲方的雇员或高级管理人员；或者有权以甲方的名义行事；或者与甲方的业务或事务存在利益关系。

第六条　甲方应当对乙方离职以后因承担本协议项下的竞业限制义务可能受到的损失，给予一定程度的补偿。我公司员工在签订劳动合同或者保密协议中约定了竞业限制，在解除或者终止劳动合同后履行了竞业限制义务，我公司将按照在劳动合同解除或终止前十二个月平均工资的_____%按月支付经济补偿。在乙方离职时，甲方书面通知乙方无须承担竞业限制义务者，甲方无须向乙方支付经济补偿金。

第七条　违约责任

1. 乙方有违反本协议规定的任何行为，应当承担违约责任，须一次性向甲方支付违约金人民币_____万元；乙方因违约行为所获得的收益应当归还甲方；因乙方违约行为给甲方造成损失的，乙方应当承担赔偿责任（如已经支付违约金的，应当予以扣除）。所有违约金和赔偿金额，甲方均有权以乙方在甲方处拥有的包括但不限于工资报酬、股权及红利等各种财产抵扣。

2. 前项所述损失赔偿额按照如下方式计算。

（1）乙方的违约行为尚未造成甲方技术秘密完全公开的，经济损失赔偿额为甲方因乙方的违约行为所受的实际经济损失；如果甲方的损失依照上述计算方法难以计算的，损失赔偿额为乙方因违约行为所获得的全部利润。

（2）乙方的违约行为造成甲方技术秘密为其他任意第三方部分或全部拥有或使用，或者公开的，经济损失赔偿额应当按该技术秘密的全部价值量计算。企业技术秘密的全部价值量，由甲方认可的资产评估机构评估确定。

第八条　其他

1. 本协议受中华人民共和国法律管辖。因本协议而引起的纠纷，双方应首先争取通过友好协商解决，如果协商解决不成，任何一方均有权提起诉讼。双方同意，选择甲方住所地的、符合级别管辖规定的人民法院作为双方纠纷的第一审管辖法院。

2. 本协议是双方于_____年_____月_____日签订的《劳动合同书》不可分割的一部分，与该合同具有同等的法律效力。

3. 本协议自甲方法定代表人签字并加盖公章、乙方签字之日起生效。

4. 本协议任何部分无效，本协议的其他部分仍然有效。

5. 本协议对双方及其各自的继任者和受让人均具有约束力。

6. 本协议如与双方以前的口头或书面协议有抵触，以本协议为准；对本协议的修改或补充必须以书面形式做出。

7. 双方确认，在签署本协议前已仔细审阅过协议的内容，并完全了解协议各条款的法律含义。

8. 本协议一式两份，甲乙双方各执一份，具有同等法律效力。

甲方（盖章）：   乙方（签名）：

法定代表人（签名）：

签署日期： 年 月 日

1.2.4 入职、离职与人事管理

除了招聘工作之外，人力资源管理者还要负责入职、离职与人事管理工作。

1. 入职

在完成招聘的初步工作以及确定招聘人员之后，就要为员工办理入职手续、合同签订、试用转正等。注意流程的标准化、规范化，既能降低企业的风险，又能让新员工感受到企业的办事效率，并快速融入企业。

员工面试合格，公司对其通知之后，员工一旦接受并确认，接下来就需要办理入职手续了。员工入职的基本流程主要有如下两点：

（1）入职前的准备

在新员工入职之前，人力资源管理者要做好充分的准备，主要包括以下五点：

◇ 确定新员工入职时间，提前做好入职手续办理的各项准备工作；

◇ 把入职时需要携带的证件以及相关资料以邮件或者电话形式通知入职人员，防止新员工入职时遗漏；

◇ 如果有些单位需要新员工入职前携带体检报告，要提前告知；

◇ 协同用人部分，为新员工安排好座位，并提前准备好相关的办公用品、工作服、工作牌、入职需要填写的资料表单等；

◇ 提前与用人部门做好对接，通知用人部门领导，做好新员工的工作安排。

（2）办理入职手续

办理入职手续主要是收集资料、核对信息、整理归档的过程，主要有以下内容：

◇ 收取新员工的相应资料；

◇ 让员工填写相应的入职申请表，做好登记；

◇ 核对入职申请表上的信息与入职后准备的个人信息是否一致；

◇ 与新员工签订劳动合同。

2. 离职

有入职就有离职，一家企业的员工总会因为各种原因离职。离职的情况大致可以分为两类：主动离职和被动离职。主动离职也可以分为很多种类型：有的是因为业务能力不行，有的是因为个人原因，有的是因为合同到期不想续签了，有的是因为退休后不接受公司返聘……被动离职也有因为业务能力不行或者犯了无法弥补的错误而被公司辞退，合同到期公司不与其续签，经济不景气引发的裁员等。

在与员工解除劳动关系的时候，要为员工办理好离职手续，合法合理地解除劳动合同。根据《劳动合同法》第四十四条第五项规定，除用人单位维持或者提高劳动合同约定条件续订劳动合同，劳动者不同意续订的情形外，依照本法第四十四条第一项规定终止固定期限劳动合同的，用人单位应当向劳动者支付经济补偿。

也就是说，与员工解除劳动关系一定要遵守《劳动合同法》，双方的劳动合同到期时，如果用人单位不想和劳动者续签合同，用人单位需要向劳动者支付一定的经济补偿。劳动合同到期解除劳动关系，用人单位无须支付经济补偿只有一种情况，就是用人单位维持原来的待遇或者提高相应的待遇，员工主动放弃，这种情况下，用人单位无须做出经济补偿。

用人单位向劳动者支付经济补偿的标准可参照《劳动合同法》第四十七条。

第四十七条　经济补偿按劳动者在本单位工作的年限，每满一年支付一个月工资的标准向劳动者支付。六个月以上不满一年的，按一年计算；不满六个月的，向劳动者支付半个月工资的经济补偿。

劳动者月工资高于用人单位所在直辖市、设区的市级人民政府公布的本地区上年度职工月平均工资三倍的，向其支付经济补偿的标准按职工月平均工资三倍的数额支付，向其支付经济补偿的年限最高不超过十二年。

本条所称月工资是指劳动者在劳动合同解除或者终止前十二个月的平均工资。

除了参照《劳动合同法》解除劳动合同之外，在与员工做离职面谈的时候，要讲究方法策略。如果你想挽留住主动离职的员工就要安抚员工的情绪，弄清楚员工离职的原因。如果是公司主动辞退员工就更要做好离职面谈工作，注意语气和态度。

3. 人事管理

人事管理最基础的内容可以看成人事档案管理。人事档案管理内容包括搜集员工个人经历、业务水平、工作表现以及工作变动等情况的有关材料，这些都是可以直接反映员工个人工作的凭证，也可以作为人力资源管理的重要依据。

人事档案管理岗位职责如图1-1所示：

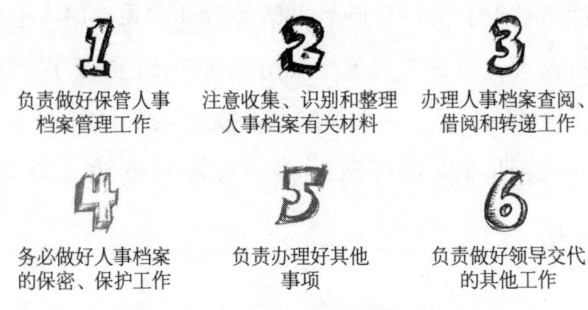

图1-1　人事档案管理岗位职责

1.2.5　培训与培训需求

培训是指企业有计划、有目的地提高员工学习与工作相关能力的活动。这些能力包括知识、技能和对工作绩效起关键作用的行为，它是人力资源开发的基础性工作。

培训的内容多是与提升工作技能有关，也有教育的目的。涉及员工的理解、态度，激发员工的工作斗志。通俗地说，培训侧重于完成近期目标，核心是提高员工当前工作的业绩，从而帮助员工学习技术性方法，让他们掌握基本的工作常识、方法、步骤和过程。

理解了何为培训，人力资源管理者就要明白培训需求。培训需求就是从企业的角度考虑，企业在培训的时候，要培训哪些内容。培训的禁忌是切勿流行什么就培训什么，或者随便定一个培训内容。这些都是没有认真分析企业的培训需求，这样做的后果是浪费了资源，劳民伤财，最终的培训效果也不好。

那么，要想了解企业的培训需求，就要对培训需求进行剖析，具体需要了解培训需求分析原理。

在进行培训前，人力资源管理者要对各个部门和所有参加培训的员工要实现的目标、学到的知识和技能等多方面进行综合、系统地考量，以此为依据来确定企业需要一个何种内容的培训活动。

培训需求以岗位为基本单位，以围绕岗位所需的知识和技能为基础，以员工的事业生涯规划为前提，以企业和员工都受益为目的，这样才能充分调动员工的积极性，否则，这个培训活动就没有实际意义。

1.2.6 绩效考核、评估

企业要想每年的营收都是一个正增长，就需要一个推力来推动企业不停地向前运转。如果没有这个推力，企业在发展到一定阶段之后，必然会出现疲态而停滞不前。

其实，推动企业不断向前发展的主要动力就是"绩效管理"。

绩效管理是根据企业年初设定的营收目标，对企业的各个部门、各个岗位进行一定的分解，进行"目标、计划、实施、评价"的一个循环过程，我们可以将这个循环过程称为PDCA（如图1-2所示）。PDCA循环是美国质量管理专家休哈特博士首先提出的，现在已经被广泛运用在企业的绩效管理当中。

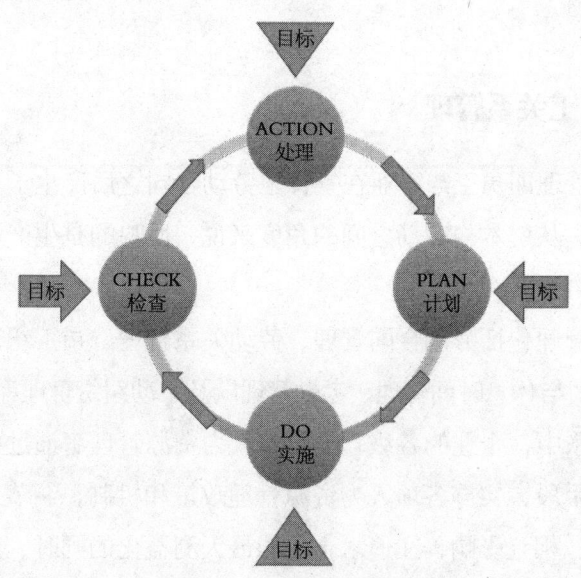

图1-2　PDCA循环图

绩效管理的意义有以下四点：

一是对于企业的关键岗位来说，可以确定其重要价值指标与目标；

二是有利于帮助企业实现阶段性目标，提高完成率；

三是有效评估企业成员的价值和能力，作为薪酬制订的依据；

四是发现企业成员的个人短板，为有效提升员工的能力、弥补不足提供支撑。

在绩效管理的过程中，要明确一点，即人力资源部不是考核的主体。人力资源的角色定位是辅助角色，是协助各层级负责人将绩效指标与考核过程标准化、专业化。

从员工的角度出发，员工是不愿意被绩效考核的，这是我们都知道的一个问题。从企业的角度来说，绩效考核是管理过程中的一种工具，是提升和改进员工的短板和不足的，这是绩效管理的目的。所以，我们不能简单地将绩效考核作为扣工资的一个标准。

绩效管理人员要想做好绩效管理工作，首先要提升自己的能力，做到对行业有一个充分的了解，沟通能力要强，对企业经营、战略规划、企业管理都要都有一定的理解。当绩效管理人员站在一定的高度时，才能做好绩效管理工作。

1.2.7 员工关系管理

员工关系管理即员工与企业在签订了劳动合同之后产生了法律意义上的社会经济关系。从资本与劳动之间的角度来说，反映的是生产资料的提供者与劳动者之间的关系。

员工关系管理包括劳动合同管理、劳动关系管理、员工纪律管理、员工奖惩、工作时间与休息时间管理、考勤管理以及劳动纠纷管理等。

在这些关系中，企业的各级管理者和人力资源管理者通过各类人力资源管理的方法和手段，实施各项人力资源管理政策和机制，调节企业和员工之间的相互关系、相互影响，在追求企业的最大利益化的同时，兼顾员工的价值和利益。

员工关系管理的作用有如下几点：

一是通过员工关系管理可以维持企业的正常运转和社会稳定；

二是有效的员工关系管理有利于提升企业的核心竞争力；

三是积极的员工关系管理，能够提高员工对企业的满意度，增进员工的敬业度、增强员工的贡献度、提升员工的忠诚度，从而间接增强了企业客户的满意度，提升了企业经营的效益；

四是有效的员工关系管理，可以保持良好的社会声誉和形象，有利于吸引到优秀人才，是企业招聘的有力保障。

1.2.8 战略人力资源管理

战略人力资源管理是指企业对未来的某个时间段企业的竞争方向、竞争目标、竞争领域所做的规划，主要包括人力资源规划和组织架构与变革两个部分，也是人力资源发展的最高阶段。

战略人力资源管理要求人力资源管理者要有能力承接组织的战略，做好企业的人力资源管理规划；根据组织的竞争目标、竞争方向设计和规划企业机构；根据企业的要求，引领企业的变革。

实现战略人力资源管理的前提是要做好基础的人事管理和事务性的人力资源日常工作，这才可以进入规划与企业战略关联的人力资源管理配置层面。比如，人力资源管理者要围绕企业战略的人才需求规划和人才培训计划，在企业内部培养优秀人才或者提前物色企业需要的高端人才。

1. 战略人力资源管理的特征

（1）人力资源管理的系统性

强调通过对人力资源的规划和具体实践，可以达到获得竞争优势的人力资源配置，相较于一般的人力资源管理，战略性人力资源管理具有不可替代性。

（2）人力资源的战略性

将人力资源视为获得竞争优势的重要资源，把人视为企业的重要资源，而不是把物视为企业的重要资源。

（3）人力资源的契合性

通过人力资源战略管理获得竞争优势，可以与企业的战略达成最大限度的匹配，与企业的各种活动也能高度匹配。

（4）人力资源的目标导向性

战略人力资源管理的目的是实现企业的目标，并始终朝着这一点努力。

2.战略性人力资源管理和公司战略的关系

现如今，人力资源是企业最具有优势的资源，如何让现有的人力资源管理发挥出最大的价值，是每个企业领导者都必须思考的问题。战略性人力资源是企业不可或缺的一部分，包括了企业通过人来实现企业的目标，具体如图1-3所示：

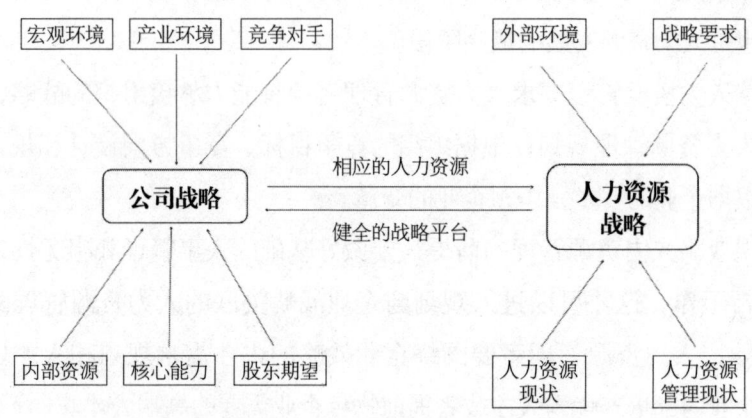

图1-3　战略性人力资源管理和公司管理的关系

1.3　人力资源管理的常见问题

要想做好人力资源管理工作，就要了解人力资源管理的一些常见问题。在此基础上，可以更好地开展人力资源的工作，这部分主要针对人力资源管理新手，可以帮助他们更快地适应人力资源的工作。

1.3.1　人力资源管理的对象是谁

人力资源管理的对象是企业中的"人"。再细分一下，这个对象包含两个方面：一个是"人"；另一个是"人所做的事"。

在企业管理中，凡讲"事"必涉及"人"，管理"人"就会涉及这个"人"所做的事。因此，企业的人力资源管理就是对"人"及这个人所做的"事"的管理，从而达到经营的目标。人力资源管理通过评价"人所做的事"而预测这个人的能力和价值。

比如人力资源管理者最基础的招聘工作，就是为企业找到合适的人来完成需要承担的工作。这就是人岗匹配原则。如果一个人力资源管理者不了解企业招聘岗位的工作内容和特性，就很难做好招聘工作这件事。

招聘工作主要根据岗位的业务范围来筛选求职者；对员工的评估，是根据员工简历里的工作成果、能力价值进行判断的；管理用人之道，"取人之长，容人之短"，是基于人的能力在具体事务上的处理体现来判断的。

所以，人力资源管理既是管"人"，也是管"人所做的事"。

人力资源管理与企业管理的目的是一致的，都是为了实现企业的经营目标。如果不能帮助企业实现经营目标，那么人力资源管理工作就不能算成功，只是做了最基本的人事管理工作。

人力资源管理不仅仅是管理单个人，还需要管理"众多的人"。这些"众多的人"不是普罗大众，而是企业里的团队组织，他们有着共同奋斗的目标和方向，需要分工协作才能实现。

团队的管理与个人管理不同，要做好团队领导者与成员之间的协调工作，需要帮助他们形成向心力、凝聚力。而由于经验、性格、心理、素质等因素的不同导致了人与人之间的差异，使得人们在相处的过程中会有矛盾、摩擦，既相互合作又会存在排斥。这些团队经营的多个目标最终会帮助企业实现总目标，因此要做好团队的管理工作。

综上所述，企业人力资源管理必须从全局出发，从组织特性和整体目标进行统一思考，解决管理与经营目标之间的矛盾，做好经营目标与组织承载力的建设。

1.3.2 人力资源管理者的能力要求

人力资源业务广泛，因此需要人力资源管理者具备多方面的能力才能胜任这项工作。人力资源管理者的工作贯穿了企业管理的各个层级、各个部门，管理层次多，辐射面广，对人力资源管理者的综合素质、能力、知识储备和情商都有较高的要求。

人力资源管理的对象是"人"和"团队"，"人所做的事"和"团队所做的事"，不仅要求专业性强、实用性高，而且沟通范围广、层次较多，所以对从业者要求非常高。那么，具体要有哪些方面的能力呢？

综合能力：沟通表达能力、写作能力、制作表格能力、内外协调能力、组织活动能力等。

知识储备：人力资源、沟通技巧、心理学、相关法律（劳动法、劳动合同法、社保保险法、工伤保险条例）等知识。

管理工具：时间管理四象限法则、5W2H法则、SWOT分析法、SMART法则、任务分解法、二八法则、甘特图、因果图、微笑曲线等工具。

情商：情绪控制力、意志忍耐度、专注度、共情力等。

人力资源管理者要做到员工满意、老板满意是很难的。如果处理不好一些棘手的问题，会弄得自己里外不是人。因此，做好人力资源工作不是一件简单的事，它需要具备一定的技能和理论基础，要在工作的实践中不断积攒经验，向优秀的人力资源管理者学习经验等。

1.3.3 人力资源管理的具体工作

人力资源部作为企业内部管理的核心部门之一，其工作范围广泛且深远，直接关系到企业的运营效率、员工满意度及长远发展。以下是对人力资源部具体工作内容的阐述，旨在全面展现这一职能在企业中的重要性及其具体实践。

1. 招聘与配置

（1）需求分析与岗位规划

人力资源部需与企业各部门紧密合作，深入了解各岗位的具体需求、职责范围及未来发展方向，制订详细的岗位说明书。这包括明确岗位的任职资格、所需技能、经验要求及期望达成的绩效目标等，为后续招聘工作提供明确的方向和标准。

（2）招聘渠道拓展与管理

随着技术的发展，招聘渠道日益多样化。除了传统的招聘网站、人才市场、高校招聘会外，人力资源部还要积极利用社交媒体、专业论坛、内部推荐等新型渠道，以扩大人才来源。同时，建立和维护与各招聘渠道的良好关系，确保招聘信息的及时发布与有效传播。

（3）简历筛选与面试安排

在收到简历后，人力资源管理部门须进行初步筛选，根据岗位需求剔除不符合条件的简历，并对符合条件的候选人进行初步评估。随后，安排面试时间，协调面试官（包括用人部门主管、人力资源专业人员等）的日程，确保面试流程的顺畅进行。在面试过程中，还需注意营造专业、公正的氛围，确保每位候选人都能得到公平的评估机会。

（4）录用与入职管理

经过多轮面试和评估后，确定录用人员。此时，人力资源管理部门需负责办理入职手续，包括签订劳动合同、收集个人资料（如身份证、学历证书、职业资格证书等）、安排入职培训、协调用人部门安排工作等。同时，还需关注新员工的心理动态，帮助他们尽快融入企业文化，适应新环境。

2. 员工培训与发展

（1）培训需求分析

通过问卷调查、访谈等方式收集员工对培训的需求，结合企业战略发展目标，制订年度培训计划。培训内容包括但不限于专业技能提升、管理能力培养、企业文化传承等。

（2）培训项目实施

根据培训计划，组织实施各类培训项目。这包括内部讲师授课、外部专家讲座、在线课程学习等多种形式。同时，还需对培训效果进行跟踪评估，收集学员反馈，不断优化培训内容和方式。

（3）职业发展规划

与员工共同制订个人职业发展规划，明确职业发展路径和阶段性目标。通过提供晋升机会、岗位轮换、导师制度等方式，帮助员工实现个人价值的同时，也为企业培养更多复合型人才。

3. 薪酬福利管理

（1）薪酬体系设计

根据市场薪酬水平、企业经济效益及员工绩效表现等因素，设计科学合理的薪酬体系。这包括基本工资、绩效奖金、年终奖、股权激励等多种形式的薪酬激励措施。

（2）福利政策制定

制定和完善员工福利政策，如社会保险、住房公积金、补充医疗保险、带薪休假、节日福利等。通过提供多样化的福利方案，提高员工的归属感和满意度。

（3）薪酬调整与发放

根据企业经营状况和员工绩效表现，适时进行薪酬调整。同时，确保薪酬发放的准确性和及时性，维护员工的合法权益。

4. 员工关系与文化建设

（1）员工关系管理

建立畅通的沟通渠道，及时了解员工的意见和建议，解决员工在工作和生活中遇到的问题。通过定期进行员工满意度调查、座谈会等方式，增强员工的参与感和归属感。

（2）企业文化建设

传承和弘扬企业文化，通过组织各类文化活动（如年会、团建、志愿服务等）、宣传企业文化理念等方式，增强员工的凝聚力和向心力。同时，关注员工的精神需求，营造积极向上、和谐融洽的工作氛围。

5. 绩效管理

（1）绩效指标设定

与各部门共同制订科学合理的绩效指标，确保绩效指标与企业战略目标相一致。绩效指标应具体、可衡量、可达成、相关性强且有时间限制（SMART原则）。

（2）绩效过程管理

在绩效周期内，对员工的工作表现进行持续跟踪和辅导，确保员工明确绩效目标并朝着目标努力。同时，及时收集绩效数据和信息，为后续的绩效评估提供依据。

（3）绩效评估与反馈

在绩效周期结束时，对员工进行绩效评估。评估过程应公平、公正、公开，确保评估结果的客观性和准确性。评估结果应及时反馈给员工本人及其直接上级，并针对评估结果制订改进计划和发展方向。

6. 其他人力资源管理工作

除了上述主要工作内容外，人力资源管理部门还需要负责员工档案管理、劳动纠纷处理、政策法规学习及遵守、人力资源信息系统维护等工作。这些工作虽然琐碎但同样重要，它们共同构成了人力资源管理体系的完整框架。

综上所述，人力资源管理部门的工作内容既广泛又深入，涉及企业的方方面面。通过科学的人力资源管理实践，可以激发员工的潜能和创造力，提高企业的竞争力和可持续发展能力。因此，企业应高度重视人力资源管理工作，不断提升人力资源管理水平，为企业的长远发展奠定坚实的基础。

1.3.4 人力资源管理的工作误区

不了解人力资源管理工作的人往往对人力资源管理工作存在误区，那么到底有哪些误区呢？

误区一:"人力资源管理"即"人事管理"

大家普遍认为人力资源管理就是人事管理,负责一些人事档案管理、员工入职和离职管理、社保公积金管理等基础性的人事管理。其实,人力资源管理涵盖的内容非常多,除了上面提到的这些管理外,还有岗位管理、职业发展、培训管理、福利管理、薪酬管理、员工关系管理、招聘管理等。

误区二:人力资源管理只是人力资源管理部门的事情

人力资源管理是协助企业一起实现目标,不仅要与企业领导打交道,还要与各部门领导打交道,与员工打交道。所以人力资源管理的不仅仅是本部门的事情,还要做好"经营目标和组织架构的建设"。

误区三:人力资源管理属于内部管理,对企业的业绩没有贡献

人力资源管理不仅仅是内部管理,它做的所有工作都是为了企业更好地实现目标。人力资源管理者要为用人部门招聘合适的人才,这个合适人才还要对企业有贡献。因此,人力资源管理对企业的贡献是非常大的。

误区四:企业不愿意培养人才

企业其实是愿意培养人才的。现如今,人才是稀缺的,人才是一个企业最大的财富。因此,人力资源管理者要协助企业做好员工培训工作,为企业实现目标添砖加瓦。

误区五:员工学历越高越好

在招聘员工的时候,学历也是一方面。要想真正招到一个合适的人才,是要综合考虑一个人是否合适。能力、专业技能、素质、性格、经验、人品,这些都在考虑范围之内。

以上是人力资源管理常见的五个误区,走出这些误区,你的人力资源工作才会越做越好。

实战案例　阿里巴巴在人力资源管理上的与众不同

阿里巴巴作为互联网行业的巨头之一,其每个时期的人力资源管理特点都值得许多中国企业学习。在有着与众不同的企业文化的基础上,发展出了与众不同的人力资源管理体系。

在有着统一的价值观的基础上,阿里巴巴在人才招聘、员工培训、人才战略规划等方面发展出了一条独特的人力资源管理套路。

1. 阿里巴巴人力资源建设思想

阿里巴巴人力资源建设思想分为四个方面:

(1)企业文化

企业文化是指阿里巴巴全员共同遵守的价值观,其中有大量的行为准则。这个企业文化就像一面旗帜,指引着员工的发展方向。任何想要长远发展的企业,都要有自己的文化理念,否则当企业遭遇困难或者危机的时候,就毫无凝聚力可言。

阿里巴巴作为互联网巨头之一,有着独特的企业文化。任何与这个企业文化相违背或有冲突的人和事,都会被淘汰。因此,要想了解阿里巴巴的人力资源管理,先要了解阿里巴巴的企业文化。

阿里巴巴从最初十八人的小团队发展成今天这个规模,中途也走过弯路,遇到过坎坷。这其中,有很多老员工离开了阿里,但是当初跟随马云创业的"十八罗汉"留了下来,后来都身居要职。

这些元老级别的人物之所以能够留下来,跟随公司熬过了2008年金融海啸以及各种危机,在马云看来,靠的就是阿里巴巴的企业文化。

对于阿里巴巴的发展起着转折点作用的阿里巴巴合伙人、集团副董事长蔡崇新对阿里的人力资源管理有着巨大的贡献。当年,蔡崇信放弃高薪工作加入创业初期的阿里巴巴,为马云和他的伙伴们带来了先进的企业管理理念,并奠定了阿里的国际化发展的基础。

(2)战略规划

人力资源管理工作不单单是指基础的人事管理工作,还要讲究战略性和战术性,人事管理是人力资源管理工作最基本的工作,而战略规划是人力资源发展的最高阶段和目的。每一个企业都有自己的特色,都要根据企业目标来进行战略人力资源管理。如果一个公司搞不清楚什么样的人才适合自己的企业,那么人力资源管理工作就会变得毫无章法。

对于企业而言,人力资源战略规划是企业战略发展的一个重要部分。阿里巴巴是非常重视人才问题的,在制订人才战略规划时始终坚持两点:一是大力培养企业内部优秀人才,成为企业在互联网行业内的中坚力量;二是把企业兼并过来的人力资源进行整合,为阿里巴巴注入新鲜血液,让他们很好地融入阿里的企业文化中。

(3)人才招募

阿里巴巴在招聘人才的时候始终坚持一个原则:最好的人才不如最合适的人才。阿里始终把其作为招聘的原则,不停地发展自己的人才梯队,使企业的发展越来越壮大。招聘管理的误区之一,就是只想招高学历人才,而忽视其他因素。这种做法是非常欠妥的。不同的企业招聘需求不同,要求不同,因此实际需要的人才类型也不同。按照普通标准制订招聘计划,不一定会找到合适的人才。所以,阿里巴巴把满足公司需要的人才作为自己的招聘理念。

(4)新手培训

员工培训是人力资源管理中一个重要的环节,但是很多企业往往不重视这一环节。无论你是有着丰富工作经验的职场老手,还是初出茅庐的职场小白,在进入一个新公司之后都要有一个磨合期,只是这个磨合期的时间长短不一样。而员工培训可以让新员工快速熟悉公司文化,掌握相关的业务技能。

马云曾说:"你不可能找到最优秀的人才,只能找到最合适的人才,最后把他变成你最优秀的人才。"

2. 阿里巴巴一线员工的管理体系

阿里巴巴一线员工管理体系包含四个方面:

(1)用贤标准

阿里巴巴的用贤标准是把特长不同的人组合成一个团队。每个人都有自己的长处,也有自己的短板,没有完美无缺的人。即使你招聘的人才再优秀,他也有自己的短板。越是能力出众的人,往往越不按套路出牌。因此,用常规的管理方法来管理人才,往往达不到好的效果。

阿里巴巴的用人标准因人而异,不拘泥于一种形式。阿里巴巴并不是很欣赏孤傲自负、不懂得合作的人才,这种人心里往往有着严重的英雄主义情结。阿里更加推崇把有着独特才华的人组成一个明星梦支队,让优秀的人在团队中大放异彩，迸发出无穷的力量。

（2）激励措施

在马云的管理下，阿里非常注重积极措施，讲究从多个方面来激励员工的士气，既有精神层面的，也有物质层面的。阿里会在员工中树立学习的榜样，通过树立典型来激励大家向榜样学习；阿里还会以股权激励员工，让员工以主人翁意识来推动公司的发展等具体措施来激励员工。

（3）关系管理

如果公司的人际关系过于复杂，员工需要把有限的精力分出一部分来应对，这会降低他们的工作效率。这是企业管理本末倒置的一种做法。

阿里为广大员工营造了团结和睦的工作氛围，这是阿里巴巴的一种管理方法。阿里巴巴一直提倡"快乐工作"的信念，力求通过人性化的管理来关怀员工，尽可能地为员工提供一个好的工作氛围。在充分尊重员工的劳动成果的情况下，也不忘保障员工的基本权益。

3. 阿里巴巴的干部管理机制

一个企业要想长远发展，就要做好关键岗位的管理，而关键岗位上的干部更需要优质的管理机制。阿里的干部管理机制有四点：

（1）干部培养

阿里巴巴的每一位干部都要有能力、眼光、格局，始终保持着高昂的工作热情，致力于推动公司的目标实现。为了促进公司发展，阿里巴巴会定期整顿干部队伍的风气，甚至会淘汰一些不作为的老员工；还会实行轮岗制，以便培养一批通用型干部人才；还会要求老干部"一对一"辅导自己的继承者，确保干部队伍有序、有效地注入新鲜血液。

（2）沟通机制

想要做到尊重每一位员工，提高全体员工的工作效率，就要建立有效的沟通机制。阿里巴巴在管理上就非常注重建立良好的沟通机制，尤其是在并购了一些集团之后，大批的新员工加入阿里巴巴的工作团队。他们的企业文化往往与阿里巴巴的文化理念存在着差异和矛盾，要想处理好这些矛盾，就需要建立畅通的沟通机制。通过沟通，让他们在心理上快速接受阿里巴巴的企业文化，快速融入阿里巴巴的工作氛围。

(3) 加强队伍管理

每一个企业都会面临一个问题，自己花时间、资金、精力培养出来的人才，往往容易被竞争对手给挖走。这让很多企业苦不堪言。而留住人才的一个办法就是打造一个凝聚力强的团队，作为团队的管理者，要尊重每一位团队成员，保持和睦的人际关系，让成员意识到团队的重要性。

马云曾在公司内部，多次对团队领导者强调，不要孤芳自赏，要尊重团队的劳动成果和团队里的每一个人。领导者在管理团队的时候，要树立强大的使命感，摒弃英雄主义，想办法把成员们拧成一股绳。

(4) 留住人才

离职管理是人力资源管理中的一部分。如果企业的这个环节没有做好，就会流失很多人才，而人才流失率过高会给企业带来无法想象的损失。阿里在留住人才这件事上，可谓下足了功夫。阿里巴巴的秘诀就是拓展人才的职业发展规划，用公司的发展前景来留住顶尖人才，做好人才资源的管理。

4. 总结

阿里巴巴通过人力资源体系的建设，建立了阿里巴巴特有的企业文化。这些优秀的企业文化，一直深深地影响着中国的民营企业。

"九大精神""六脉神剑""快乐工作"是其发展时期企业文化的典型代表。这些优秀企业文化的建立，正是通过人力资源体系化的建设，使得在制度层面、管理层面、文化层面很好地解决了发展过程中的瓶颈，突破了企业发展的困惑，通过激活团队，走上了可持续发展的道路。

"九大精神"：团队精神、教学相长、质量、简易、激情、开放、创新、专注等已经被融入阿里巴巴的企业文化中。

"六脉神剑"：客户第一、团队合作、拥抱文化、诚信、激情、敬业。

阿里巴巴的人力资源部始终以这些精神为管理理念，细化进日常的管理工作中，在助力阿里巴巴实现发展目标的路上，做好人力资源管理工作，全力助推阿里巴巴不断发展壮大。

第 2 章 | CHAPTER 2

招聘管理应该做好的十一个方面

招聘管理是人力资源管理的重中之重，也是企业管理中重要的一部分。招聘管理是指人力资源部根据企业经营目标的需求，根据各部门、各岗位的人才配置标准，为企业招到合适的人才，并把合适的人才放到合适的岗位上。

2.1 招聘目标和原则

招聘目标就是根据企业的经营目标和岗位的具体要求，为企业招聘合适的人才，最终实现人才与岗位的有效匹配。要想实现有效匹配具体体现在两个方面：一方面是岗位要求与个人素质要匹配，因为每个工作岗位都有其特殊的要求，员工要想胜任某项工作必须具备一定的知识和技能；另一方面，薪酬待遇要与劳动成果相匹配，只有这样，员工才有积极性充分发挥其主观能动性。如果企业能够做好这两方面，就能招聘到合适的人才，而人才也会满足工作岗位给出的待遇，双方的劳动关系才能维持得长远。

企业招聘要想实现上述目标，必须遵循七个原则：

1. 经济效益原则

招聘工作是以企业的经营目标为根本。它不是毫无目的地扩大员工队伍，更不是解决社会闲散人员的就业问题，而是为了维持企业生产经营活动的正常进行，为企业的缺岗职位挑选合适的人才，不断提高企业的经济效益。

2. 因岗配人原则

人力资源的招聘工作要以工作岗位的空缺和实际工作需求为出发点，以空缺岗位对求职者的客观实际要求为标准，选拔录用各类人才。强调要因职位选择人才，因能力考虑级别，达到人岗匹配。在实际招聘工作中，录用高学历人才，相互攀比的现象可谓不少见。用高学历人才的做法并没有什么不对，但是如果完全不考虑岗位的实际需求，就聘用高学历、高薪的求职者不仅会加剧行业之间的竞争，也会提高企业的成本。

3. 量才录用原则

在招聘过程中，要坚持量才录用、任人唯贤的原则，尽量把每个人都安排到合适的工作岗位上，让其充分发挥自身才能。"量才"的依据来自人力资源管理者对人才进行的全面测试评估结论和参考录用标准。

4. 全面考核原则

企业在对员工进行考核的时候，要采取多角度、全方位的考核方法，通过对申请者的上级、下级、平级同事，以及其服务过的客户那里，做好全面客观的调查，真正地衡量员工的竞争优势和价值，以及其与职位的匹配度。

5. 公开公平原则

企业要坚持公开公平原则，使整个招聘工作在企业中更加透明化，受到大家的监督。首先，可以防止不正之风，为有志青年、有才之士提供平等的竞争机会；其次，可以吸引大批的应聘者，扩大选择的范围，有利于人才发挥聪明才智。

6. 竞争原则

企业在招聘人才的时候，是通过简历筛选、结构化面试、心理和行为测验、绩效考核和背景调查等一系列方法手段来确定申请者的优劣和留舍的，这样会让招聘更为科学合理。

7. 程序化、规范化原则

企业的人员招聘必须遵循一定的标准和程序。科学合理地制订企业职员的聘用标准和招聘程序，有利于保证企业招到优秀人才。

2.2 招聘工作流程

在企业管理中，招聘是构建高效团队的关键环节。一个合理、规范的招聘工作流程不仅有助于企业找到合适的人才，还能提高招聘效率，降低招聘成本。一般情况下，招聘工作流程有八步：

1. 确定招聘需求

招聘工作的第一步是明确企业的招聘需求。这通常涉及分析企业的战略规划、业务需求、组织结构以及现有人员的能力缺口，从而确定需要招聘的岗位、人数以及具体的岗位要求。

2. 制订招聘计划

在明确招聘需求后，需要制订详细的招聘计划。这包括确定招聘渠道、招聘预算、招聘时间表、面试流程以及招聘团队的工作分配等。制订招聘计划时，需要充分考虑企业的实际情况和招聘需求，确保计划的可行性和有效性。

3. 发布招聘信息

根据招聘计划，选择合适的招聘渠道发布招聘信息。常见的招聘渠道包括企业官网、招聘网站、社交媒体、人才市场等。在发布招聘信息时，需要确保信息的准确性和吸引力，以吸引更多的潜在求职者。

4. 筛选简历

在收到求职者的简历后，需要开始筛选简历。筛选简历时，要根据岗位要求对求职者的学历、工作经验、技能等条件进行初步评估，筛选出符合要求的求职者进入下一轮面试。

5. 组织面试

面试是评估求职者是否符合岗位要求的关键环节。面试可以通过电话面试、视频面试或现场面试的方式进行。在面试过程中，需要充分了解求职者的能力、经验、性格以及对企业和岗位的理解程度，以便做出更准确的评估。

6. 背景调查

对于通过面试的求职者，需要进行背景调查。背景调查主要包括对求职者的工作经历、教育背景、资格证书、个人品质等方面进行核实和评估，以确保求职者提供的信息真实可靠。

7. 确定录用意向

在完成背景调查后，需要根据面试和调查结果确定是否录用求职者。如果需要录用，需要与求职者沟通薪资待遇、工作职责、工作时间等具体细节，并达成一致的录用意向。

8. 办理入职手续

在达成录用意向后，需要为求职者办理入职手续。这包括签订劳动合同、办理社保公积金、安排入职培训等。同时，还需要为新员工提供必要的工作设备、场地和工具，以确保他们能够尽快融入团队并开始工作。

招聘工作是一个系统性的工作流程，需要各个环节之间的紧密配合和协同作战。通过制订合理的招聘计划、选择合适的招聘渠道、科学筛选简历、组织有效的面试和背景调查以及及时办理入职手续等步骤，企业可以成功招聘到合适的人才，为企业的持续发展提供有力的人才保障。

一般情况下的招聘工作流程如图2-1所示：

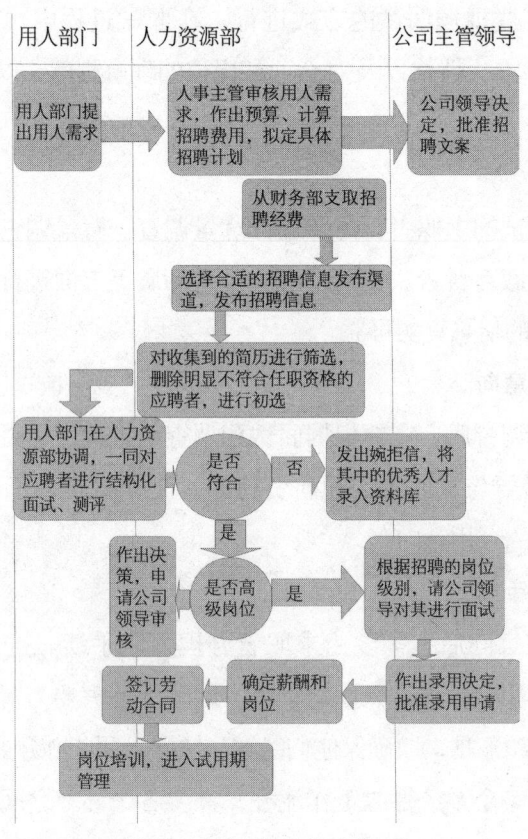

图2-1 招聘工作流程图

2.3 招聘计划的制订

　　企业的招聘工作能否顺利开展依赖于招聘计划，招聘计划是企业招聘的保障和依据。那么，招聘计划的制订是根据什么呢？答案是人力需求预测。

　　企业的各部门每年都会根据公司的发展战略和年度经营目标制订本部门的年度计划，这时应同时制订本部门年度的人员需求预测，编写专业的人力需求预测表格，人力资源部则负责审核各个部门上交的人员需求表格。

1. 公司年度人力需求预测

人力资源部根据各部门上交的人员需求资料，根据公司战略发展、组织机构调整、部门编制、企业内部流动、员工流失等因素来综合考虑，对各部门的人员需求进行综合平衡，具体制订出年度人员需求预测，确定各部门的人员数量，上报企业领导审批。

2. 招聘标准确定

年度人力需求招聘计划经公司领导审批后，人力资源部会根据各部门的招聘标准，通知各部门，将企业领导、人力资源部总监批准后的人力需求计划表暂放在人力资源部，作为招聘的凭证。

3. 预测之外的招聘需求

预测之外的招聘需求指的是临时发起的一种招聘需求，不在年度人力需求预测之内，是因临时业务的增加或者人员流动造成的。同样由各部门填写人员需求申请表，由企业相关领导审批后，人力资源部根据表单的需求规划招聘，如表2-1所示：

表2-1　临时聘请员工申请表

申请单位				申请日期	
申请人数		职位名称		原有人数	
职务类别	□原有，□新增		□永久，□临时		□职员，□工人
雇用事由					
拟核工资		试用时间	正式		津贴
聘用人员条件	姓名		年龄	最低	最高
	教育程度				
	特别训练				
	工作经验	种类	程度或年数	种类	程度或年数
		打字		机械设计	
		销售		管理分析	
		现场管理		市场调查	
		财务			
	其他能力				
	直接主管：			拟到职日期：	
核示		审核		申请人	
承办					

2.4 招聘渠道

招聘渠道就是我们可以通过哪些方式来招揽人才。根据类型划分，招聘渠道可分为内部招聘、校园招聘、猎头招聘、网络招聘、传媒招聘、展会招聘、云招聘等类型。

2.4.1 招聘渠道的选择

不同的招聘渠道的招聘形式、适用范围、优缺点都不一样，因此我们针对这些招聘渠道逐一进行分析。

1. 内部招聘

招聘形式：一种是内部员工介绍合适人选来企业工作；另一种是内部竞聘、调岗、晋升、返聘等。

适用范围：各类岗位或人才均适用。

渠道优点：成本低，稳定性较高，一旦有问题可以向推荐人沟通；促进内部人才流动，促进人才培养和开发。

渠道缺点：如果员工推荐来的人不适合企业，有可能引发推荐人的不满和情绪，有拉帮结派的风险，处理不当容易引发集体辞职；内部人员可能经验不足，需提前培训岗位需要的技能。

2. 校园招聘

招聘形式：一种是应届生招聘，另一种是校企合作。应届生的招聘形式是校园宣讲会、校园招聘会、校园公益讲座等；校企合作的招聘形式是学校和企业实施项目合作，联合培养企业实习生。

适用范围：储备人才一线岗位管培生。

渠道优点：招聘成本不高，可以宣传企业形象，候选人思维较为活跃、

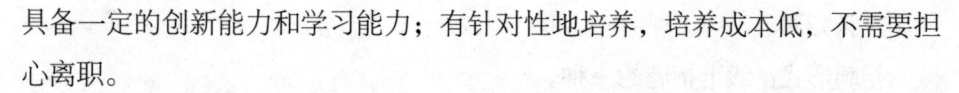

具备一定的创新能力和学习能力；有针对性地培养，培养成本低，不需要担心离职。

渠道缺点：应届毕业生稳定性差，普遍缺乏社会经验，难以适应企业文化；与学校合作培养的学生经验少，需参加培训才可以入职工作。

3. 猎头招聘

招聘形式：与猎头公司合作，由猎头顾问推荐人才。

适用范围：中高端人才、特殊岗位人才。

渠道优点：针对性强、吻合度高、能够迅速找到需要的人才。

渠道缺点：招聘成本高，招聘来的高端人才不稳定性强。

4. 网络招聘

招聘形式：一种是外部网站，另一种是内部网站。外部网站的形式有专业的人才招聘门户网站；内部网站是公司的官方网站、公众号、微博。

适用范围：各类人才均适用。

渠道优点：外部网站招聘成本较低，适用面广，局限性小，可选择余地较大；内部网站招聘成本低，针对性强，成功率高。

渠道缺点：外部网站招聘无效简历多，针对性较差，成功率较低；内部网站招聘投简历者少，往往不易招到急需人才。

5. 传媒招聘

招聘形式：公交车广告、地铁广告、电视广告。

适用范围：一般为中基层岗位。

渠道优点：受关注度高，受众面广，有利于为大企业做宣传。

渠道缺点：成本较高，有一定的地域局限性。

6. 现场招聘

招聘形式：学校、社区、城市招聘。

适用范围：适合当前岗位空缺和人才需求数量较多的中、基层岗位。

渠道优点：成本不高，反馈迅速，成功率高。

渠道缺点：时间过于紧张，无法做好充分的准备。

7. 云招聘

招聘形式：线上招聘的一种。

适用范围：适合高档人才的招聘。

渠道优点：可以多部门领导一起线上面试，给出综合的面试意见，可以解决地域问题；成本较低。

渠道缺点：招聘效果一般。

2.4.2 选择招聘渠道需要注意事项

选择招聘渠道要注意躲避一些"坑"，这样才能更高效地为企业招到合适的人才。那么，具体有哪些坑呢？

1. 校园招聘会

校园招聘会一般会投入一定的成本，因此一定要提前做好准备，招聘效果不好把握，因为很多优秀的学生一般都有目标企业，并且简历多会投向一些大企业。为了吸引到优秀的学生，现场的宣传一定要做到位，要有吸引力，与学生签好就业协议，保证学生毕业就可以入职，不会被其他企业挖走。

2. 网络招聘

如果是招聘大批量的普通岗位最好是通过人才招聘网站，通过条件搜索简历的方式，获取适合本岗位求职者的信息，然后进行合理利用。通过人才招聘网站往往只需要按需付费，像月付、季度付费、年付，避免高成本付费的招聘方式。

3. 现场招聘

不注意展示企业良好的形象。如果企业选择现场招聘的话，一定要制作好企业的宣传广告（彩页宣传单、易拉宝等），向大家展示一个好的企业形象，吸引求职者关注。

4. 媒体招聘

媒体招聘有公交招聘、地铁招聘、电视招聘，往往投入的成本较高，前期的效果不好，关注者大多为不会上网的求职者，受众面小，成本又高，一定要谨慎投放广告。

5. 猎头招聘

猎头招聘的成本也较高，适合招聘高端人才，但切记不要盲目招聘高端人才。

2.5 校园招聘

校园招聘是招聘方式中较为常见的一种方式，很多大公司都是直接从高校里签走一批优秀的毕业生，可见校园招聘是招聘方式中比较重要的一种招聘方式。

2.5.1 五步落实实习生计划

校园招聘不是让我们盲目地进行校园招聘，而是要有所准备并提前锁定招聘院校，还要提前到上一年的9月份开始启动，联系与公司结合紧密的高校完成，可以是专门高校供需见面会，也可以是企业独立的专场招聘宣讲会。

1. 确定选拔标准

虽然招募的是实习生，但企业是把他们当作未来员工培养的，所以招募实习生往往有一定的硬性标准，比如专业、学历、成绩与相关历练等。很多名企在招聘实习生的时候会优先考虑英语水平高、GPA排名在班级或专业前50%以上，优先考虑那些在校期间有过跨国公司实习、在学生会或社团担任过一定职务等经历的优秀学生。

学生的综合素质也很重要，也是选拔标准之一。比如，那些乐观、自信、有团队协作意识、逻辑思维能力强、人际沟通能力和学习能力强的学生往往会得到企业的青睐。

2. 可联系的学校组织

企业招募实习生可以借助招聘网站等中介机构，也可以直接联系学校就业指导中心、院系学生会、学生社团、校园民间组织。

企业可以主动与学校联系，由高校的就业指导中心或者相关院系推荐专业课和综合素质较为优秀的学生，经过企业筛选、面试和评估后，通过学校推荐学生到与就业方向相关的专业性企业实习。

如果是找社团招募，需要知道社团的优势劣势，优势是学生社团宣传活动能直接深入学生中，对宣传的过程可控性强；劣势是可能会出现教室审批的问题，场地出现变动，宣传力度不够等情况。宣传期间必须做好严格的跟踪监督。

3. 创新招募方式

一般的实习招募流程与校园招聘流程有相似之处，比如，现场宣讲、素质测试或笔试、复试、最终甄选及录用等环节。

4. 系统培训，理念渗透

从学校到工作岗位，实习生的角色转变需要一个过程。企业需要对实习生进行培训，让他们充分认识企业文化和工作环境，系统了解产品与业务流程。同时，企业可以安排实习生参与内部项目，让老员工多指导他们。

5. 全面甄选，有效评估

实习生计划的重要目的是深入、全面地评估人才，并甄选出合适的人才。因此，评估和考核工作是必不可少的。

2.5.2 提升招聘应届毕业生效率的方法

现如今，很多名企争夺高校优秀应届生的竞争愈演愈烈，薪酬也越提越高。在这种情况下，企业如何巧妙利用各种方法高效地招聘到优秀应届毕业生呢？

1. 前期准备阶段

在联系校方以前，先做好以下准备：

一是根据本年度企业招聘规划确定本年度招聘院校名单，然后根据学生质量选择院校。

二是前期调研：根据拟定好的高校名单前往高校进行宣传品的调研；确定宣传用品的风格和定位；了解高校信息、宣传品张贴发放地点、宣传渠道及效果调查、学生关注重点等。

三是确定宣传用品：各种类型宣传品要风格统一，显示出企业的文化和形象，如海报、易拉宝、简历夹、彩页传单、小礼品等。

四是制作与主题相匹配的宣讲内容，凸显主题。

五是确定不同院校的宣讲人，让宣讲人提前了解PPT内容，并与院方做好宣讲的沟通事宜。

2. 宣讲操作步骤

第一步：确定时间和场地。通过网络了解学校的教学楼分布状况，了解宣讲活动的场地；确定举办活动的时间；提前联系好负责接洽的就业中心。

宣讲会前的两周，要去高校进行实地考察，通过各种渠道了解既往的宣讲会情况；学生的作息时间规律，什么时间愿意听讲座；学校能不能张贴海报，哪里是学生经常看消息的地方。

第二步：制作与高校签订的协议书。协议书内容包含宣讲时间、宣讲地点、宣传周期、所需经费等。

第三步：准备宣传用品及宣讲设备、宣讲现场人员安排。

第四步：校内宣传。校内宣传主要是挂横幅、张贴海报。在宣讲会开始前两周提前宣传预热，在开始的前一两天要加大宣传力度。

3. 发宣传单

宣讲会当天，在例如自习室、寝室门口、教学楼门口等人流密集的地方广发宣传单。

4. 在学校论坛做宣传

提前在学校的论坛里发布宣讲的内容和主题。

尽量用一些有趣的话题，把宣讲炒热，引发大家跟帖，多回复留言问题。

5. 宣讲现场

做好工作分工，安排好负责人，让企业的员工联系好学校社团组织帮忙布置现场，从而做好现场布置工作。

2.6 网络招聘

目前，网络招聘是众多企业最常用的招聘渠道。企业的任何岗位都可以通过网络招聘进行操作。网络招聘还可以细分为外部招聘、内部招聘、自媒体平台招聘等方式。

1. 网络招聘操作方法

以外部招聘为例，可以按照等级来划分，分为低端、中端、高端招聘；还可以按照全国、地方、行业来划分。

招聘网站的优点：受众面广，成本花费较低，推广效果比较好。

招聘网站的缺点：无效简历比较多、简历与岗位之间的针对性较低，会给简历筛选带来一定的困扰。

2. 网络招聘操作流程

为了确保招聘过程的高效和精准，以下是一套精细化的网络招聘操作流程：

（1）前期准备与策略规划

在启动网络招聘前，企业应首先明确招聘需求，包括岗位、人数、技能要求等，并根据自身业务特点和目标人群选择合适的招聘网站，同时制订明确的招聘策略，如预算分配、时间规划等。

（2）网站注册与信息完善

企业注册：在选定的招聘网站上完成企业注册，填写真实、准确的企业信息，包括企业规模、所属行业、主营业务、员工人数等。同时，上传营业执照副本、企业标识等相关资料，确保企业信息的权威性和可信度。

联系方式设置：注册时提供的联系电话应为人力资源部的座机，确保能够及时接听应聘者的来电，从而提升企业形象和招聘效率。

（3）招聘信息的精准发布

职位信息编写：根据岗位需求，编写具有吸引力的职位信息，包括职位名称、类别、招聘人数、工作职责、任职要求等。确保信息准确、简洁、明了，便于求职者快速了解岗位情况。

发布时间与周期：选择合适的发布时间，确保招聘信息能够在目标人群中产生最大的曝光度。同时，定期刷新和更新招聘信息，保持信息的时效性和活跃度。

（4）简历的收集与筛选

定时筛选简历：在招聘网站设定的简历筛选时间段内，定期登录网站查看并筛选简历。建议选择在求职者活跃度较高的时间段进行筛选，如9：00~10：00和14：00~16：00。

分类汇总与传递：将筛选出的符合基本要求的简历进行分类汇总，并按照职位类型发送给相应的部门负责人。确保简历的传递及时、准确，为后续的面试环节做好准备。

（5）面试组织与评估

简历审核与初筛：人力资源部将筛选出的简历发送给用人部门主管进行审核，根据用人部门的反馈确定进入面试环节的候选人。

面试安排与通知：与候选人沟通确认面试的时间和地点，并提前发送面试通知。如需进行笔试或两轮面试，应合理安排时间，避免让求职者多次往返。

面试评估与反馈：面试结束后，对候选人的表现进行评估，并及时将评估结果反馈给用人部门。同时，与候选人保持沟通，告知面试结果和后续安排。

（6）入职准备与跟进

领导审核与确认：将通过的求职者信息报送给公司领导进行最终审核和

确认。确保入职流程的合规性和严谨性。

岗位准备与培训：根据求职者的岗位需求和技能水平，制订相应的岗位准备和培训计划，确保求职者能够快速适应新的工作环境和岗位要求。

入职跟进与关怀：在求职者入职后的一段时间内，保持与其的沟通联系，了解其工作适应情况和遇到的困难，及时提供帮助和支持。同时，收集求职者的反馈和建议，不断改进和优化招聘流程。

通过以上精细化的网络招聘操作流程，企业可以更加高效地寻找到合适的人才，提升招聘效果和企业形象。

2.7 猎头式招聘

很多企业在招聘时时常抱怨没有人才。其实，并不是没有人才，而是你没有发现人才，不懂人才招聘的方法。在猎头式招聘中，对人才的搜索是非常关键的，只有找到人才，才能开展后面的工作。

那么，猎头是如何做好招聘工作的呢？

1. 主动出击，像做营销一样做招聘

在招聘人才时，有的企业往往不把招聘信息挂到网上，而是以海报的形式放在公众场所，等待求职者的关注。这样做的后果就是招聘工作进度特别缓慢，并且招到的人才都不是特别令人满意的。

这样的做法让企业陷入被动，企业是在坐等求职者去发现并寻找企业的招聘信息，进而再投出自己的简历。在当今人才竞争日益激烈的市场下，这种竞争效果越来越不好，尤其是想招到高端人才更是效果甚微。因为一些稀缺型人才一般是不会随便发出简历的，除非这个企业有足够吸引他们的点，并能够让他的工作发展更上一层楼。

招聘人才，尤其是一些稀缺型人才，被动等待是不行的，一定要主动出击。猎头总是能挖到让企业满意的精英人才，就是因为他们总是采取主动出击的方式，像做营销一样做招聘。

2. 抛开低端线路，锁定精英人才聚集地

如果企业招聘的是精英类人才，就不要采用网络招聘或者校园招聘的方式，而是应该直接精准锁定精英人才聚集地，像社群、猎聘网等。猎头之所以能够聘到精英人才，主要是因为他们放弃了低端线路。

精英人才市场大多被大企业所垄断，人力资源管理者要想以传统方式招到精英人才是很难的。人力资源管理者在招聘精英人才的时候，要依据他们的特性，转换思维，到精英人才聚集地去搜索人才。比如，要想招聘高端技术人才，可以在上海、北京、深圳、广州这样的一线城市中寻找，或者在一些名企和大企业中寻找。

3. 精准定位，不要大海捞针

人力资源管理者在进行招聘的时候一定要做好定位，不要在众多的简历中大海捞针。

那么，如何做好定位呢？

一是岗位的精准定位。定位岗位主要是指人力资源管理者要了解有哪些岗位是新增的、哪些岗位存在空缺或者以后有人员流动的可能性。这需要人力资源管理者根据企业的经营目标、业绩规划、未来的发展战略制订招聘计划，并与各用人部门确定岗位需求。

二是招聘标准的精准定位。对招聘标准进行定位也是一件很重要的事情，定位招聘标准可以让招聘的目标更为清晰，这样也更容易选出合适的人才。

三是人才市场的明确定位。对人才市场进行定位就像把产品投放市场一样，了解目标市场和目标客户的范围，再根据这个范围来生产产品，这样才能保证产品符合市场需求。招聘更是如此，有了精准的定位，成功招聘人才的概率会大大增加。同时，因为提前制订了计划和策略，更能招聘到合适的人才。

4. 建立自己行业的人才圈

在招聘精英人才的时候，企业之间是不平等的。通常，大企业更能吸引到精英人才，为什么呢？除了大企业具备一些优势外，还有一个因素是大企业会建立行业内的人才圈，这就使得其掌握了更多精英人才的信息资源，在高端岗位急缺人才的时候，大企业可以通过特殊渠道或者人脉链接把经营人才招进来。

2.8 简历筛选、电话沟通、面试

招聘工作中，简历筛选、电话沟通、面试是比较重要的环节，也是主要环节。要想做好招聘工作就要做好简历筛选、电话沟通、面试这些工作，这些可以帮助人力资源管理者快速招到优秀且合适的人才。

2.8.1 简历筛选方法

通过招聘渠道获取的简历，需要快速进行浏览和筛选，因为如果网络招聘会有很多份简历，这其中就有很多不符合标准的简历。在筛选简历的时候，可以采用一些简单的标准或者要求剔除不符合条件的应聘者简历，以降低招聘时间成本。具体的筛选方法有如下六种：

1. 个人信息

尤其是年龄，很多公司往往很看重年龄这个问题。太年轻的没有经验，过于年长的没有冲劲。因此，很多人力资源管理者会先看个人信息来快速筛选简历。

2. 学历

根据公司的岗位要求来筛选。从学历这一方面又能筛选出一批符合条件的简历。

3. 工作经历

工作经历可以分为两个层面：一个是时间；另一个是工作岗位。工作时间指的是在一个单位工作时间的长短，有无频繁跳槽、换岗的经历；工作岗位指的是曾经的岗位是否与现在应聘的岗位有关联性。频繁跳槽或换岗的肯定不会录用。

4. 工作业绩

在以往的工作单位有没有比较耀眼的业绩和成果，有这样履历的人更容易被录取。

5. 离职原因

这是大多数企业都很在乎的一个方面。如果求职者离职是因为犯了重大错误而离开，是很难被同行业公司所录用；而且从离职原因中也能看出求职者的价值观、思想等心理活动，更能了解求职者的心态和业务能力。

6. 自我评价

有的企业会比较看中求职者的自我评价，因为自我评价是求职者对自己的一个正面评价，人力资源管理者可以根据这些信息判断出求职者的自身优势在哪里，是否是企业所需要的人才类型。当然，这一因素也可仅仅作为一种参考。

2.8.2 电话与视频面试的前期准备和流程

1. 电话与视频面试沟通的前期准备

人力资源管理者在和求职者电话面试或视频面试时，应做好充分的前期准备，以便在沟通中更全面地了解求职者的信息。以下是一些必要的准备事项。

确定沟通内容：提前确定电话/视频沟通的内容，列一个简单的问题清单。

了解岗位需求：确保求职者了解应聘岗位的具体工作内容和要求。

核实简历信息：核实简历上的关键信息，如工作经历、离职原因等。

薪资待遇预期：了解求职者对岗位的薪资待遇有无特殊要求。

确定面试时间和地点：如果通过初步沟通觉得合适，需要确定面试的时间和具体地址。

2. 电话与视频面试的具体流程

接下来，我们以电话面试为例，介绍一下具体的流程（视频面试流程类似，但需注意视频设备的调试和画面的质量）。

王：您好，我是×××公司人力资源部的王女士，请问您是李小姐吗？

李：您好，是我，有什么事吗？

王：请问您现在接电话方便吗？

（如果是视频面试，需确保双方都已连接并可以看到对方。）

李：方便。

王：好的。给您打电话是因为我们收到您在58同城上投递的简历，您想应聘编辑室主任一职。所以，我们想对您的一些情况进行初步了解，时间大概5分钟可以吗？

李：好的，您请问。

王：谢谢！请问您现在是离职还是在职？

李：在职。

王：谢谢，我们公司主要是从事×××工作，公司在×××地方，……不知您是否了解？

李：有一些初步的了解。

王：谢谢。那您能否简单介绍一下您的工作经历？

李：……

王：谢谢。您能否简单说一下您平时的工作内容和工作职责？

李：……

王：谢谢，那您对工资和其他方面有什么要求？

李：我对工资的要求是……

王：谢谢您的回答。请您随时留意手机信息，如需到公司面试，我们会尽快通知您。

李：好的。

王：谢谢，再见。

李：再见。

2.8.3　电话与视频面试的技巧

从求职者角度：了解求职者最关心的公司规模、职位待遇、公司地点、晋升制度等信息，并在沟通中适当提及。

从人力资源管理者角度：除了核实简历信息外，还可以觉察求职者的语速、语气、态度等，推测其心理状况。在视频面试中，还可以观察求职者的肢体语言。

2.8.4　电话与视频面试的注意事项

核实信息：确保简历上的个人信息与求职者所述一致，并判断其是否符合岗位要求。

做好准备：对公司情况和问题清单进行充分准备，确保在面试中能够流畅地提问和回答。

时间安排：选择合适的时间进行面试，避免打扰求职者的休息时间。视频面试还需注意网络环境的稳定性。

注意礼貌：在面试过程中保持礼貌和尊重，给求职者留下良好的印象。

联系工具：使用公司座机或稳定的视频通话软件进行面试，确保通话的质量和可信度。

做好记录：记录关键信息，以便后续参考和跟进。

及时做出回应：对于求职者提出的问题或需求，要及时给出回应或解决方案。如需请示领导，应告知求职者并尽快回复。

通过以上电话与视频面试的前期准备、流程、技巧和注意事项的介绍，希望能够帮助人力资源部更有效地进行面试工作，提高招聘效率和质量。

2.9 面试与求职者能力测试

2.9.1 面试时需要掌握的技巧

要想提高面试效率，招到合适的人才，面试时需要掌握一定的技巧。在面试的时候，除了了解求职者的工作经历、核实简历信息外，还可以了解求职者的家庭情况，比如是否结婚、孩子多大。在询问问题时，我们要遵循以下原则：

1. 发散性原则

人力资源管理者在面试时要多问发散性问题，少问结束性问题。

发散性问题就是为什么、是什么的问题。

比如：您为什么应聘这个职位？您觉得您的兴趣是什么？您的优势有哪些？您为什么离开原公司？

结束性问题就是对吧、好吧、行不行之类的带有选择性的问题。

比如：您觉得自己能胜任这个岗位是吗？您觉得自己团队协作能力还好吗？您做过销售总监的职位是吗？

2. 多听少说

面试的过程是了解求职者信息的过程，所以在面试过程中要尽可能地让求职者多表达。你听到的信息越多，就越了解求职者，从而有利于判断他是否合适企业的岗位。

3. 找一个切入点

以一个切入点为核心进行逻辑性提问，获取你想得到的信息。这个逻辑是：什么背景？什么任务？求职者是什么样的角色？做了什么具体工作？最后取得了怎样的结果？

比如一个产品开发经理，在被问及一个产品开发的项目时，人力资源管理者会问他：请问，公司当初为什么要搞这个项目？当初是什么样的背景？这个项目的目标是什么或者完成什么？你在这个项目中具体负责什么工作？最后这个项目取得了怎样的成果？

2.9.2 面试评估

在面试的时候，人力资源管理者要对面试人员做好评估，这样才能面试到合适的人才。而这时候，最好把求职者的信息都填入面试评估表，具体如表2-2所示：

表2-2 面试评估表

姓名		应聘岗位		填报日期	
面试要素		考核要点	二试打分 （A：优 B：良 C：中 D：差）		综合评语
专业技能	工作背景	丰富的行业经验，了解行业的发展状况，职业背景好			
	工作经验	以往的工作经验与本岗位要求一致			
	岗位知识	精通本岗位所需专业知识，业务技能熟练，对岗位理解深刻而独到			
	教育培训	接受过本岗位需要的系统培训，教育背景好			
	专业特长	具备一定的专业特长，有益于本岗位工作			
用人部门二试评价			打分		
			岗位级别（技术）		
			是否三试/录用		
			签字		

续表

面试要素		考核要点	三试打分 （A：优 B：良 C：中 D：差）	综合评语
专业技能	工作背景	丰富的行业经验，了解行业的发展状况，职业背景好		
	工作经验	以往的工作经验与本岗位要求一致		
	岗位知识	精通本岗位所需专业知识，业务技能熟练，对岗位理解深刻而独到		
	教育培训	接受过本岗位需要的系统培训，教育背景好		
	专业特长	具备一定的专业特长，有益于本岗位工作		
用人部门三试评价			打分	
			岗位级别（技术）	
			是否录用	
			签字	
拟试用部门			岗位	引导人
录用建议		□录用　□待定　□不录用		
			评估人签字： ＿＿＿年＿＿月＿＿日	

2.9.3　屏蔽用人风险技巧

人才市场鱼龙混杂，很多求职者为了获得一个好的职位会在简历上造假，以求混过面试这一关。求职者的这种做法会给企业带来一定的损失，既增加了企业的招聘成本、时间成本，还耽误了企业招到合适的人才。如果这个人品质有问题或是别有所图，那么一定会给企业带来一定的风险，严重的甚至会带来致命的打击。

那么，如何做好屏蔽用人风险的工作呢？

1. 做好背景调查

在员工过了面试之后，入职之前，要做好员工的背景调查，可以委托给专业机构来做，比如通过专门的调查公司或者猎头公司帮企业做员工的背景调查工作。

2. 去原公司核实工作经历

在征得求职者同意的情况下，去其原公司进行核实，找他的领导或者同事，了解他的工作态度、工作业绩，确保简历提供信息的真实性。

3. 去学信网核实学历的真假

登录学信网，核实求职者学历的真假，输入求职者的学号就可以查询到学历证书。

4. 要了解求职者的性格

有的求职者在面试的时候会故意隐瞒自己的性格和缺点，为了获得面试者的好感或者为了获得这个岗位，在考核中故意隐瞒了自己的真实性格。因此，要想了解求职者的性格可以让求职者做一些性格测试来判断其性格。

附件：

PDP职业性格测试卷

1. 你做事是一个值得信赖的人吗？

    □非常同意 □比较同意 □差不多同意 □一点点同意 □不同意

2. 你个性温和吗？

    □非常同意 □比较同意 □差不多同意 □一点点同意 □不同意

3. 你有活力吗？

    □非常同意 □比较同意 □差不多同意 □一点点同意 □不同意

4. 你善解人意吗？

    □非常同意 □比较同意 □差不多同意 □一点点同意 □不同意

5. 你性格独立吗？

    □非常同意 □比较同意 □差不多同意 □一点点同意 □不同意

6. 你受人爱戴吗？

    □非常同意 □比较同意 □差不多同意 □一点点同意 □不同意

7. 做事认真且正直吗？

    □非常同意 □比较同意 □差不多同意 □一点点同意 □不同意

8. 你富有同情心吗？

　　□非常同意 □比较同意 □差不多同意 □一点点同意 □不同意

9. 你有说服力吗？

　　□非常同意 □比较同意 □差不多同意 □一点点同意 □不同意

10. 你大胆吗？

　　□非常同意 □比较同意 □差不多同意 □一点点同意 □不同意

11. 你精确吗？

　　□非常同意 □比较同意 □差不多同意 □一点点同意 □不同意

12. 你适应能力强吗？

　　□非常同意 □比较同意 □差不多同意 □一点点同意 □不同意

13. 你组织能力好吗？

　　□非常同意 □比较同意 □差不多同意 □一点点同意 □不同意

14. 你是否积极主动？

　　□非常同意 □比较同意 □差不多同意 □一点点同意 □不同意

15. 你害羞吗？

　　□非常同意 □比较同意 □差不多同意 □一点点同意 □不同意

16. 你强势吗？

　　□非常同意 □比较同意 □差不多同意 □一点点同意 □不同意

17. 你镇定吗？

　　□非常同意 □比较同意 □差不多同意 □一点点同意 □不同意

18. 你勇于学习吗？

　　□非常同意 □比较同意 □差不多同意 □一点点同意 □不同意

19. 你反应快吗？

　　□非常同意 □比较同意 □差不多同意 □一点点同意 □不同意

20. 你外向吗？

　　□非常同意 □比较同意 □差不多同意 □一点点同意 □不同意

21. 你注意细节吗？

　　□非常同意 □比较同意 □差不多同意 □一点点同意 □不同意

22.你爱说话吗?

　　□非常同意 □比较同意 □差不多同意 □一点点同意 □不同意

23.你的协调能力好吗?

　　□非常同意 □比较同意 □差不多同意 □一点点同意 □不同意

24.你勤劳吗?

　　□非常同意 □比较同意 □差不多同意 □一点点同意 □不同意

25.你慷慨吗?

　　□非常同意 □比较同意 □差不多同意 □一点点同意 □不同意

26.你小心翼翼吗?

　　□非常同意 □比较同意 □差不多同意 □一点点同意 □不同意

27.你令人愉快吗?

　　□非常同意 □比较同意 □差不多同意 □一点点同意 □不同意

28.你传统吗?

　　□非常同意 □比较同意 □差不多同意 □一点点同意 □不同意

29.你亲切吗?

　　□非常同意 □比较同意 □差不多同意 □一点点同意 □不同意

30.你工作足够有效率吗?

　　□非常同意 □比较同意 □差不多同意 □一点点同意 □不同意

每个答案对应的分值是1~5分,即"不同意"给1分,"一点点同意"给2分,"差不多同意"给3分,"比较同意"给4分,"非常同意"给5分。将所得答案按照顺序进行累计:

第1、7、11、16、21、26题得( )分,猫头鹰项。

第2、8、15、17、25、28题得( )分,考拉项。

第3、6、13、20、22、29题得( )分,孔雀项。

第4、9、12、19、23、27题得( )分,变色龙项。

第5、10、14、18、24、30题得( )分,老虎项。

2.9.4 PDP职业性格测试答案分析

如何看自己属于哪种性格的人，就看这几项分数是否接近。如果求职者其中一项得分高于其他四项，那么他就属于这种属性性格；如果其中两项分数明显高于其他几项，那么就属于这种综合性性格；以此类推，有的人会占据很多项，是一个多属性性格人。

1. 猫头鹰型

猫头鹰型的人很注重传统和细节，条理分明，重视纪律，责任感非常强。相对保守，不激进，不求变，但是分析力强，精准度高，喜欢把事情列出条例，个性较为含蓄拘谨。

喜欢挖掘事情的真相，希望事情的每个细节都合乎自己的逻辑和理解。缺点是情感淡漠，所有的事情和结果都会放在感情之前。如果压力过大，为了追求完美，会过分较真。

工作风格分析：动作缓慢；语言精确、注意细节；办公室里会摆放与工作相关的图表或者工具书。

2. 考拉型

考拉型的人行事较为稳重，不喜欢过分夸张的事物，喜欢平淡和脚踏实地，性格较为温和。给人的感觉是温良敦厚，生活有规律，不喜欢发生冲突。给人一种懒散不求上进的错觉，但是一旦认准某件事，就会全身心投入，发挥出真正的实力。

他们的优势是安稳，性情敏感，能够敏锐感知他人的情绪，这样能够让他们结交善缘；缺点是过于依附他人，内心不够强大，不能坚持自己的观点和主见。因为他们不喜欢争执，怕麻烦。

工作中的行为：不喜欢与同事争执，工作中有时会随大流，没有自己的主见。

3. 孔雀型

孔雀型的人热心、乐观、口才非常好，热情洋溢，喜交朋友。个性较为强势，有非常强的表现欲，走到哪都想站C位。

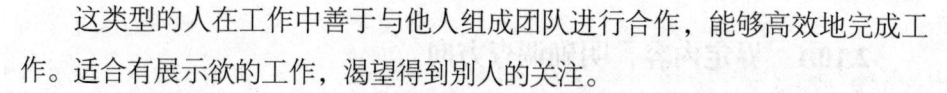

这类型的人在工作中善于与他人组成团队进行合作，能够高效地完成工作。适合有展示欲的工作，渴望得到别人的关注。

缺点是思维较为跳跃，有时无法长久地专注在一件事上，执着度不够高。

4. 变色龙型

变色龙型的人没有太强烈的个人色彩，性格较为善变，为人处世也较为弹性化，他们擅长根据环境变换自己的性格。不中庸、不冒进、不极端，懂得收放自如，也不会与人为敌，凡事不钻牛角尖，是天生的谈判家。

在工作中善于根据工作环境调整自己的状态，具备很好的沟通能力；善于整合身边的资源，借助资源发挥自己的能力；缺乏个人性格特色，有时候会过于摇摆，让人觉得他们没有原则，像"墙头草"。

5. 老虎型

老虎型的人自信，果敢决断，竞争力强，行动力强，喜树立目标，有广阔的胸怀；喜欢冒险，性格积极进取，有一定的对抗性。缺点是在重压下，会追求进度而忽略细节，可能不会估计情感因素；要求高，好胜心强，很容易成为工作狂。

工作上，这种类型的人说话快速且具有说服力，善于控制局面并愿意作出决定，这类型的人往往善于当领导，工作上会取得一定的成就。

2.10 背景调查

很多企业通过层层考核，选拔出优秀人才，但是选择出看似优秀而合适的人才并不能确保招聘工作的万无一失，企业依然存在着用人风险。在这种情况下，对候选人进行背景调查就会降低用人风险。

2.10.1 界定内容，明确调查方向

在做企业招聘的时候，为了降低用人风险，人力资源管理者要核实应聘者的信息，很多企业会对过了初试的应聘者做背景调查。然而，有的企业在对应聘者做背景调查的时候并没有一个明确的调查方向，也不清楚自己应该从哪几个方面进行调查，盲目的背景调查没有太多意义，最后只能沦为一种形式。

那么，企业做背景调查的内容范围会涉及哪些方面呢？

1. 学历、证书的调查

人力资源管理者会对候选人的学历和重要的技能证书进行调查。他们会采取两种方式来调查，一是在"证书编号网上查询"，二是直接打电话向应聘者的毕业院校核实学历的真假。这些方法调查起来比较方便，能够较快地调查出候选人是否造假。

2. 核实应聘者工作经历

对应聘者工作经历的核实是企业背景调查的重要内容，这项工作对候选人能有综合全面的了解，包括他曾经做过什么、做成过什么、怎么做成的。

有的应聘者在求职中会在工作经历上造假，而工作经历是最能表现应聘者工作能力、知识技能的一个渠道，这就使得对应聘者工作经历的调查非常有必要。人力资源管理者对这一方面的调查主要通过在应聘者以前工作过的企业同事中展开调查，具体有六个方面：

（1）任职时间

有的应聘者会在任职时间上虚报做假，为了给用人单位留下好印象，有的人会隐瞒自己频繁跳槽的事实。如果仅仅相差几个月是可以不计较的，但如果差一年以上，人力资源管理者就要注意了。

（2）任职岗位

岗位不同、具体的职责也不同。有些应聘者会对自己岗位头衔造假，把副总写成正总，把普通员工写成主任，把经理写成总监等。

（3）工作内容

人力资源管理者应了解清楚应聘者在原有单位中的具体工作内容，以杜绝对方存在浑水摸鱼的情况。

（4）工作态度

工作态度主要是看员工在原单位是否爱岗敬业。敬业不仅体现在不迟到、不早退、不旷工，更多的是对待自己的工作是否有一定的责任心。工作不单单是一项任务，而应该把它当作自己的事业来做。通过对简历中提及的成绩、业绩进行详细调查，就知道应聘者有没有说谎。

（5）人际关系的处理能力

大多数应聘者为了获得企业的好感，会在沟通能力上、团队协作能力上造假。尤其对于一些类似销售岗位或者领导岗位，对交际能力和人际关系能力是必不可少的，所以人力资源管理者要格外重视这一项调查。

（6）离职原因调查

对应聘者的离职原因调查也是很有必要的。有的应聘者是因为工作中出现了大的错误，有可能是被公司辞退或者开除了，有的是因为人际关系处理不好，有的是对原来的工作不满意，这些都要调查清楚。

3. 其他调查

除了上面这些调查内容之外，人力资源管理者还要做好一些琐碎的调查，比如应聘者的人格品质、家庭情况、健康状况、经济政治问题等作为辅助调查内容。

背景调查往往是针对企业中一些高管职位或者带有一定机密性工作内容的中高端人员。这是他们入职前企业要把好的最后一道关。

表2-3 被调查表单

被调查人		应聘职位		调查时间	
工作经历调查					
被调查公司		联系人		联系方式	

您好！请问是×××公司的×××先生/女士吗？能耽误您几分钟请先允许我做一下自我介绍吗？我是×××公司人力资源部的工作人员。我想对我公司求职的_____了解一下他在贵公司的工作表现，以便我们更能快速了解这个求职者。请问您现在方便吗？

1. 他曾经在贵公司任职过吗？职位是什么？您还记得他连续工作的起止时间吗？
回复：_____。

2. 您方便介绍一下他离职的主要原因是什么吗？
回复：_____。

3. 他在工作期间内表现如何？
(1)请问他在工作主动性和创造性方面表现如何？　A.优秀　　B.良好　C.一般　D.差
(2)工作完成情况您对其结果的满意度如何评价？　A.相当满意 B.满意 C.一般 D.不满意
(3)您觉得他的团队合作精神如何？　　　　　　　A.优秀　　B.良好　C.一般　D.差
(4)请问如果他选择再回到贵公司，您还愿意接收他吗？
　　　　　　　　　　　　　A.非常愿意　B.比较愿意　C.一般　D.不愿意
回复：_____。

4. 在工作期间内与同事和上司关系如何？有过相关奖惩吗？
回复：_____。

5. 方便介绍一下他在贵公司任职期间的薪水范围吗？
回复：_____。

6. 您能在工作的这段时间里给他做一个整体的评价吗？
回复：_____。

请问您还有对该同志关于个人情况的补充吗？非常感谢对我公司人力资源部工作的大力支持与配合！祝您工作愉快！谢谢您！
　　　　　　　　　　　调查人员：　　　　　　　　调查日期：

2.10.2　背景调查的注意事项

对高端人才或者有保密性质工作的求职者做背景调查是非常有必要的，但是并不意味着企业可以随意对他们进行调查。在调查他们的背景的时候，如果不注意一些事项，很容易弄巧成拙，失去优质的人才。

那么，做背景调查都有哪些注意事项呢？

1. 通知应聘者，不要私下调查

在不告知求职者的情况下，对其进行私下调查是非常不尊重求职者的做法，是对求职者人品和能力的怀疑，很容易损毁公司在候选人心中的形象，同时，私下调查也不符合法律的要求。因此，调查要建立在应聘者知情的情况下，才会赢得应聘者的心。

2. 不要调查应聘者的隐私

企业对应聘者做背景调查的目的是更好地了解应聘者的真实工作履历，降低用人风险。那么，背景调查就要以调查应聘者提供的求职信息为标准，调查与工作内容相关的问题，千万不要调查应聘者的隐私。这样做既不道德，也不合法。

3. 不应过分计较应聘者的小失误

有些企业的人力资源管理者在做背景调查的时候，没有摆正心态，不从大局出发而是抱着挑错误的心态做调查。当在调查中发现应聘者在工作中有小的失误或者性格上有小的缺陷，就会全盘否认这个人。没有人是十全十美的。企业在做调查的时候，要有包容的心态，不要过分计较小的失误。如果候选人有能力、有特色，就要从大局出发，聘用他。

4. 调查内容不能只停留在表面

不少企业在做背景调查的时候只对应聘者所提供的基本资料进行调查，调查其学历、工作经历等是否造假，有没有违法犯罪记录等。这些都是过于浅显的调查，只是对应聘者所提供的信息做简单的核验。真正的背景调查要尽可能全面，要调查应聘者的人品、道德品质、工作习惯、工作态度等影响工作业绩的因素。

当你在做背景调查时注意到以上问题并做到时，你才能高效地做好调查，真正找到合适的人才，降低用人风险。

2.11 通知书规范

2.11.1 对录用者的通知方式和要点

很多企业在通知录用者时缺乏系统的流程和礼仪规范，很容易给优秀人才留下不好的印象。尤其是一些高端人才的录用通知，更要讲究仪式，这样才能让高端人才感受到企业注重文化修养，重视人才，从而留下好的印象。

那么，企业通知录用者的方式都有哪些，又有哪些注意要点呢？

通常情况下，企业会通过打电话、发短信、发邮件、当场告知、发放录用通知书的方式来通知录用者，对于一些比较重要的岗位，除了口头通知或者电话通知外，还可以采用正式的书面形式发送录用通知函通知被录用者。

1. 打电话

电话通知录用者是很多企业经常采用的方式，优点是方便、快捷，也显得很有诚意。

2. 发短信

不少企业会选择这种方式通知录取者。不过，这种方式一般多用在对基层岗位的通知中，并不建议用在对高端人才的通知方式中。

3. 邮件

很多企业会选择用邮件的方式通知录用者。这种通知方式一般适用于文字篇幅较长的通知内容，但也不宜过长，同时要显示出尊重和礼貌。

4. 当场告知

有的人力资源管理者觉得在面试中发现应聘者条件非常不错，会当场通知应聘者被录用了，这种情况往往发生在普通求职者身上的概率比较大。

5. 发送录用通知书

这种方式较为正式，会让人觉得企业很重视人才。

附件：

录用通知书

尊敬的女士/先生：

非常荣幸地通知您，经过公司对您的综合评估，同意录用您任×××一职。欢迎您加入××××公司，让我们携手共创美好的未来。

一、工作内容：

二、工作关系：

直接上级：×××

平级：×××，×××

下级：×××，×××

三、工作方式及时间要求：

每周工作五天，定时工作制，兼顾工作需求，可灵活调整。

四、工作报酬及待遇：

1. 薪资：××

2. 福利：

补助：××

保险：××

其他福利：××

五、上岗安排：

请于____年__月__日携带下列资料到本公司报到：

居民身份证、学历证明等原件及复印件；一寸近照2张。

您与公司的正式聘用关系将在所有的入职登记完成后，正式生效。薪酬属于公司及个人的保密资料，请勿相互交流！

聘用单位：_____   受雇人签字：_____

（盖章）

日　　期：_____   日　　期：_____

2.11.2 对落选者的通知方式和要点

在企业中，往往比较重视对录用者的通知，却常常忽略通知落选者。很多企业认为，通知落选者是没有必要的，毕竟企业招聘的人才已经成功招到。其实，告知落选者也是一件必要的事情。因为一些求职者在等待企业回复结果的过程中，会拒绝其他公司的录用通知，直到等到企业的回复。如果不及时通知落选者，会耽误他们应聘其他公司，也会在一定程度上影响企业的形象和声誉。

有些高端人才落选，并不是因为他们的能力不行，也可能是因为他们的行事风格、价值观、文化观与应聘企业有所不同。对于这样的人，企业可以将其纳入人才候选储备库，以备不时之需，这样就更有必要通知落选者了。

通知的形式大概有电话通知、短信通知、邮件通知这几种方式，而当场告知就非常不适合通知落选者，因为当场告知会让落选者下不来台，从而造成尴尬的局面，也会让人觉得该企业的人力资源管理者不懂得照顾他人的情绪。

因此，人力资源管理者既要做好细节问题，同时又要有一定的高情商。

疑难问题　如何提高邀约者的面试到场率

小李是一个有着3年工作经验的人力资源管理者，2022年5月加入现在的公司。现在的公司是做电话销售的，目前有40多人。小李平时的主要工作就是招聘电销业务员，打电话约求职者面试。最近，小李收到的简历比较多，网上的资源也很丰富。但是，当他打电话过去约求职者面试时，总是被问及一些和业务相关的问题，然后说要先了解一下、看一看之类的话，就杳无音信了。还有一些人，虽然电话沟通时约好了面试时间，但是真正来公司面试的却很少。小李每天都感到非常疲惫，工作效率也不高。

在通过电话提高邀约者的面试到场率时，要注意以下问题：

1. 熟悉业务

如果人力资源管理者对应聘职位的工作内容和业务不够熟悉的话，很容易被应聘者问住，这种情况下邀请对方来公司进行面试，很容易被放鸽子。对方可能会想人力资源管理者连职位的工作内容和业务都不熟悉，太不专业了，想必这家公司也好不到哪去。

如果人力资源管理者要想提高面试到场率，一定要熟悉公司的业务，对公司的具体产品或者服务，涉及哪些产业，产品或服务都有哪些知识、标准、要求等都要了解清楚。

2. 熟悉环境

如果应聘者要来公司面试，人力资源管理者只知道公司的相关信息还不够，还要熟悉公司周边的环境，比如地铁、公交、街道、住宿、就餐、商圈等信息。所以，人力资源管理者要了解公司所处位置的周边情况。

3. 突出优势

在电话邀约中，突出公司的优势和所处位置的好处要给予适当说明。在公司优势方面，人力资源管理者可以从发展历程、高层理念、企业文化、发展规划等方面进行讲解；在地理位置上，可以突出是否是当地政府大力发展的重点区域，可以增加公司的吸引力。

4. 态度真诚

态度诚恳就是在说明公司优势的同时，也要实事求是地告知对方公司实际存在的一些问题。比如，公司管理还存在一些不足，但是公司高层非常重视，正在做出相应的改变和调整，公司领导也非常愿意听取员工的意见，还专门设置了物质奖励。

5. 语气温柔

在电话预约的时候，在可能的情况下，安排声音好听、语调柔和、性格温柔、熟悉业务的女员工来打电话，这样也能提升到场率。

6. 直逼答案

在经过前面耐心、细致、专业的交流后，人力资源管理者就可以直接询问应聘者哪天来公司面试，以便安排具体面试事宜。如果面试者不能给出具体的时间，就可以礼貌地结束这次通话。

实战案例　结构化面试成功案例

某集团公司因为新开发一个项目，需要招聘一位项目经理。企业的人力资源部门在接到招聘任务后，对项目经理这一职位所需要的专业能力、专业素养等各方面进行了分析，最终确定了考核标准、录用标准和具体的招聘渠道。在经过几轮筛选后，有5名候选人进入终极面试。这5位候选人在能力、素质、经验方面不相上下，用人部门领导不知如何判断。

用人部门在与人力资源部商量之后，决定采用较为公平的结构化面试。在面试的时候，面试官们按照同样的提问顺序、同样的问题、同样的评判标准对5位候选人进行结构化面试，并最终从5位候选人当中选择了一位。这位胜出的候选人很快就适应了企业的工作，在半年的时间为企业带来很好的效益。

结构化面试是采用了统一的面试题和评判标准，适用于有多位相同级别的候选人，在其中选出最合适的优秀人才。

优点：节省了招聘时间，让招聘工作更为客观公正。

缺点：面试方法太过统一，使得面试过于僵硬，缺乏一定的灵活性。虽然能考察出候选人的专业能力和素质，但是因为没有进行深入挖掘，不能发现候选人更多的潜能；结构化面试中采用的测试题是比较常用的一些题，很容易被候选人猜中答案，从而降低了难度，减少了真实性。

解决办法：

其一，转换表达方式。比如：把"你为什么要离职"换成"你为什么选择我们企业"，把"你有哪些优点"换成"你觉得你是一个什么样的人"。用不同的表达方式让候选者觉得这个问题他之前没有做准备，而放弃准备好的答案。当然，这种临场发挥出来的答案会更真实，更能反映其真实水平。

其二，为了避免结构化面试过于僵硬，人力资源管理者可以在选择试卷答案的时候做一些调整，不要选择最接近答案的答案，而要选择相对合理的答案，这样会让测试变得更加公正公平。

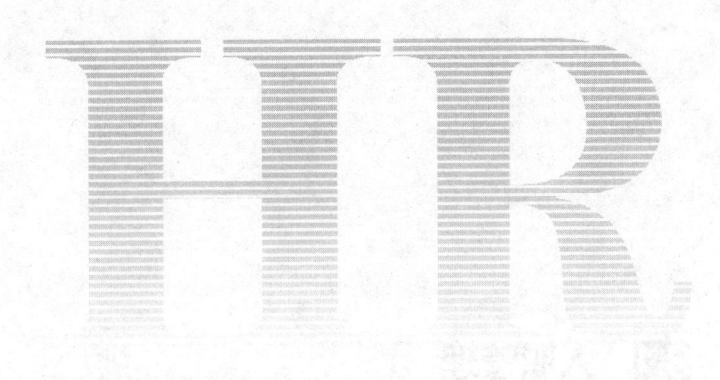

第3章 | CHAPTER 3

入职、离职及劳动合同管理应知应会

员工入职、离职与劳工合同管理对企业有着非常重要的作用。入职管理可以降低用人风险,提高工作效率;离职管理可以降低员工离职率,减少离职给企业带来的损失,企业要尽量降低离职风险;劳工合同管理可以加强员工与企业的关系管理。

3.1 入职管理

新员工在通过面试之后，人力资源管理者就可以带他办理入职手续了。入职这部分也需要做好管理，这里有很多的方法和技巧，人力资源管理者要学会这些技巧，掌握入职管理技能。

3.1.1 新员工入职流程

新员工在办理入职手续的时候，是有一定的流程的。

第一步，新员工先到人力资源部报到，领取入职说明书（含入职说明、入职流程及表单等），并签字。

第二步，人力资源部向新员工介绍办理流程，并指导新员工办理入职手续。

第三步，填写入职审核表，证件照原件检验（学历证书、身份证、职称证书、资格证书、特殊岗位执业证书、离职证明、健康体检证明、无犯罪记录证明等）。

第四步，填写入职登记表并当场签字。

第五步，签订劳动合同等协议或合同。

第六步，人力资源部负责为新员工编号，填写新员工入职的一系列表单。

第七步，入职手续办理结束，带领新员工去所在部门进行交接，并开始记录新员工的出勤情况。

3.1.2 试用期及转正

很多人力资源管理者往往搞不懂试用期和实习期有什么不同。其实，试用期不同于实习期。

试用期，指的是双方已签订劳动合同，劳动合同已生效，代表新员工与企业已经确立了关系。但需要经过一个短暂的时间让彼此了解、熟悉，给彼此留有选择的空间和余地。

新员工在试用期期间，人力资源管理者不能不跟进，需要及时观察和记录，具体工作有以下三个：

1. 沟通

一般在入职的一个月之内或者转正之前要与新员工进行沟通。在与新员工沟通的同时，还要与和新员工有合作关系的同事及上下级沟通。主要询问新员工对工作的适应度和胜任度；有无得到同事的帮助和关心；员工的上级对新员工是否满意；新员工有否遇到困惑或难题等。

2. 建议

根据与新员工沟通的情况，写出有价值、有帮助、有意义的信息，反馈给新员工的直接领导或直属负责人。如果新员工的直属领导或者师傅没有及时给予新员工帮助，人力资源管理者也要及时反映，了解真实情况，根据情况给出指导和建议。

3. 总结

针对新员工在试用期间遇到的一些问题，根据与新入职员工和其所在部门之间沟通的结果，人力资源管理者要总结在招聘过程中有哪些疏忽和失误，比如制订的招聘标准是否合适，是否符合用人部门的需求，入职期间的协调和反馈是否做好等。

在试用期满之后，新员工就可以向人力资源部提出转正申请（如表3-1所示），新员工的直接上级要填写试用期员工转正申请审批表（如表3-2所示）。

表3-1　员工转正申请表

填表日期：_____年____月____日

申请人		所在部门		学历		入职日期	
员工编号		职位		专业		转正日期	
转正岗位				薪酬			
工作总结							

以下由部门负责人和相关部门填写		
部门意见	综合评级	□优秀　□良好　□合格　□需改进　□不合格
	转正建议	□提前转正，转正日期：____年____月____日
		□按期转正
		□延长试用期，延长至____年____月____日
		□辞退，最后工作日至____年____月____日
		□转岗，建议岗位：_____
	薪酬建议	
	其他意见	

部门负责人意见：

签字：
____年____月____日

人力资源部意见：

签字：
____年____月____日

总经理意见：

签字：
____年____月____日

表3-2　试用期员工转正申请审批表

姓名		部门			岗位	
学历		毕业院校			专业	
试用期	_____年___月___日至_____年___月___日					

试用期自我评价（由本人填写）
主要工作业绩：

考评内容（由直接上级填写）						
出勤状况（天、次）	病假 || 事假	迟到	早退	处罚	奖励

考核项目考核内容	要点	优	良	合格
品德项 30%	诚实 10%	能够开诚布公、实事求是、诚实地待人处事	偶有撒谎现象和不守信誉，基本上能够以诚待人	时有不实语言，不能获得同事与上级信赖，虚假汇报，掩盖工作失误
		□100 □90	□80 □70 □60	□50 □40 □30
	责任心 10%	可以放心交付工作，能够彻底完成目标和任务，工作认真负责，问题意识较强	具有责任心，可以交付工作，但须督导方可完成	责任心不强，须常督促，尚不能完成任务
		□100 □90	□80 □70 □60	□40 □30 □20
	职业道德 10%	严守公司机密，保持高度警觉，严格遵守公司管理制度及掌握公司尺度、原则，坚决服从公司决定	能够遵守企业秘密条例，遵守公司规章制度，偶有破坏情况，理解公司的决定	对外传播公司机密和不宜外传事宜，制造同事或上下级矛盾，随意破坏公司制度，不服从公司决定
		□100 □90	□80 □70 □60	□40 □30 □20

续表

考核项目 考核内容	要点	优	良	合格
能力项 70%	专业知识能力 20%	能够运用专业知识及时、有效地解决各类问题，圆满完成各项工作任务	能够运用专业知识解决问题，完成工作任务	专业知识明显不足，影响工作进展
		□100 □90	□80 □70 □60	□40 □30 □20
	服务意识和亲和能力 20%	能够主动积极了解服务需求并提供有效服务，与客户亲和力强，不暴躁，工作差错率较少	能够提供服务，亲和力一般，偶尔有不耐烦现象或偶尔出现差错	服务意识不够，员工亲和力不足，常有不耐烦现象，工作经常出现差错
		□100 □90	□80 □70 □60	□40 □30 □20
	学习和进取能力 10%	能主动学习和进取，掌握较快并且很快能运用到工作中	学习意识和能力一般，掌握较慢，但基本上能够领悟学习内容	不善于学习，不思进取，被迫学习
		□100 □90	□80 □70 □60	□40 □30 □20
	自律能力 10%	能够严格遵守公司的规定及制度，忠于职守，从不擅自离岗	有自律意识和能力，能够遵守公司考勤规定，但偶尔有串岗现象和违规现象	自律意识和能力不足，常有擅离岗位现象及违规现象
		□100 □90	□80 □70 □60	□40 □30 □20
	协作能力 10%	能够积极与他人顺利达成工作任务和要求	尚能与人合作，能够达成工作任务与要求	协作不善，常常致使工作无法进行和开展
		□100 □90	□80 □70 □60	□40 □30 □20

综合得分：_____分（加权平均计算）

注：考核结果综合得分低于80分为不合格，不予录用。

部门经理简评	试用期考核情况： □试用期不合格 □按期转正 □提前转正，转正日期：_____年_____月_____日
主管副总意见	签字： _____年____月____日
人力资源部意见	签字： _____年____月____日
总经理审批	签字： _____年____月____日

3.2 离职管理

离职管理也是人力资源管理的一个重要环节，关系到企业的人才流失问题。人力资源管理者对离职人员通常采取两种态度：对优质的人才尽量挽留；对工作能力一般、业绩水平不高的人员则要搞清楚其离职的原因。

3.2.1 离职流程

离职流程如图3-1所示：

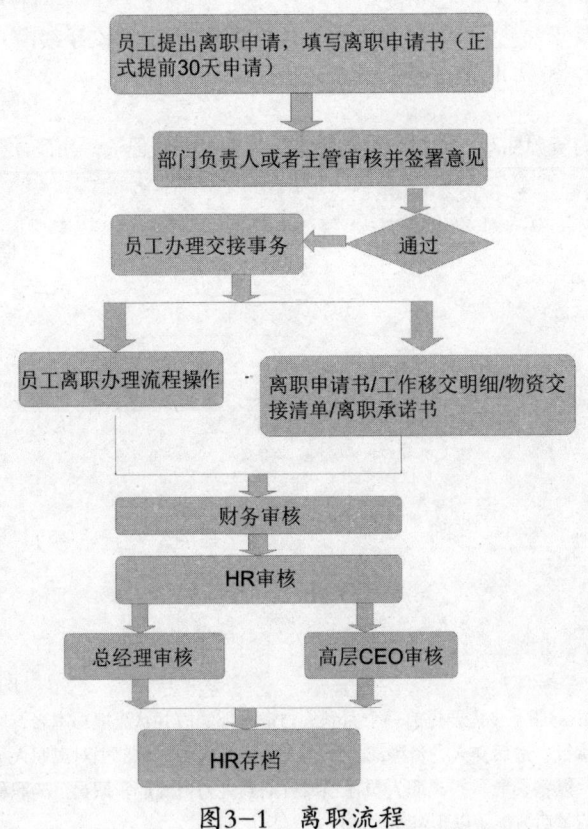

```
          员工提出离职申请，填写离职申请书（正
          式提前30天申请）
                    ↓
          部门负责人或者主管审核并签署意见
                    ↓
          员工办理交接事务 ← 通过
                    ↓
   ┌────────────────┴────────────────┐
   员工离职办理流程操作    离职申请书/工作移交明细/物资交
                        接清单/离职承诺书
   └────────────────┬────────────────┘
                    ↓
                财务审核
                    ↓
                 HR审核
                    ↓
   ┌────────────────┴────────────────┐
   总经理审核              高层CEO审核
   └────────────────┬────────────────┘
                    ↓
                 HR存档
```

图3-1　离职流程

3.2.2 离职表单

离职表单如表3-3所示：

表3-3　员工离职审批表

姓名		性别		部门		职务		入职日期	
离职类别	\multicolumn{8}{l}{□合同期满　□辞职　□辞退　□自离　□其他（请说明）：}	预离日期
离职原因	\multicolumn{9}{l}{□A.薪资低　□B.福利不够　□C.工作环境　□D.不满意公司的政策和措施　□E.没有事业发展机会　□F.缺少培训和机会　□G.工作太枯燥　□H.工作量太大　□I.同事关系不融洽　□J.与上次关系不融洽　□K.找到更好的工作　□L.自己经营生意　□M.家庭原因　□N.回校深造　□O.健康原因　□P.转换行业　□Q.其他原因，请说明：_____。}
直接上级意见	\multicolumn{9}{l}{□用人部门同时对该人员进行离职访谈，做好离职面谈记录，并签署意见： 签字：　　　　　　日期：}
部门经理（分管领导）意见	\multicolumn{9}{l}{同意其于20____年____月____日办理辞职工作移交手续，工作代理人为：□另外招聘□内部协调_____。 签字：　　　　　　日期：}
人力资源部意见	\multicolumn{9}{l}{□人力资源部对该人员进行离职访谈，做好面谈记录，并签署意见： 签字：　　　　　　日期：}
行政中心审批	\multicolumn{9}{l}{ 签字：　　　　　　日期：}
常务副总审批	\multicolumn{9}{l}{ 签字：　　　　　　日期：}
总经理审批	\multicolumn{9}{l}{ 签字：　　　　　　日期：}

注：1. 员工申请辞职至少需要提前一个月到人力资源部领取并认真填写本表，然后交所在部门领导批准或相关人员审批，最后交人力资源部。2. 用人部门和人力资源部须对离职人员进行离职访谈，访谈内容整理存档，以备参考。3. 离职人员在预离日期到人力资源部领取员工离职移交接表，办理离职移交手续，移交清楚后方能予以工资结算。

3.2.3 离职证明模板

很多企业会在乎新员工是否有离职证明，因此在离开一家公司的时候，要让公司为员工提供离职证明。离职证明模板如下：

离职证明

_____先生/女士（身份证号码：_____）于____年__月__日至____年__月__日在我公司担任_____部门的____职务，由于_____原因申请离职，在此工作期间无不良表现，工作良好，同事关系融洽，经公司慎重考虑准予离职，已办理交接手续。

因未签订相关保密协议，遵从择业自由。

特此证明！

×××公司
____年__月__日

3.2.4 离职原因种类

员工离职的原因有很多种，我们来具体划分一下。

1. 主动辞职

员工因个人原因主动辞掉现在的工作，根据公司的规定通常需要提前30天与公司提前申请，这样便于把工作交接清楚，也能有效减少公司的损失。

2. 被公司解雇

公司发现员工在工作期间不能胜任岗位工作，经过培训或者一对一帮扶后仍不能胜任岗位工作，用人单位会提前30天通知，与员工解除劳动关系。

3. 开除

员工因在工作期间有严重违反公司的规章制度、违法犯罪行为、严重失职造成重大损害等情况，用人单位可要求员工在接到通知后离开公司，有专人负责为其办理离职手续。

4. 正常退休

有的员工是到了退休年龄，不再接受公司的返聘，与公司正常结束劳资关系。

3.2.5 员工离职面谈技巧

离职面谈是员工在离职前与公司的相关人员进行面谈的活动，是离职管理中重要的一部分。员工离职面谈的主要内容包含了四个方面：了解员工离职的原因和想法；了解员工对个人发展的考虑和设想；了解员工对公司、部门主管和同事的看法和评价；说清楚自己谈话的目的，代表公司了解情况和对事实的看法。

那么，在与员工进行谈话的时候都需要掌握哪些技巧呢？

1. 离职面谈的时间

在员工提出离职想法之后与员工进行面谈的意义其实不大。要想减少员工的流失率，最好在员工有离职想法之前，通过面谈挽留员工。想离职的员工通常会表现出消极怠工、经常请假、经常去无人的地方接听电话等行为。

2. 离职面谈的地点

与员工聊离职不能在办公区域，这样不仅没有保护好员工的隐私，也会引起其他员工的情绪波动。要尽量选择在光线明亮、周围环境安静的个人办公室或会议室里，不然会影响面谈的效果，不能很好地实现面谈的目的。

3. 离职面谈的内容

（1）未正式提出离职

如果是提前发现了员工的反常行为，但员工还没有正式提出离职，可以以关心的口吻询问员工最近是不是发生了什么事情，导致员工的工作状态不是特别好。

如果员工说出自己在生活中遇到了怎样的难题，就要与员工商讨如何解决问题或者渡过难关。如果是工作上遇到了难题，也要想办法解决员工的难题，并反馈给部门领导，一起协助其解决工作难题。

（2）正式提出离职

如果员工正式提出了离职，人力资源管理者要了解员工提出离职的原因和真实情况。

比如，"您能说一下为什么会有这个想法吗？您能跟我说一下是什么让您做出这个决定呢？"

如果员工不方便说出真实情况，你也可以换个问法。

比如，"您对公司的工作氛围还满意吗？您对公司的企业文化有什么看法吗？您对公司的晋升制度满意吗？"

在简单了解了员工的离职原因之后，要表现出共情，即表现出人力资源管理者对员工情感和所处境地的理解。通过对离职原因的判断，如果有可能的话尽量挽留员工，提升员工的待遇或者突出公司的优势，然后一起商量一个留下来的解决办法。

如果员工表示要考虑一下，可以给其留出考虑的时间。如果员工坚持要离开，就要做好离职交接工作，合理解除劳动合同，提醒员工履行职业操守，遵守保密协议，不要做出损害公司的事情。

4. 离职面谈的注意事项

离职面谈时要先确定面谈的目的。对离职人员进行分类，对不同类型的员工采取的策略是不一样的。对一些工作能力强、业绩好的员工，要尽量挽留；对态度差、工作能力差、业绩低的员工要了解其离职的原因。

在做离职面谈的时候，要提前做好准备，了解其家庭情况、工作情况、上下级关系、为人处世的能力等信息，提前预测面谈过程中会发生的情况，做好应对方案。

3.2.6　合法合理辞退员工

辞退是用人单位解雇职工的一种行为。辞退不合适的员工对于人力资源管理者而言是一项既敏感又重要的任务。那么，我们应该如何合理合法地辞退不合适的员工呢？

辞退员工要根据《劳动法》提前30天通知员工。

如果是员工不能胜任当下的工作，要拿出证据来。

如果员工在试用期间被证明不符合录用条件，或者严重违反劳动纪律或用人单位规章制度，或者因严重失职对用人单位造成重大损害时，用人单位可以即刻辞退员工。

如果用人单位提出并与员工协商一致，也可以解除劳动合同。

辞退员工时，要与员工做好沟通，做好其思想工作，让其放下对公司的成见，而不能简单行事，激化矛盾。

辞退员工要根据《劳动合同法》赔偿员工，具体可参照《劳动合同法》第四十七条。

需要注意的是，任何解雇都不能以性别、宗教、工会活动等理由作为依据；所有因个人原因而进行的解雇都必须说明理由，以事实为依据，而不能以个人的主观判断为标准。

合法合理辞退员工需要依据相关法律法规，明确辞退的情形和条件，确保公平、公正、合理，并尊重员工的合法权益。

3.2.7　规避自离风险

自离是指员工没有按照公司离职流程办理离职手续就自行离开公司。自离会带来劳动纠纷、用人紧张、工作连续等方面的问题，应当要规划处理流程和善后方法。

如果人力资源管理者遇到自离情况，要把复杂问题简单化处理，具体处理方法有如下七种：

1. 自离类别

按是否办理离职手续来看，有不办理离职手续和只办理部分手续自离；按公司是否知悉员工离职看，有不知晓离职的自离和知晓离职的自离；按员工入职时间长短看，有试用期内自离和转正后自离；按自离员工重要性来看，有一般员工自离和关键岗位员工自离；按自离原因看，有公司原因自离、个人原因自离、其他原因自离等。

2. 自离的结果

有的员工因为个人原因没有办理离职手续就离开公司了，这种情况下，公司是不会给他们发放工资的。

3. 自离潜在风险

对于公司而言，员工自离有如下风险：影响工作的连续性，使工作发生断裂；工作信息有可能外漏，资料有可能丢失；员工有可能随时回公司申请索要未发放的工资；未解除合同员工受伤会回公司要求赔偿，或者打着公司的旗号来牟取私利；影响公司队伍的稳定团结；员工社保需个人承担部分受影响；对公司造成负面的影响。

4. 制定自离制度

公司要对自离现象形成制度，包括工资发放、旷工计算、解除合同通知、借款偿还等，其中存在的法律现象和结果都要普及给每一位员工，确保每一位员工了解。

5. 完善内部管理

自离大多是因为员工对公司的薪酬、福利待遇、晋升之路甚至企业文化等方面，没有满足员工的期望。因此，企业要了解员工自离的真正原因，完善内部管理。

6. 简化离职流程

要简化自离员工的离职流程，主要是合法解除劳动合同。

7. 定期交流

人力资源管理者要与员工不定期进行交流，包括思想、工作、人际关系、困惑等，从交流中发现员工的变化和动向。

3.3 认识劳动合同

劳动合同，是指劳动者与用人单位之间确立劳动关系，明确双方权利和义务的协议。订立和变更劳动合同，应当遵循平等自愿、协商一致的原则，不得违反法律、行政法规的规定。劳动合同依法订立即具有法律约束力，当事人必须履行劳动合同规定的义务。

根据《劳动法》第十六条第一款规定，劳动合同是劳动者与用工单位之间确立劳动关系，明确双方权利和义务的协议。

根据这个协议，劳动者加入企业、个体经济组织、事业组织、国家机关、社会团体等用人单位，成为该单位的一员，承担一定的工种、岗位或职务工作，并遵守所在单位的内部劳动规则和其他规章制度；用人单位应及时安排被录用的劳动者工作，按照劳动者提供劳动的数量和质量支付劳动报酬，并且根据劳动法律、法规规定和劳动合同的约定提供必要的劳动条件，保证劳动者享有劳动保护及社会保险、福利等权利和待遇。

1. 基本种类

（1）固定期限劳动合同

固定期限劳动合同，是指用人单位与劳动者约定合同终止时间的劳动合同。用人单位与劳动者协商一致，可以订立固定期限劳动合同。

（2）无固定期限劳动合同

无固定期限劳动合同，是指用人单位与劳动者约定无确定终止时间的劳动合同。

（3）单项劳动合同

单项劳动合同，即没有固定期限，以完成一定工作任务为期限的劳动合同，是指用人单位与劳动者约定以某项工作的完成为合同期限的劳动合同。

2. 劳动合同的期限

劳动合同的期限一般有三种：

（1）有固定期限

它是指订立劳动合同时约定了一定的期限，期限届满，劳动法律关系即行终止。这种合同适用范围广，应变能力强，可以根据生产需要和工作岗位的不同要求来确定合同期限。

（2）无固定期限

这种合同一般适用于从事技术性较强、需要持续进行工作的岗位。订立这种合同的职工一般可以长期在一个单位或部门从事生产（工作），但无固定期限的劳动合同不等于一成不变，如果出现符合法律、法规或者双方约定的条件，也可变更、解除或终止劳动合同。

（3）以完成一定工作为期限

它是指劳动合同当事人双方把完成某项工作的时间约定为合同终止而达成的协议。它与固定期限劳动合同的区别是约定合同终止条件，而不是约定确定的期限。

3.4 劳动合同管理

3.4.1 劳动合同管理流程

劳动合同管理流程就是从招聘开始到合同确立，再到员工离职，然后合同中止。

劳动合同管理流程图如图3-2所示：

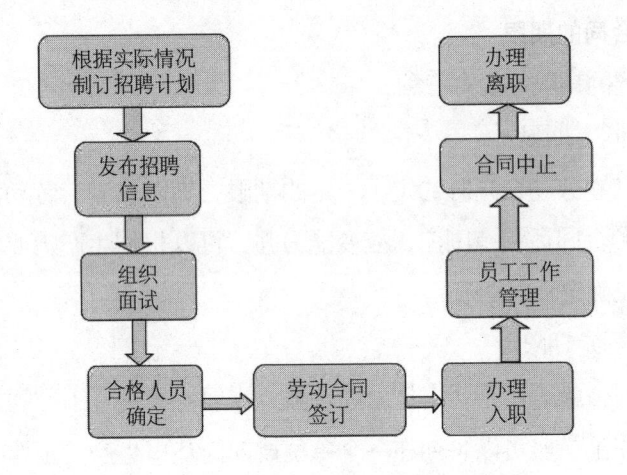

图3-2 劳动合同流程图

3.4.2 合同签订前提条件

很多企业之所以会产生劳务纠纷就是因为劳资双方对岗位职责、岗位内容、岗位目标等工作关系理解有一定的误差。尤其是一些中小企业，在招聘人才时非常随意，没有认真考虑岗位的目标和标准，导致招聘到的人员不符合岗位的要求。

所以，明确的招聘需求，像岗位说明书、职责范围、岗位目标等，都应使得"人"与"岗"进行有效匹配，这样才能实现员工与企业的高度匹配。

除此之外，一名合格的人力资源管理者必须经常与公司领导进行沟通，从企业的经营角度与人力资源管理者的专业角度，精准定位招聘岗位。

1. 招聘信息发布

招聘信息发布属于合同签订的前提条件，只有发布了招聘信息，招到了合适的人才，才可以签订劳动合同。

招聘信息的发布要参考《劳动合同法》第二十六条，具体内容如下。

第二十六条 下列劳动合同无效或者部分无效：

（1）以欺诈、胁迫的手段或者乘人之危，使对方在违背真实意思的情况下订立或者变更劳动合同的；

（2）用人单位免除自己的法定责任、排除劳动者权利的；

（3）违反法律、行政法规强制性规定的。

对劳动合同的无效或者部分无效有争议的，由劳动争议仲裁机构或者人民法院确认。

当发布信息虚假、违法、免责，都会在劳务纠纷产生之后成为劳动者举证的依据。

2. 办理入职

◇ 人力资源管理者核对、收集新员工的个人资料（如学历证书复印件、身份证复印件、相关资格证书复印件、个人照片等）。

◇ 填写入职申请表。

◇ 安排新员工学习公司各项规章制度。

◇ 领取办公用品、熟悉上下级同事。

用人单位依法制定完整、细致的内部管理规章制度，是避免劳务纠纷的重要条件。《劳动合同法》第三十九条规定，劳动者有几种情形之一的，用人单位可以解除劳动合同，其中根据"（二）严重违反用人单位的规章制度的"这一条规定，用人单位解除劳动关系不需要支付补偿金。

3. 劳动合同的签订

员工入职之后，通过了试用期就要与员工签订劳动合同。劳动合同要参考《劳动合同法》第十七条规定，劳动合同应具备以下条款：

（一）用人单位的名称、住所和法定代表人或者主要负责人；

（二）劳动者的姓名、住址和居民身份证或者其他有效身份证件号码；

（三）劳动合同期限；

（四）工作内容和工作地点；

（五）工作时间和休息休假；

（六）劳动报酬；

（七）社会保险；

（八）劳动保护、劳动条件和职业危害防护；

（九）法律、法规规定应当纳入劳动合同的其他事项。

劳动合同除前款规定的必备条款外，用人单位与劳动者可以约定试用期、培训、保守秘密、补充保险和福利待遇等其他事项。

劳动合同模板

劳动合同

合同编号：_____

甲　　方：_____

乙　　方：_____

签订日期：____年____月____日

合同双方当事人基本情况

甲方名称：

类型：（行政机关，事业单位，国有、民营、外资、合资、港澳台企业，会计师或律师事务所，个体经济组织，社会团体、民办非企业单位、基金会、其他依法登记注册成立的单位等）

法定代表人（或主要负责人）或委托代理人：

注册地址：

经营地址：

乙方姓名：

性　　别：

户籍类型（非农业、农业）

居民身份证号码：

其他有效证件名称：　　　　　　证件号码：

家庭住址：　　　　　　　　　　　邮　　编：
本地居住地址：　　　省（市）　　　区（县）　　　街道（乡镇）
户口所在地：　　　　　　　　　　联系电话：

合同正文

根据《劳动法》《劳动合同法》及相关法律法规的规定。甲乙双方经平等协商，一致同意签订本合同。

一、劳动合同期限

第一条　本合同期限类型为以下第_____种。

1. 固定期限：合同期限为____年，自____年____月____日起至____年____月____日止。其中，试用期为____个月，自____年____月____日起至____年____月____日止（第一次签订合同填写试用期）。

2. 以完成一定工作为期限：自____年____月____日起至工作任务完成结束时止。其中，工作完成标志是_____。

3. 无固定期限：自____年____月____日起至法定的解除或终止合同的条件出现时止。其中，试用期为____个月，自____年____月____日起至____年____月____日止（第一次签订合同填写试用期）。

二、工作内容、工作条件和工作地点

第二条　甲方安排乙方从事（岗位）工作。乙方的工作应达到甲方依法制订的该岗位职责和标准。如果乙方的工作不能达到甲方制订的该岗位工作职责和标准，甲方视乙方为不能胜任本岗位工作，甲方经过调整乙方工作岗位后，乙方仍不能达到调整后甲方制订的岗位工作职责和标准的，甲方将按本合同第三十三条处理。

第三条　根据甲方整体工作计划，甲方可以安排乙方从事甲方下属各分子公司（岗位）工作，乙方愿意服从甲方的工作安排。

第四条　乙方的工作地点为_____，根据甲方的工作需要，经甲乙双方协商同意，可以变更乙方工作地点。

三、劳动保护和劳动条件

第五条 甲方依法建立健全规章制度，制订劳动卫生安全、生产工艺、操作规程和工作规范。甲方对可能产生职业病危害的岗位，应当向乙方履行告知义务，并做好劳动过程中职业危害预防工作。

第六条 甲方应向乙方提供必要的劳动条件及安全卫生的工作环境，并依照企业生产经营特点及有关规定向乙方发放劳保用品和防暑降温用品。

四、劳动报酬

第七条 甲方与乙方沟通确定的劳动报酬，通过乙方填写的定、调薪审批单执行标准。

1. 乙方的报酬在试用期内为月薪_____（见定、调薪审批单附件）。转正后，甲方根据乙方的工作能力及表现重新确定报酬，甲方可以根据乙方工作业绩调整乙方报酬。

2. 根据甲方的工作需求或乙方的实际工作能力，对乙方工作岗位调整后，其工资参照同岗位、同工种、同职务的标准执行。甲方根据本企业经济效益状况和当地生活物价变动情况适当调整乙方工资。

3. 甲方于每月_____日前以法定货币支付乙方工资，如遇休息日应提前支付。

4. 甲方生产任务不足使乙方待工的，甲方支付乙方的月生活费为_____元或按乙方固定工资的70%标准发放（不低于当地最低工资标准）。如乙方在待工期间到其他单位兼职，须书面征得甲方同意，并将乙方每月生活补贴调整为_____元方可兼职，否则视乙方违反合同，应当退还甲方发放的生活费并承担甲方经济损失。当乙方接到甲方复工通知时，应该在五个工作日内返回甲方报到，否则甲方将根据考勤制度对乙方进行处理。

五、劳动纪律

第八条 乙方应遵守甲方依法制定的规章制度：严格遵守劳动卫生安

全、生产工艺、操作规程和工作规范，爱护甲方财产，遵守职业道德，积极参加甲方组织的各项培训，提高思想觉悟和职业技能。

第九条 乙方违反劳动纪律和规章制度，甲方或下属分子公司可给予纪律处分，属于严重违反规章制度的，甲方有权解除本合同。

第十条 乙方违反《劳动合同法》的规定解除劳动合同，或者违反本合同约定的保密义务或者竞业限制给甲方造成损失的，应当承担赔偿责任。

六、工作时间、休假及请假

第十一条 工作时间

1. 甲方根据乙方的岗位，确定乙方执行下列第_____种工时制度：

（1）标准工时制度。

（2）不定时工时制度或综合计算工时制度（_____，综合计算工时不得超过_____小时）。

2. 乙方因岗位变动后，其工时按新岗位的工时制度执行。

3. 实行标准工时制度的，甲方安排乙方延长工作时间或者在休息日、法定休假日工作的，应依法安排乙方补休或支付相应的工资报酬。

第十二条 乙方享有下列休假待遇：国家规定的法定节假日和工休日为有薪假日，节日逢工休日，应当补假。

第十三条 乙方因婚、丧、疾病或者其他正当理由需请假者，应当提交有效证明，向甲方主管报批后才能休假，休假薪资按甲方的管理制度办理。

七、保险福利待遇

第十四条 甲、乙双方应按国家和本地区社会保险的有关规定缴纳社会保险费用。

第十五条 乙方患病或非因工负伤，医疗等费用按国家规定及甲方《医疗费用管理办法》执行。

八、教育培训

第十六条 甲方根据经营状况及提高乙方工作技能的需要，有权安排乙方进行教育培训：培训期间的待遇按照甲方管理制度办理，乙方应当接受甲方的安排。

第十七条 甲方因生产经营（工作）需要，使用专项培训费用（含学费、交通费、住宿费、考察及培训期间的工资等费用）送乙方参加专业技术培训，培训结束后，乙方应当继续为甲方服务。服务期限由甲乙双方共同确定，如乙方违反服务期限的约定，乙方除赔偿专项培训费用总额外，还应当支付未履约期限的违约金_____元给甲方。

九、权利和义务

第十八条 在劳动合同签订之前，甲方有权了解乙方与劳动合同直接相关的基本情况，包括但不限于劳动者的学历、履历、资格或任职证书（证明）以及以前劳动关系是否解除或终止等，劳动者应当如实说明，并应书面承诺其真实性。若因故意漏报、隐瞒前述基本情况，骗取甲方签订劳动合同的，经甲方查出或被原单位追诉的，视为乙方的欺诈行为并导致甲方的严重误解，甲方有权依法申请认定本合同自始无效，由此给甲方造成的损失，应由乙方全额承担。

第十九条 乙方在合同期内，属于其岗位职务行为或主要利用甲方的物质技术条件所产生的所有专利、版权和其他知识产权归甲方所有，乙方无权进行商业性开发。

第二十条 双方签订本合同后，乙方不得在合同期内再受聘其他任何单位从事与甲方相同或类似或有竞争冲突的业务。

第二十一条 乙方必须遵守甲方制定的规章制度、听从指挥、服从分配；严格遵守劳动安全卫生、生产工艺、操作规程和工作规范；爱护甲方的财产、遵守职业道德。

第二十二条 乙方应当无条件保守甲方的商业秘密，不得利用甲方的商业秘密为本人或者其他经济组织和个人谋取不正当的经济利益，不得向任何单位、组织和个人泄露甲方的商业秘密，如乙方违反该项义务，乙方应当按照《商业秘密保护合同》相关规定，赔偿甲方的经济损失和支付违约金给甲方，违约金为甲方工作期间12个月工资。

第二十三条　乙方在本合同上签字后即视为甲方已经对本公司的商业秘密采取了必要的保密措施。

第二十四条　除经甲方书面同意外，乙方不得在甲方以外兼职，如有违反，甲方有权辞退乙方，乙方不得主张经济补偿，同时乙方还应当赔偿甲方因此所受到的损失。

第二十五条　乙方办理离职手续时，应将其所占有、管理的甲方知识产权和商业秘密的附着物或样品交还给甲方，否则视为泄露甲方商业秘密。乙方承诺在离职后两年内不得向其他单位、组织和个人提供其所知的甲方商业秘密，否则视为乙方泄露甲方的商业秘密，乙方应当按照《商业秘密保护合同》相关规定，赔偿甲方的经济损失和支付违约金给甲方，违约金为甲方工作期间12个月工资。

第二十六条　乙方在离职后两年内不得到与甲方生产和经营同类产品、从事同类业务的有竞争关系的其他用人单位工作，并且不得自己开业生产或者经营同类型产品、从事同类业务。如果乙方违反该约定，应当支付乙方在甲方工作期间12个月工资的违约金给甲方（本条适用于公司高级管理人员、高级技术人员和其他负有保密义务的人员）。

第二十七条　甲方可依法自行制定公司管理制度。合同订立时的客观情况发生变化致使合同无法履行的，甲方可以根据公司经营状况的需要及时调整本合同及合同附件的内容。但是，上述规章制度和调整后的合同或者附件内容应公示给乙方。

第二十八条　乙方应保证不隐瞒和欺骗甲方，并已经办妥与原单位的离职或停薪留职手续并且时间不少于本合同期限，保证与原单位没有任何利害关系，否则因此所产生的一切纠纷和责任由乙方自行承担，甲方不承担任何责任；如果甲方由此遭到损失，乙方应当承担全部赔偿责任。

第二十九条　乙方为甲方的服务期自＿＿＿＿年＿＿＿＿月＿＿＿＿日至＿＿＿年＿＿＿月＿＿＿日。乙方违反服务期约定的，应承担违约金＿＿＿＿＿元。

第三十条　乙方的竞业限制期限_____年_____月_____日至____年____月____日。竞业限制的范围为_____。乙方违反竞业限制约定的，应承担违约金为乙方在甲方工作期间12个月工资。

十、劳动合同的变更、解除、续订

第三十一条　订立本合同所依据的客观情况发生重大变化，致使本合同无法履行，经甲、乙双方协商同意，可以变更本合同相关内容。

第三十二条　乙方有下列情形之一，甲方可以解除本合同：

1. 在试用期内发现乙方不符合录用条件的；

2. 严重违反劳动纪律或规章制度的；

3. 严重失职、营私舞弊，对甲方及下属各子公司利益造成重大损害的；

4. 被依法追究刑事责任的。

第三十三条　下列情形之一，甲方可以解除本合同，但应提前三十日以书面形式通知乙方：

1. 乙方患病或非因工负伤，医疗期满后，不能从事原工作，也不能从事甲方另行安排的工作的；

2. 乙方不能胜任工作，经过调整工作岗位，仍不能胜任工作的；

3. 双方不能依据本合同第十一条规定就变更合同达成协议的。

第三十四条　乙方解除本合同，应当提前三十日以书面形式通知甲方。

第三十五条　有下列情形之一，乙方可以通知甲方解除本合同：

1. 在试用期内提前三日的；

2. 甲方以暴力、威胁或非法限制人身自由的手段强迫劳动的；

3. 甲方不能按照本合同规定支付劳动报酬或者提供劳动条件的。

第三十六条　本合同期限届满，甲、乙双方经协商同意，可以续订劳动合同。若本合同期限届满，甲乙双方均未提出异议，视为本合同的延续。

十一、经济补偿与赔偿

第三十七条 解除劳动合同的经济补偿按劳动部及本地区有关规定执行。

第三十八条 解除劳动合同时，乙方应按规定办理好一切交接手续，如不与甲方办理交接手续，擅自离岗，由此造成甲方及下属各子公司的一切损失，乙方应当承担全部赔偿责任。

第三十九条 乙方违反本合同约定的条件解除劳动合同或解除劳动合同以后泄露公司的商业秘密，对甲方及下属各公司造成损失的，应承担赔偿责任。

第四十条 乙方违反本合同约定的条件解除本合同或由于乙方原因订立的无效合同，给甲方造成经济损失的，应按损失的程度承担赔偿责任。

十二、法律责任

第四十一条 甲方不承担乙方与原工作单位的一切纠纷造成的损失。

第四十二条 乙方因违法、犯罪行为或因过错造成甲方经济损失，乙方应当承担全部赔偿责任。

十三、其他具体事项

第四十三条 因履行本合同发生纠纷，由甲方所在地劳动争议仲裁委员会及人民法院处理。

第四十四条 甲方管理制度、薪酬制度、员工手册等规章制度作为本合同附件，与本合同具有同等效力。

第四十五条 通知和送达。合同各方因履行本合同而相互发出或者提供的所有书面材料，可直接送达对方或以本合同首部所列明的人员、地址送达。一方如果变更相关的联系方式，则必须提前7个工作日通知相对一方。以邮寄EMS或挂号方式的，投邮之日起的第十个工作日视为送达日。

第四十六条 本合同未尽事宜，国家有规定的，按国家有关规定执行；国家没有规定的，甲、乙双方可以协商修订、补充。

第四十七条 本合同一式两份，甲、乙双方各执一份，甲方盖章、乙方签字后生效。

甲方：　　　　　　　乙方：

　　　　　　　　　　　　　　　　　　　　　　　年　月　日

3.4.3 劳动合同签订的注意事项

员工报到当天，可根据《劳动合同法》，与人力资源部签订劳动合同。劳动合同一式两份，公司和员工各执一份。

员工要彻底了解公司的规章制度、劳动条件、劳动保护、劳动报酬等与提供劳动有关的情况。

公司在招聘员工时，可以了解员工的健康状况、学历、专业知识、工作技能以及员工与上一家单位的劳动合同解除信息等与应聘工作相关的情况。

员工入职后任何一方不同意签订劳动合同的，另一方均有权拒绝继续合作。

建议在入职当日签订劳动合同，以避免日后的纠纷。

必须是员工本人当场签订，不可以代签。

劳动合同如果页码较多，企业需要盖骑缝章，保证员工的签名有效。

合同签字页不允许有涂改，否则合同无效。

3.4.4 不签订劳动合同的风险评估

很多企业或者个人会认为劳动合同可签可不签，事实上劳资双方一定要签署劳动合同，这样才能合法保护自己的权益。

《劳动合同法》规定，入职超过一个月没有与劳动者签订劳动合同，责任全在用人单位。因此，一个月内如果劳动者不签订劳动合同，应当书面通知其中止劳动关系。

《劳动合同法实施条例》第六条规定：用人单位自用工之日起超过一个月不满一年未与劳动者订立书面劳动合同的，应当依照《劳动合同法》第八十二条的规定向劳动者每月支付两倍的工资，并与劳动者补订书面劳动合同；劳动者不与用人单位订立书面劳动合同的，用人单位应当书面通知劳动者终止劳动关系，并依照《劳动合同法》第四十七条的规定支付经济补偿。

3.4.5 劳动合同的续签与变更

公司因经营需要需续签劳动合同的，应提前三十天以书面形式通知劳动者，经双方协商同意后办理续签手续。

劳动合同期满后，经双方协商一致，续签劳动合同的，双方应在合同到期前一个月，以书面形式向对方明确续签意向，另一方在接到通知后应在一周内给予明确的书面回复。如果双方均未做出明确表示的，合同自动续签一年。如果合同中无约定又未能及时续签，产生劳务纠纷之后，企业要承担未续签劳动合同带来的风险。

为了更好地做好劳动合同管理，用人单位要做好记录，设置提前三十天提醒即将到期劳动合同的续签工作，同时做好劳动合同续签登记记录（如表3-4所示）。

劳动合同变更的注意事项如下：

公司与员工协商一致，可以变更劳动合同约定的内容；

变更劳动合同，应当采用书面形式；

公司发生合并、分立等情况，应及时变更合同，不得影响劳动合同履行；

合同发生合并、分立等情况，不影响劳动合同的执行，由其权利和义务的继承者继续履行合同。

表3-4　劳动合同续签登记表

姓名		性别		工号	
出生年月		入职时间			
劳动合同期限		续签期限			
续签原因	签字：　　　　　年　月　日					
员工所在部门意见	签字：　　　　　年　月　日					
人力资源部意见	签字：　　　　　年　月　日					
备注					

3.4.6　劳动合同的解除与终止

公司与员工经过协商，就劳动合同的解除达成一致，便可解除劳动合同。在职员工要想解除劳动合同，需要提前30天以书面形式通知公司，试用期内员工应提前3天通知公司，具体如表3-5所示：

表3-5　解除劳动合同申请表

填表日期：						
姓名		部门		职务		
到职日期		离职日期		级别		
解除（终止）原因（由直接上司填写）						
部门经理意见						
人力资源部经理意见						
总经理意见						

注：此通知书一式两份，个人和人力资源部各一份。

1. 员工解除劳动合同情形

根据《劳动合同法》第三十八条规定，用人单位有下列情形之一的，劳动者可以解除劳动合同：

（1）未按照劳动合同约定提供劳动保护或者劳动条件的；

（2）未及时足额支付劳动报酬的；

（3）未依法为劳动者缴纳社会保险费的；

（4）用人单位的规章制度违反法律、法规的规定，损害劳动者权益的；

（5）因本法第二十六条第一款规定的情形致使劳动合同无效的；

（6）法律、行政法规规定劳动者可以解除劳动合同的其他情形。

用人单位以暴力、威胁或者非法限制人身自由的手段强迫劳动者劳动的，或者用人单位违章指挥、强令冒险作业危及劳动者人身安全的，劳动者可以立即解除劳动合同，不需事先告知用人单位。

2. 公司解除劳动合同情形

根据《劳动合同法》第三十九条规定，员工如果存在以下情形，公司可以随时解除劳动合同：

（1）试用期间被证明不符合录用条件；

（2）员工严重违反公司规章制度；

（3）员工严重失职，营私舞弊，给公司造成重大损失；

（4）员工与其他公司存在劳动关系，对完成公司业务有影响，经提醒不改者；

（5）员工被依法追究刑事责任；

（6）法律法规规定的其他情况。

3. 劳动合同自行终止

劳动合同执行过程中出现如下情况，劳动合同自行终止。

（1）劳动合同期满，双方明确表示不再续约；

（2）员工死亡或被法律宣告死亡或失踪的；

（3）公司被依法宣告破产；

（4）公司被吊销执照、责令关闭、撤销或提前解散的；

（5）法律法规规定的其他情形。

疑难问题　如何处理高薪员工离职问题

一家中型煤炭企业，2017年因为接到了一个大型项目，急缺土建工程师，所以在当年3月份的时候，以25万元的高额年薪挖来了一名符合条件的工程师，并且签订了3年的合同。2018年11月工程全部完工，而土建工程师也没有了具体的工作。所以，领导希望人力资源部可以合理合法地辞退这名高薪工程师。但是，棘手的问题是合同并未到期。人力资源管理者应该采取哪些措施来处理这个问题？

从严格意义上来说，此次案例不涉及终止劳动合同，因为这个案例与《劳动合同法》第四十四条的终止条款无任何联系。仔细剖析这个合同是有漏洞的，合同的签订不应该按照年限来签，应该以项目的完成来终止合同。终止合同的具体技巧有如下两点：

一是尽量沟通协商。

根据《劳动合同法》第三十六条规定"用人单位与劳动者协商一致，可以解除劳动合同"。这说明用人单位在任何情况下，只要与劳动者达成一致，双方签字同意即可，这种情况下是可以解除劳动合同的。

人力资源管理者可以从这几方面与高薪工程师协商：一是项目已完成，现在和后续也没有大的项目进行，公司内部也没有太合适的岗位；二是在职期间，公司给予了高于市场价格的薪资待遇，没有亏待他；三是公司也需要生存，并且有着很大的人力成本，其他同事都看在眼里，如果不干活就可以拿高薪，那大家心里难免会不平衡。这期间与工程师要慢慢协商，有理有据地说服对方。

二是依法补偿。

如果协商无果，可以依法补偿。根据《劳动合同法》第四十条规定，"有下列情形之一的，用人单位提前三十日以书面形式通知劳动者本人或者额外支付劳动者一个月工资后，可以解除劳动合同……（三）劳动合同订立时所依据的客观情况发生重大变化，致使劳动合同无法履行，经用人单位与劳动者协商，未能就变更劳动合同内容达成协议的。"

人力资源管理者在与工程师沟通时，要注意自己的话术。人力资源管理者可以这么说："张工程师，本公司与您签订合同时的项目已完成，接下来公司也没有大项目要做，所以可能无法继续履行劳动合同了，希望您理解。如果您不同意，公司可以多支付给您一个月的工资，解除与你的劳动合同。"并且要以书面形式提前一个月告知工程师。即使工程师不满意此次处理条件要去找仲裁机构仲裁，仲裁机构也会认为这个公司的做法合理合法。

疑难问题　如何处理轻微违纪员工离职问题

某图书公司有一个网管，负责公司的计算机调配、网络维修等工作。但是，他不仅专业能力一般，还总在上班时间上网打游戏。一天，大老板来公司视察工作时发现他正在玩电脑游戏，便批评了他。后来，部门经理也找他谈话了。谁知，当大老板再次来视察工作时，发现他又在上班时间打游戏。大老板生气地打电话给部门经理，让他尽快处理这件事。现在，部门经理准备辞退这个网管。这种情况下，人力资源管理者应该如何处理呢？

从这个案例中可以看出，这个网管是犯了轻微的错误，不太符合辞退的硬性条件，但是公司依然要辞退他，这种情况属于劝退。因此，人力资源管理者在处理该问题时要讲究方法和技巧，才能有效地实现公司的目的。

一是话术沟通。通过一定的话术，让员工明白上班时间打游戏是不对的，同时让他意识到问题的严重性，他这么做对公司产生的影响，以及表达领导对他做这件事情的态度。

二是引导其主动辞职。通过以上分析和劝导，劝他主动辞职，与其在这里没有好的发展前景，不如换一个环境来施展其才华。也许在新的环境里，他会有更好的发展。

三是告知公司领导。将劝解的结果、人力资源管理者的想法，可能会出现的好坏结果都提前告知领导，让其同意辞职，并不要作出处罚，适当做出一定的补偿。

实战案例　通过调岗让员工主动离职案例分析

某物流公司的一位老员工是物流主管。但是，在最近很长一段时间里，他的工作积极性很低，还总是犯错，竟然要求客户请他吃喝玩乐，对部门员工也是随意指使，在部门内形成了很不好的影响。老板在得知情况后决定让他走人，也不想给补偿。因为他的工资很高，按照规定赔偿的话是一笔不小的数目，所以老板想了一招，决定把他调去销售部，低底薪，高提成，要想拿高工资就要努力推销。令人力资源管理者为难的是，如何才能满足老板的要求，又不会给其带来更大的烦恼。

《劳动合同法》第三十五条规定，"用人单位与劳动者协商一致，可以变更劳动合同约定的内容。变更劳动合同，应当采用书面形式。"

根据《劳动合同法》规定，更改劳动合同内容，用人单位须与劳动者协商一致，除非提高劳动者薪资待遇。但此案例显然不是，是老板想通过调岗来辞退在公司工作了多年的老员工，属于变相辞退。这种情况就很考验人力资源的能力，针对这个案例，做好员工离职管理，减少企业风险的做法有如下六点：

一是帮其物色一个工作。工作多年的老员工出现工作积极性下降属于正常现象，让客户请他吃喝玩乐现象则有问题了，并且老板明确说"让他走人"，人力资源管理者就得照老板的意思去做。所以，人力资源管理者可以动用自己的人脉资源帮其物色一个不错的公司和新职位，推荐一下，如果老员工心动，也许辞退他这件事就很容易解决了。这是一个不错的方法，既可以让老员工心里舒服，又满足了老板的要求。

二是利用各种话术劝其主动辞职。与老员工进行面谈，与他交流一下他的工作状态和工作业绩的事情，问问他有没有遇到什么生活困难、工作瓶颈、发展阻碍之类的；如果有好的去处，可以提出来，公司不会严格按照提前一个月写辞职申请的规定来处理，可以特批；而且，公司领导和一些同事对其工作有一定的意见，如果他不主动离开，会影响日后的相处和工作，上下级关系、同事关系会比较尴尬，不利于其工作等，把各种利害关系摆在眼前，劝其好好思考。

三是查看公司规定。屡次犯错、请吃喝玩乐，这样的行为，按照公司的规章制度，一般会被列入"严重违反公司规章制度的行为"。

四是收集相关证据。把犯错的具体行为证据找到，比如请吃喝玩乐的在场证人、录音、地址等证据收集到手。

五是解除劳动关系。按照"严重违反公司规章制度"来解除劳动关系，发给他签字，并在公司里告知大家与其解除劳动关系，要求其于某年某月某日前办理解除劳动关系手续。

六是做好第二套方案。如果上述努力都做了，事情还是没有按照你的期望发展，就要做好万全准备。万一员工与公司闹僵，影响公司的形象，将公司告到仲裁等，人力资源管理者要做好各种设想和准备。

第 4 章 | CHAPTER 4

搞好员工培训，激活企业人力资源

员工培训是指企业为满足更好地发展及培养人才的需求，采用各种方式对员工进行有目的的、有计划地培养和训练的活动，以期员工通过培训不断积累知识、提升技能、更新观念、变革思维、转变态度、开发潜能，更好地胜任当下的岗位和更高的职位，从而使企业得到更好的发展。

4.1 何为员工培训

在进行员工培训前，人力资源管理者要搞清楚什么是员工培训，员工培训的含义、种类、流程等都有哪些，这样才能明确自己在员工培训中的定位，也能更有效地实现员工培训的目标。

4.1.1 培训的含义

培训是员工提升自我的一种有效途径，也是企业资产增值的一项活动，因为员工是企业的最大资产。通过有效的培训，可以实现对人力资源的开发，使工作效能达到最优化，为未来发展提供战略性的高层次人才储备，以适应公司不断发展的需要。

员工培训即以改进员工的知识、技能、态度和社会行为，提高员工工作绩效和组织效益为目的的一种学习过程。培训的关键点不是传授知识，而是重构人的认知架构和改变思维认知，以此改变员工的行为，并把这种改变体现在行动上。

因此，培训实质上是一种系统化的无形投资。企业员工培训是一个由多种培训要素组成的系统，包括培训主体、培训客体、培训媒介；培训的计划子系统、组织子系统、实施子系统、评估子系统等。

培训工作不能敷衍了事，培训管理要针对组织经营管理的需要策划培训的内容、方式、方法，使培训对组织的经营活动产生实质性的效果。为了保证培训的有效性，培训结束后要对培训内容进行考核、对培训效果进行评估，以促进培训工作的持续提升；培训后要巩固所学，多加应用，还要定期复盘，及时纠正错误。

对于公司有关部门的临时培训需求，各部门需要填写部门培训申请表（如表4-1所示），并上报至人力资源部或相关决策机构审核。

表4-1 部门培训申请表

受训部门	
培训名称	
培训时间	
培训地点	
培训方式	
培训师	
培训目标	
培训内容及课程概述	
经费预算	
审核人	

4.1.2 培训的种类

1. 培训的形式

（1）在岗培训

在岗培训是目前很多企业都在用的一种培训方式。各部门的管理者、经验丰富或者技术娴熟的老员工对新员工手把手的培训属于在岗培训。这种培训的特点是不受时间、地域限制，随时随地就可以开展，并且见效快。

（2）企业内部培训

企业在内部寻找培训师进行培训，这类培训被更多的企业所采用。

（3）聘请外部培训师

企业聘请外部培训师来企业内部进行培训，尤其一些大型企业往往更愿意聘请专业的外部培训师来企业进行培训，以此弥补内部培训师的不足，帮助企业答疑解惑。对一些发展中的企业来说,外部培训师更是促进企业发展的有效手段之一。

（4）外派培训

外派培训也就是脱岗培训,一般进行外派培训的都是一些中高层管理人员；有些企业也会把岗前的脱岗培训外包给培训机构,让员工在上岗前去培训机构进行课程培训。

2. 培训种类

以培训的内容来划分,可以分为技术技能培训、人际沟通培训、解决问题能力培训等。

以培训员工与工作岗位关系划分,可以分为新入职员工培训,在职员工培训。

人力资源部应根据不同培训对象、培训需求安排适当的培训课程。以下是某公司的培训课程体系（由于行业或企业规模等不一样,本课程体系仅作为参考）,如表4-2所示:

表4-2　培训课程体系表

类别	课程	主要讲授形式	主要培训内容
新员工培训	岗前培训课程	1.讲解	公司历史、发展、文化、产品和服务
		2.参观	内部组织结构、公司规章制度
	岗位培训内容	1.讲解	岗位职责及操作规程
		2.参观	本部门职责分工及行为规范
		3.操作演练	针对某一特定技术的专门培训
		4.一对一,老带新	岗位知识、技能培训
在职员工培训	专业技能课程	1.互动研究	研发及测试技术
		2.讲座	行业运营
		3.练习	财务知识、人力资源技能
	管理者课程	1.互动研究、小组讨论	通知管理知识、财务及人力资源管理知识
		2.讲座	专业知识及技能
		3.演练	自我管理技能

续表

类别	课程	主要讲授形式	主要培训内容
在职员工培训	高级管理者课程	1.研讨会	新型管理理念和方法
		2.模拟演练	创新与系统思维
		3.参观	战略管理、领导艺术等知识和技能
		4.继续教育	高级财务及人力资源管理知识

3. 培训对象的分类

在企业管理中，培训是提升员工能力、推动企业发展的关键手段。针对不同层级的管理人员，培训内容和目标各有侧重。本文将对基层管理培训、中层管理培训和高层管理培训进行分类阐述，旨在明确各类培训对象的核心职责、教育培训职责、应具备的能力以及需要培养的意识与素质，为企业制定有效的培训计划提供参考。

按照管理能力培训进行划分，培训对象可以分为基层管理培训、中层管理培训和高层管理培训。以下是对各类培训对象的详细解读和优化后的内容：

（1）基层管理培训

基层管理人员的核心职责：

·确保产品质量，达到或超越标准；

·优化生产流程，降低生产成本；

·严格按照预定的工作进度和程序组织生产活动。

基层管理人员的教育培训职责：

·向新员工介绍公司文化、规章制度，并传授基础的工作技能；

·辅导新员工快速适应工作环境，融入团队；

·培养和发展下属，为其晋升提供机会；

·为候补人员提供必要的培训和指导。

基层管理人员应具备的能力：

- 领导力：能够带领团队，激发团队成员的积极性和创造力；
- 管理能力：有效管理资源，确保团队目标的达成；
- 组织协调能力：能够合理安排工作，确保生产流程的高效运转；
- 观察力和判断力：敏锐地发现问题，并及时采取解决措施；
- 多元化的知识和工作技能：具备与岗位相关的专业知识和技能。

（2）中层管理人员培训

中层管理人员培训目标：

- 深入理解公司的经营目标和经营策略；
- 提升领导力和管理才能，以便更好地支持公司战略的执行；
- 加强协调和沟通能力，促进跨部门合作。

中层管理人员应具备的能力：

- 计划能力：能够制订清晰的工作计划和目标，并有效实施；
- 组织能力：能够合理配置资源，建立高效的组织结构；
- 掌控能力：能够确保团队按照既定标准和规范进行工作，并及时调整和优化；
- 决策能力：在复杂情况下能够迅速做出明智的决策。

中层管理人员人际关系的处理要求：

- 善于与同事和上级沟通，建立良好的合作关系；
- 乐于接受批评和建议，持续改进和提升自己；
- 在处理事务时，遵循公司的规章制度，不越权行事。

（3）高层管理人员培训

高层管理人员应具备的意识：

- 持续关注产品生产技术的升级和创新；
- 掌握新的生产方法和市场趋势，为公司发展指明方向；
- 积极探索新市场和新领域，推动公司的持续增长。

高层管理人员要培养的素质：

- 强烈的责任心和使命感，为公司的长远发展负责；
- 独立的管理能力，能够制订和执行公司的战略计划；

- 良好的生活作风和态度，成为公司的楷模和榜样；
- 诚实、守信的经营原则，树立公司的良好信誉；
- 积极回馈社会，承担企业应尽的社会责任。

通过对基层、中层和高层管理人员的培训需求进行细致分类和阐述，我们不难发现，不同层级的管理人员需要掌握的能力和素质各有侧重。基层管理人员需要关注生产执行和基础管理能力的提升；中层管理人员则需要强化计划、组织和掌控能力，以及提升跨部门协作的沟通技巧；而高层管理人员则需要具备战略眼光、市场洞察力和社会责任感，引领企业持续健康发展。因此，企业在制订培训计划时，应充分考虑不同层级管理人员的实际需求和发展目标，确保培训内容具有针对性和实效性，从而为企业的发展提供坚实的人才保障。

4. 培训方法

企业培训的效果很大程度上取决于采用哪种培训方法。当前，企业培训的方法有很多种，不同的培训方法具有不同的特点，其自身也有优劣。因此，要想选择合适有效的培训方法，就要考虑培训的需求、培训的内容、培训的对象等各种因素。培训方法有：案例研讨法、互动研讨法、角色扮演法、沙盘模拟、师徒一对一培训、头脑风暴、小组讨论、游戏教学法、户外拓展等。

这些方法适用于不同的场合、对调动学员的参与度、培训师的组织及授课能力都有一定的要求。因此，在培训前，培训师要根据自身的特点及学员的特点、授课环境等综合考虑运用哪种培训方法。

4.1.3 培训管理工作流程

培训管理工作流程是组织发展与人才培育的基石，它涉及从需求分析、计划制订、课程设计、实施执行、效果评估到反馈改进等一系列精心设计的环节。一个高效、系统的培训管理工作流程不仅能够提升员工能力，促进员工职业发展，还能增强组织的核心竞争力，推动企业的持续进步。以下是对培训管理工作流程各环节的深入阐述,旨在构建一个全面、细致的理解框架。

1. 培训需求分析:明确目标与方向

(1)组织战略对接

培训管理工作的起点在于深刻理解组织的发展战略和目标。通过与公司高层沟通,明确当前及未来一段时间内企业面临的业务挑战、市场拓展方向、技术升级需求等,从而确定培训工作的总体方向和重点。这一过程确保了培训工作与组织的长期目标紧密相连,为培训内容的选择和实施提供了战略指引。

(2)岗位能力分析

岗位能力分析,即对关键岗位进行能力需求分析。通过岗位说明书、绩效评估数据、员工访谈等方式,识别各岗位所需的核心能力、技能差距及潜在的发展需求。这一过程旨在确保培训内容与岗位实际需求相匹配,提高培训的针对性和实效性。

(3)员工个人发展需求

不可忽视员工个人的职业发展规划和学习意愿。通过问卷调查、一对一访谈等形式,了解员工对自我提升的期望、职业兴趣及学习偏好,将个人发展需求融入培训规划中,增强员工的参与度和满意度。

2. 培训计划制订:构建蓝图

(1)确定培训目标

基于需求分析的结果,明确培训的具体目标。这些目标应具体、可衡量、可达成、相关性强、时限明确(SMART原则),以确保培训活动的有效性和针对性。

(2)设计培训方案

根据培训目标,设计包括培训对象、培训内容、培训方式、时间地点、预算分配等在内的详细培训方案。培训内容应覆盖理论知识、实操技能、软技能等多个维度,采用线上课程、线下研讨会、工作坊、导师制等多种形式,以满足不同员工的学习需求。

（3）资源筹备与分配

提前规划并筹备培训所需的师资力量、教材资料、场地设施等资源，确保培训活动的顺利进行。同时，合理分配培训预算，确保资源的有效利用和成本效益最大化。

3. 课程设计与开发：打造精品

（1）课程大纲设计

围绕培训目标，设计清晰、系统的课程大纲。大纲应涵盖课程的主要模块、每个模块的具体内容、学习目标和评估标准等，为学员提供明确的学习路径。

（2）内容开发与审核

组织专业团队或聘请外部专家进行课程内容的开发与编写。内容应紧密结合岗位需求、行业趋势和最新知识，确保信息的准确性和时效性。完成后，进行内部审核和试讲，收集反馈并进行优化调整。

（3）教材与辅助材料准备

根据课程内容，准备相应的教材、PPT、视频资料、案例分析等辅助材料。这些材料应有助于学员更好地理解和掌握课程内容，提高学习效果。

4. 实施执行：行动与体验

（1）培训前准备

在培训开始前，做好充分的准备工作。主要包括发送培训通知、确认参训人员名单、布置培训场地、调试设备等。同时，对培训师进行必要的培训和指导，确保培训过程的顺利进行。

（2）培训过程管理

在培训过程中，密切关注学员的学习状态和需求，及时调整教学方法和进度。通过小组讨论、角色扮演、案例分析等互动方式，激发学员的学习兴趣和积极性。同时，做好培训过程的记录和管理，为后续评估和改进提供依据。

（3）学员支持与服务

为学员提供必要的支持和帮助，解答他们在学习过程中遇到的问题和困感。建立学员交流群或平台，促进学员之间的经验分享和学习互助。

5. 效果评估与反馈：检验与反思

（1）评估方法选择

采用多种评估方法全面评估培训效果。主要包括问卷调查、测试考核、行为观察、绩效对比等方式，从知识掌握、技能提升、行为改变等多个维度进行综合评价。

（2）数据收集与分析

收集并分析评估数据，了解培训的实际效果和存在的问题。通过对比分析不同培训方式、内容、对象之间的效果差异，找出影响培训效果的关键因素。

（3）反馈与改进

将评估结果及时反馈给相关部门和人员，共同分析存在的问题和不足，并提出改进措施。同时，将评估结果作为未来培训规划和改进的重要依据，不断优化培训管理工作流程。

6. 总结与展望：持续优化与迭代

（1）总结经验

对整个培训管理工作流程进行总结回顾，提炼成功的经验和做法，形成可复制、可推广的模式和机制。同时，正视存在的问题和不足，分析原因并寻找解决途径。

（2）展望未来

根据组织发展战略和员工成长需求的变化，及时调整和优化培训管理工作流程。引入新技术，提升培训管理水平和培训效果。

4.1.4　培训需求分析

培训需求是企业建立培训计划的基础，只有明确了培训需求才能更好地确定培训内容。很多企业在开展培训的时候，往往不知道培训什么，常常是跟风行动，流行什么就培训什么。这样做的后果往往是浪费了人力、物力、资金，而且没有起到好的培训效果。这就像有病乱投医一样，没有找对医生。企业只有深挖自己的需求，才能规划出实用有效的培训课程，以达到良好的培训效果。

1. 培训需求分析的原因

培训需求分析是指企业在开展培训活动之前，对各个部门及所属的员工要达到的某个目标所需要的知识和技能等各方面进行的系统分析与衡量，然后思考是否需要进行培训并培训哪些内容的一种活动。

为了避免培训的盲目性，企业要坚持一个原则、一个前提、一个目的。坚持以岗位需要的知识和技能要求为原则，以员工的职业生涯规划为前提，以员工和企业共同受益为目的，才能调动起员工参训的热情和积极性，以此来更好地提升培训效果。鉴于此，培训才能有规划、有步骤地进行，才能形成完善的体系。如果没有对培训需求进行分析，企业就设计不出让员工和企业都满意的培训方案。

培训需求有三个层次：第一个层次是企业的战略发展层面的需求，也就是公司大局层面的需求，信息来源于公司的领导者；第二个层次是岗位工作绩效层面的需求，也就是部门的需求或中层管理者的需求，第三个层次是个人职业发展层面的需求，即个人需求，是指个人对培训需求的意愿。

那么，部门和个人想要参加培训，就需要填写表格向公司申请，如表4-3、表4-4所示：

表4-3　部门培训申请表

受训部门	
培训名称	
培训时间	
培训地点	
培训方式	
培训师	
培训目标	
培训内容及课程概述	
经费预算	
审核人	

表4-4 个人培训申请表

姓名	
部门	
工号	
职位	
培训描述	培训名称： 培训内容： 开始时间： 结束时间： 费用预算：
审核	
备注	
培训内容及课程概述	

2. 培训需求分析的方法

培训需求划分了三个层面，三个层面的侧重点有所不同，确认需求的方式也会不同。战略层面的需求会更关注企业目标、发展战略和企业文化，可以通过参加公司的高层会议、与公司高层管理面谈，研究与公司战略相关的重要文件、研究公司重要会议资料等方法进行分析。

岗位层面的需求则更侧重于具体工作、具体问题，可以通过与各部门管理者面谈、问卷调查、观察法、关键事件法、经验判断法等方法进行判断。

员工个人层面的需求更关注员工个人发展、兴趣、发展瓶颈等，可以通过问卷调查、员工面谈、工作跟踪、专业测评等方法进行分析。

（1）挖掘培训需求

培训需求可以从知识、工作环境和职业发展等多个角度进行挖掘。知识顾名思义就是员工工作中所需要的知识和技能；工作环境指的是人事、工具、技术上的困难等；职业发展指的是员工的工作态度以及是否愿意在公司长期发展。

（2）分析培训需求

分析收集到的培训需求信息，根据公司发展战略目标和当前发展的需求,从个人、部门和公司三个层面进行综合性的考量,突出培训的战略性,由公司培训负责人根据结果安排培训计划的制订、培训课程的开发、培训师的选择与培养、预估培训的预算等工作后,报人力资源管理者审批。

(3)确认培训需求

由培训师牵头与人力资源管理者组成培训需求分析小组,共同分析及讨论相关培训需求的信息,最终确定适合公司战略需求、符合公司实际情况的培训需求。

4.1.5 培训评估方法与模板

培训评估是一个运用科学的程序、方法和理论,从培训项目中收集数据,并将其与整个组织的需求和目标联系起来,以确定培训项目的价值和质量的过程。通过对培训目标和现状的差距分析,评价预定的目标是否实现,从而有效规范培训相关人员的行为。

1. 常用的培训评估方法

常用的培训评估方法有笔试法、口试法、实操法、问卷法、访谈法、观察法、座谈法等。

培训评估一般分为训前评估、训中评估、训后评估。

训前评估指的是参训人员对培训项目的意见,包含培训的场地环境、设施设备、参训讲师、资料、内容和方法等的意见。采用此评估的方法是观察、座谈、问卷调查。参训人员反映层面的评估对培训的开展有着很重要的作用。

训中评估指的是参训人员对培训内容所传达的知识、技能和理念的掌握和理解情况。每项工作都有相关的知识和技能,可以通过笔试、案例分析、情景模拟、技能实际操作等方式,考察参训人员培训前后知识、技能和理念有怎样的改变。

训后评估指的是对培训后的结果进行衡量,看最终是否改善了员工的行为和公司的业绩。通过培训可以达到改变员工态度和行为的目的,然后考察员工的这种改变是否对公司的业绩起到积极的改善作用。

2. 常见的培训评估模型

柯氏四层评估模型：一级反应层面评估、二级知识层面评估、三级行为层面评估、四级结果层面评估。

一级反应层面评估的评估重点是学员对培训活动的整体性主观感受，评估方法有观察法、访谈法、问卷调查法，评估主体是培训主管机构，适合在培训进行中或者培训结束后进行。

二级知识层面评估的评估重点是了解学员真正理解、吸收的基本原理、事实与技能，评估的方法有座谈会、现场模拟、问卷调查、测试，评估主体是培训主管机构，适合在培训结束后进行。

三级行为层面评估的评估重点是了解学员接受培训后行为习性是否有所改变，并分析这些改变与培训活动的相关性，评估方法有绩效考核法、观察法、访谈法，评估主体是培训主管机构、学员上级主管、同事及下属直接客户等，适合在培训结束后三个月或一个绩效考核期进行。

四级结果层面评估的评估重点是了解学员个体及组织的绩效改进情况，分析绩效变化与企业培训活动之间的相关性，评估途径是利用投资回报率、绩效考核结果、企业运营情况分析等，评估主体是培训主管机构、学员上级主管、企业主管部门，适合在下一绩效考核期或一年后进行。

4.1.6　企业培训的注意事项

目前，很多企业培训的效果并不是很理想，存在一些培训误区，还有一些需要重点关注的地方。企业培训需要注意六个方面的问题：

培训内容不符合企业需求，盲目跟风，流行什么就培训什么；为了培训而培训，没有深挖企业培训的需求；

缺乏培训记录管理，没有对培训过程做好全程跟踪记录，没有及时分析问题做出调整，缺乏培训全过程管理；

评估培训体系没有建立起来，培训内容与员工职业规划发展脱节，不符合员工的需求；

培训制度不够完善，导致顾了前面没有顾后面，缺乏系统性；

企业培训没有引起全员的重视，投入的人力、资金不多，缺乏专业的培训师和教材，培训力度不够；

培训与企业的管理体系脱节，没有配套的培训管理体系来激发员工参加培训的意愿，引导员工实现培训目标。

4.2 明确人力资源管理者的角色定位和培训目的

4.2.1 人力资源管理者在企业中的角色定位

人力资源管理者在企业中往往是不太受欢迎的角色，很多时候是吃力不讨好。老板认为招不到人是他们的问题；员工认为自己被辞退是他们的问题。不了解人力资源管理者的人认为他们平时就做一些简单的招聘工作，负责员工入职、离职、档案管理等日常工作。其实，人力资源管理者的主要工作是人员管理者。很多人力资源管理者却没有意识到这一点。

在现实工作中，人力资源管理者在企业中的位置越来越尴尬。部分人认为人力资源管理者应该是企业的战略伙伴，将人力资源工作全面提升到了一个战略的高度考虑。但是由于人力资源管理者具体的工作性质，以及由于企业领导对人力资源管理者的工作不够重视，加之人力资源管理者的水平参差不齐，想要让人力资源管理者成为企业的战略伙伴不是一件容易实现的事情。部分人认为人力资源管理者在企业中是一个中间人的角色，他们不仅要站在企业的立场上考虑问题，维护企业的利益，还要从员工的角度考虑问题，避免员工与企业发生不必要的矛盾，所以一旦对于这个角色处理不好，往往会让人力资源管理者在企业中的威信扫地。

笔者认为，人力资源管理者在企业中应扮演业务伙伴、领导者、人事管理专家、变革推动者四个角色。在任何一个企业里，人力资源管理者要想获得大家的认同，必须扮演好这四种角色。一般来说，公司主管人力资源的副总、人力资源总监或者人力资源部经理这些高层管理者，应定位做公司的战略伙伴和变革的先锋，把公司目标与人力资源规划结合起来，制定人力资源的战略、建立公司的岗位模型和员工发展轨道、设计合理的薪酬制度、绩效考核制度，管理推动变革并引导员工适应变革。

人力资源管理者对自己的定位应该是把自己培养成人力资源专家，同时注重做公司的业务伙伴或公司战略伙伴，努力提升企业的业绩，同时助推企业变革。

4.2.2 人力资源管理者通过培训想要实现的目的

在明确了自己的定位之后，人力资源管理者就需要通过培训为企业实现培养人才的目的，同时为企业建立人才梯队。一方面通过培训，促使员工不断朝着职业生涯规划前进，不停地提升自我，完善自我，改善个人绩效，从而提升企业绩效；另一方面培训活动应为员工提供职业生涯发展的学习平台，企业的培训开发应基于公司战略与员工的职业发展。

很多企业为储备管理干部和精英人才，会开展长期的人才培养计划，像店长培养工程、培训师培养、中层管理者培训、高层管理者培训等。通过这些手段来建立企业的人才梯队，在人才紧缺时可以随意调配，不至于因为人才的流失而让企业的工作陷入停滞状态。

4.3 新员工培训

新员工入职培训是指企业通过培训让员工快速变成企业人的过程，同时也是让员工从企业外部融入企业或团队内部，并成为企业一员的过程。让新员工了解公司发展历程、组织目标、机构设置和部门职责及有关人事、安全等知识，增加员工对公司的认同感和归属感；使新进人员了解公司产品知识和生产流程，更快胜任未来工作，更好地为公司服务；培养良好的行为标准和礼仪规范，培育员工自我管理、自我控制和团队协作精神。

对于企业来说，新员工在企业中很长一段时间的表现以及考虑自己是否要在企业长期发展，与其刚进入公司的经历和感受有关。在此期间，新员工感受到企业的价值理念、企业文化和管理模式都直接影响着员工在工作中的态度、行为和业绩，而这些因素也与新员工培训有着密切的关系。

新员工培训不仅可以减少新员工适应岗位的时间，帮助员工快速融入企业，还可以有效降低员工流失率，展现清晰的职业特征及组织对个人的期望，减少员工对企业的不满，提升员工对企业的好感。

4.3.1　新员工培训内容

公司发展概况：公司所在行业在中国和世界的发展前景，公司目前的目标、方针、组织机构和职责等。

员工守则：公司基本的规章制度、规范、注意事项及劳动纪律等。

人事制度：作息时间、休假、请假、晋升、培训、奖惩、工资结构、发薪日、加班工资、社会保险及为员工提供的其他福利。

安全教育：包括安全制度和程序，消防设施的正确使用，安全卫生、劳动保护、5S知识等。

职业素养：包括员工的职业技能、职业行为和职业道德等。

行为规范和礼仪知识：包括保守商业秘密，遵守劳动纪律，掌握员工仪表、穿着、交往、接电话等知识。

4.3.2　新员工培训流程

根据新入职员工的数量和公司的时间安排，确定具体的培训时间。相关部门要提前做出具体的培训方案，写出新员工入职培训计划报送企业领导审核，审核通过后，可以向新入职员工确定具体的培训时间。

确定培训时间以后，就要准备培训课件，并通知相关部门做好协调工作，包括场地的安排、培训讲师的沟通等事宜。

做好培训前期准备工作，包括场地的安排、培训讲师的沟通、进度推进、培训质量的保证以及培训效果的考核评估等。

培训实施，在培训开始后，要按进度推进工作，并确保培训质量，在培训实施过程中做好督查工作。

培训考核，要做好培训考核评估（如表4-5所示），做好每期培训结束后的调查反馈，填写新员工入职培训效果反馈调查表。

培训总结，在培训结束后做好培训总结，分析总结培训课程、培训讲师、授课方式、授课时间、培训软硬件设施等各方面可以改进的意见建议，并且形成总结分析报告，送交领导审批。

表4-5　新员工培训评估表

姓名		岗位		所属部门			
学历		参加培训时间		培训机构			
评定内容			评定等级				
			A-优	B-良	C-中	D-差	
对公司基本情况的了解	了解公司的经营理念						
	了解公司的企业文化						
	了解公司的历史概况						
对公司基本情况的了解	能以简单的图绘制出公司组织结构						
	了解公司各部门的主要业务及职责						
	了解入职须知						
	了解公司在业界的地位						
	了解公司的规章制度						
对所在岗位的了解	了解所在岗位的主要职责						
	了解胜任本岗位所需的专业知识和技能						
专业知识掌握程度							
整体培训过程中的表现							
综合评语			签字：_____年___月___日				

4.3.3 新员工培训注意事项

在给新员工培训的时候，很多企业的培训效果并不是很好，没有达到预期的效果。想要达到一个好的培训效果，企业应注意三个方面的问题：

1. 避免输入量过大

企业在给新员工进行入职培训的时候，往往会贪多，过多地给新员工灌输大量的信息。企业总是希望在短时间内给员工灌输更多的信息，但是，人的大脑在短时间内接受的信息量是有限的。当信息量超过人所能接受的限度时，学习效率就会下降，压力也会导致学习受阻，从而造成培训的效果不理想。

因此，要想改善这种情况，企业首先不要一次性输入过多信息，要分期、分阶段地进行培训，给学员们一个缓冲时间来消化、吸收所学知识；在培训初期，只输入一些重要的点，不需要太全面；提供纸质教材供员工课后复习；尤其是针对一些复杂或者重要的课题，要做好跟进工作，确保他们能够理解所讲内容，同时，要对他们不理解的内容进行答疑解惑。

2. 建立反馈机制

很多企业认为员工只要参加了培训就能掌握培训的内容，从而比较容易忽略培训的效果。还有对培训效果的检验仅在培训过程中进行，没有与实际工作相结合，造成了培训与实际工作的分离。在新员工培训结束后，很少有企业会向员工了解反馈意见，并分析改进。大多数企业没有与新员工建立良好的互动，不了解员工需要什么，从而无法对培训进行改进。

要想改变以上问题，建立良好的反馈机制是关键：一是对每一次的培训都要养成写总结报告的习惯，把跟踪、反馈和考核结果都写进总结报告里；二是按照科学的方法进行培训效果评估；三是关注和跟踪新员工的成长和职业发展情况。

3. 提升员工的体验感

新员工培训的效果与培训带给人的体验感成正相关。由于新员工是第一次在企业参加培训，对于公司的培训风格并不是很了解，心中有想象，就难免会做比较。如果培训实施者对培训的过程和结果不加以重视，就会引起新员工的不满或者给新员工留下不好的印象。

因此，企业要精准地把握员工培训的需求，精心筹备培训课程；培训课程的内容要客观、积极向上，要传播正能量；重视课程形式的灵活性，可以加入游戏、探讨等环节；除了传授知识、技能之外，要多一些情感交流，关注员工的身心发展。

4.4 组织完成培训工作

4.4.1 培训前的准备工作

培训前的准备工作主要分为三个部分：课前、课中、课后。

1. 课前：课前准备工作

（1）培训需求分析

培训需求在前面详细地讲解过，这里不作过多详细的讲述。这里主要强调在进行培训需求分析的时候可以用到的一些方法，比如问卷调查法、观察法、访谈法、问题收集法、电话沟通等。

在员工中调查和收集培训需求的时候，我们最常用到小组讨论法、访谈法、观察法这三种工具。

小组讨论法都讨论哪些问题呢？问题参考如下：

◇ 员工工作岗位所需提升的技能与方法有哪些？

◇ 员工的执行力与团队合作能力如何？

◇ 公司的文化与沟通机制如何？

◇ 公司目前的营销、客户、人力、后勤等部门各有哪些突出问题？

◇ 员工离职的主要原因有哪些？
◇ 公司以前组织过哪些培训，哪些有效、哪些无效？
◇ 公司可开展的培训有哪些，有哪些好的培训方法及评估考核方法？

通过这些问题力求解决企业与员工的实际问题，挖掘员工的培训需求，讨论得出有效的培训方式和考核方式。

访谈法可以问哪些具体问题呢？问题参考如下：

◇ 员工表现出色的知识、技能在哪些方面？
◇ 员工特别需要学习的知识和技能有哪些？
◇ 员工对现在的工作态度是怎么样的？
◇ 员工对今后培训方面的意见是怎样的？

观察法可观察员工如下内容：

◇ 能否遵守公司纪律，能做到哪种程度？
◇ 工作态度是怎样的，打几分？
◇ 工作技能如何，打几分？
◇ 工作方法如何，打几分？
◇ 团队合作能力如何，打几分？
◇ 执行力如何，打几分？
◇ 问题解决能力如何，打几分？
◇ 创新思维能力如何，打几分？

根据观察结果进行总结和提议。

（2）方案制订

在了解了培训需求之后，人力资源管理者就要制订培训方案了。培训方案的内容主要包括预估培训预算、合理安排培训时间及课程安排等。清晰的培训预算可以保证培训顺利进行，同时可以避免分公司或各部门因为培训费用分摊不均等造成无法向财务报账的问题。培训时间尽量错开工作繁忙期和休息日，不要占用员工休息的时间进行培训，减少培训给业务工作带来的损失。

（3）培训设备及场地检查

检查培训设备有没有准备好，是否能用，比如投影设备是否好用、话筒电池有没有电、课桌是否够用、教室是否够大等问题。

场地桌椅的摆放要根据培训课程的不同来设定，像排列式、圆桌式、分组式、U型式等形式。

2. 课中：有条不紊地实时跟进

如果人力资源管理者是授课培训师，则需要人力资源管理者组织学员每日签到，课中纪律检查，有条不紊地推进培训授课。

如果是外部聘请培训师，则要求人力资源协助外聘培训师做好培训工作，提供培训过程中培训师需要的道具、器材、电源设备等。

在某公司的培训课堂现场，大家正在全神贯注地参加培训，结果投影机出了故障，无法继续播放，好在人力资源管理者准备了一个备用的投影机，才使得培训得以继续。

由此可见，人力资源管理者在组织培训时应考虑到道具、设备等在授课过程中可能会发生的突发情况等，确保课程得以顺畅进行。

3. 课后：总结与考核

课后的培训总结与考核非常重要，这能直接反映出学员通过培训收获的真实结果。常用的初级评估方法有笔试法、实操测验法、观察法、案例解析法等。要结合实际，根据不同的培训内容及培训方法，对培训效果进行跟踪与评估。

4.4.2 培训课程开发

要想实现效果好的培训结果，就要设计优质的培训课程。接下来，我们详细讲解一下课程开发的步骤和思路。

第一步，学员期望调查：设计学员课程期望调查表；学会课程期望调查方法。

第二步，课程大纲设计：明确课程目标；设计课程大纲；简单介绍课程内容。

第三步，讲师手册设计：开始部分、主题部分、课程总结、案例准备。

第四步，学员手册编写：设计学员手册。

第五步，PPT设计：设计讲师授课用PPT。

对于课程设计的逻辑结构，这里主要讲解两种课程设计方法。

1. 2W1H 结构

2W1H是三个英文单词的缩写：What（目标是什么，要做的是什么）、Why（这么做的理由是什么）、How（怎么去做）。这种结构非常适合向受训者介绍一个新的概念或者事件，这个结构在很多领域都被广泛应用。这也是很常用的一种课程设计逻辑结构。

比如以演讲师课程设计结构为例具体如表4-6所示：

表4-6　2W1H结构示例

W	What	这是一门培训演讲师的课程，也是一门实操性很强的课程。通过本课程的学习，可以提升演讲师的基本素质和技能，掌握培训常用的方法和工具，帮助企业培训师全面提升授课技巧，从而打造企业高素质的培训师团队
W	Why	学习这门课程有以下好处： 第一，让你迅速提升演讲技巧与控场方法； 第二，让你迅速提升演讲水平与口才； 第三，让你掌握演讲的规律与流程； 第四，让你学会如何做课程开发与设计； 第五，让你学会如何吸引更多的人来听你的演讲
H	How	演讲师个人魅力塑造（仪容仪表、技法、心法）； 演讲课程展示技巧训练； 演讲现场如何有效授课与控场； 演讲的语言技巧与肢体语言的运用； 演讲课程设计与开发技巧； 方案编写与PPT设计； 如何让演讲变得生动、有效，吸引人； 如何打造培训师的个性与规划自我成长之路

2. 五星教学课程结构设计

五星教学法分为五个基本过程：聚焦问题——激活旧知——论证新知——应用新知——融会贯通，这一方法很多企业都在用，因为这套方法符合人类的认知规律，简单、有效、易操作、互动性强。

4.4.3 培训现场的把控

企业要想更好地把控培训现场，就要注重两个方面：一是有效授课；二是注重现场掌控。

1. 有效授课

培训要想做得好，一定要有效授课，就像写文章一样，讲究凤头、猪肚、豹尾。开场非常重要，良好的开端是成功的一半。开场往往决定了一场培训的成与败，就像唱歌一样，最开始起的调决定了后面这个歌曲的发音，一般开场的方式有如下七个：

（1）找切入点

以一个切入点带出授课主题并引出授课内容。

（2）故事吸引

以故事开场，设置悬念，有效吸引学员，因为人人都喜欢听故事。

（3）事实、数字陈述

以客观的事实、数字切入，引起学员重视，事实有时比数字更有说服力。

（4）引用名言

引用名人名言来切入，提高话语的分量。

（5）游戏活跃气氛

采用与主题有关的游戏，可以活跃现场气氛，拉近学员间及学员与老师间的距离。

（6）视频播放

用视频在视觉和听觉上刺激受训者，吸引他们的注意力。

（7）分组较量

以分组的形式提高受训者参加培训的积极性。

有的培训师首先会问两至三个问题带出授课主题；感谢一些人或者主办单位；再提供两个背景，像自己的背景或者与课程培训有关的背景；课程开场一般以问题、故事、游戏开场的方式居多。

课程中间要设置丰富的课程内容，以学员为中心来精心地设计课程。培训师在培训过程中，不能光讲，也要学会聆听、发问，积极与学员互动；在输出专业知识的同时，还要增加趣味性和互动性，让学员在学到知识的同时感到快乐。

课程结束后要做好回顾总结，浓缩重点；激励学员把学到的知识应用到工作中；感谢学员听你的培训课程，祝福大家有一个好的发展前途。

2. 现场掌控

要想更好地掌控培训现场，就要了解培训对象的特质、年龄、学习规律等，比如不同年龄段的人学习规律是不一样的，因此采用的授课方式也是完全不同的。

学员的特性是不同的。比如：有的人习惯于用经验去学习；有的人习惯明确学习的目的与动机；有的人学而时忘之；有的人在想用的时候才想起来学习，以使用为导向；有的人喜欢在宽松的环境下学习；有的人接受新知识的速度比较慢，耐心差；有的人自我观念强，容易坚持己见，不愿意接受新事物和新观点。

一般成年人学习分四种类型：自愿主动型；经验主义型；自主学习型；行动派。自愿主动型和自主学习型是最受培训师欢迎的类型。这类人学习欲望强烈，也是成年人学习的核心。一个再优秀的培训师也很难改变一个不愿学习、不愿改变的人。因为我们无法改变一个人，除非他愿意改变；良好的沟通也要建立在对方愿意回应你的基础上；每个人都会选择对自己有最佳利益的行为。

再者，培训在授课现场会遇到各种各样的问题，培训师要在平时多积累掌控全场的能力，激励学员参与挑战，随时应对现场出现的突发状况。

在充分传授培训知识的同时，要控制好现场的气氛，引导学员的注意力和思考力，提高现场掌控能力。

4.5 如何让企业各部门配合培训工作

培训不是只靠人力资源管理者就能做得好的，要企业各部门都积极配合才能做好。因此，人力资源管理者若想把培训工作做好，就要做好以下几个方面：要调动员工参与培训的积极性；要培养下属的执行力；要争取老板对员工培训的支持，获得各部门的有力配合。

4.5.1 调动员工参与培训的积极性

员工参与培训积极性不高的问题一直困扰着人力资源管理者，因此，在企业实施培训的时候，人力资源管理者应该想方设法提高员工参与培训的积极性。人力资源可以从三个方面入手提升自己在这方面的技能：一是营造良好的培训氛围；二是提升员工在培训中的参与感和体验感；三是让员工在心理层面上认可接纳培训，并积极热情地参与其中。

调动员工参与培训的目的是让员工通过积极参与培训，提升技能和多学知识，更好地胜任岗位工作，提升工作绩效，进而提高公司整体效益。

然而，要想提高员工参与培训的积极性，就要了解员工的需求，此时就可以借助马斯洛需求层次理论来进行分析。但是，这种需求不是毫无根据的，不是每个人的要求的简单叠加，而是必须符合公司的发展和规划。如果不适用于公司发展阶段或者不是公司提倡的发展需求就不能作为培训内容。接下来，我们从七个方面入手分析影响员工参与培训积极性的因素：

1. 员工自我提升欲望

如果企业的员工有想提升、有所成就的欲望，那么他们一定会感觉到自己有需要学习和提升的方面，比如销售能力、沟通能力、演讲能力、技术能力、管理能力、经营能力等，他们大都会有这种学习精神，珍惜公司提供的

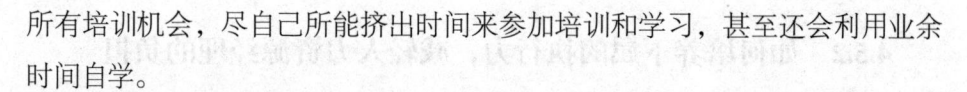

所有培训机会，尽自己所能挤出时间来参加培训和学习，甚至还会利用业余时间自学。

2. 个人与公司需求的重合性

这一点是十分重要的。公司处在怎样的发展时期或者员工所在的部门及所在的岗位，都会有一个基本的要求。很多人对自己的职业生涯规划不是很清楚，这段时间对这个工作感兴趣，过段时间又对另一个工作感兴趣，但是频繁跳槽会让人无法掌握某项工作的精髓。这种情况下，员工就不太会积极参加培训，因为员工个人的需求与公司的需求发展不一样。

3. 自我认知情况

自我认知主要包括个人的特点、能力、思维方式、价值观等方面。一个人只有真正了解自己的这些方面，才能知道自己的不足和想提升的方向，才能更有针对性地进行培训学习。

4. 建立完善的培训管理制度

如果公司有较为完善的培训管理制度，奖罚分明，就能大大激发员工参加培训的积极性。对那些培训出勤率高，考核达标的人给予奖励；对缺勤、考核不达标的人给予一定的惩罚。在公司里建立良好的培训氛围和培训文化，让不爱参加培训的人受到感染和熏陶，自然就愿意参加培训了。

5. 培训现场环境

如果能够把培训气氛搞得温馨一些，贴上一些励志的标语"今天的学习，明天的腾飞""今天不学习，下一个被裁员的就是你"等警示语，同时张贴一些名人名言的警句，让人一进入教室就有一种学习的氛围。

6. 合适的培训内容

培训内容是提升员工积极性的重中之重，培训内容非常切合实际，非常实用，员工自然会积极主动地参与到培训中来，反之则亦然。

7. 培训的方式方法

培训的方式方法也是提升员工积极性的一个重要方面，比如直接传授类、态度改变类、实践参与类、远程教育类等。要针对不同的培训对象和培训内容来选择不同的培训方法。

4.5.2 如何培养下属的执行力，减轻人力资源经理的负担

作为企业的人力资源经理，要学会让下属为自己减轻负担，这样才有精力更好地把控全局。作为人力资源经理要学会放手，将自己的压力、任务、责任传递下去，不然对下属的成长和培训而言都是不利的。

1. 责权分配好

作为企业的人力资源经理，你的主要任务是承担所有的工作的最终责任，把控全局，因此你要把责任分摊下去。比如，企业给人力资源部下的指标是招聘率98%，你要把这个任务分摊下去，分摊到招聘专员头上，你可以把这个标准升到99%，在时间和人员质量上你要做好严格把控。只有这样，他们的指标完成了，你的指标才能更好地完成。

当然，在下放任务的时候，也要下放权力，这样才能更好地完成工作。在培训工作中，人力资源经理也要做好权力下放，把每个人具体负责的工作分配好。

2. 按公司制度要求下属

你可根据公司的规章制度，让员工把每个月的工作总结报告按时交给你，如果不能按时交就要按照部门的规章制度，对其有所惩罚。

这样的制度也同样可落实到培训工作中，将培训工作划分出具体的工作量分配给下属，如果下属没有按时完成就要按规章制度办事。当然，落实制度的同时，还要讲究一定的人性化和变通性。比如，给下属一个改过的机会，先提醒和警告，如果不改就要进行惩罚。在管理上，一定要严宽相济，积极为下属的成长助力。

3. 明确自己的职责

作为企业的人力资源经理，要明确自己的职责是什么，定制度、管流程、培养人。作为管理者一定要定制度和管流程，这是最先需要做的两项工作。一旦前两项工作步入正轨或者日渐成熟，就要把培养人贯穿在日常的工作中。在培养上，主要从工作方法、心态、思维、专业技能等方面进行培养。对下属做好引导、劝说和处罚，不要直接替他们把工作做完了。

4.5.3　争取企业领导者对员工培训的支持

不同的企业领导者对培训的看法各有不同，有的领导者认为这是给员工的一种福利；有的领导者认为培训是公司的核心竞争力，可以促进公司的发展，有的领导者认为培训浪费时间、资金，完全没有必要。

当下是互联网高速发展的时代，无论任何领域、任何人都要具备学习力，这才是当下组织核心竞争力之一，谁学得快，谁学得好，谁学得多，谁把知识转化为价值，从而提升工作效率，谁才能创造更好的工作业绩。

然而，很多领导者因为没有探寻到正确的培训方法，因此经常是花费了大量的人力、物力、财力，培训效果却不好，结果导致很多企业领导者对培训失去了信心。那么，如何让企业领导者真正认同培训工作，支持人力资源管理者的工作呢？

1. 做好培训调研和访谈

培训是人力资源管理工作的一个重要环节，是员工和企业积累人力资本的重要手段，具有一定的计划性和连续性。而当前有一些企业，平时不注重培训，在企业遇到困难时，就想通过培训来解决。结果，培训失败就成了公司困难得不到解决的借口。面对这种情况，人力资源管理者最好提前做好培训调研和访谈，做好企业培训需求调研，针对需求来决定是否做培训工作。然后请公司内部的技术骨干、经验丰富的优秀员工和相关人员来给内部人员做培训，或者结合外部讲师一起给员工做培训，这样才能让培训发挥出真正的作用。如果公司遇到的困难不在培训范围之内，最好不要搞培训。

2. 不要认为培训是万能的

很多企业领导者认为培训是万能的，可以解决企业遇到的一切问题。殊不知，有些问题即使通过培训也无法解决。所以，要让企业领导者认识到培训可以提升员工的技能和知识，改变员工的态度和行为，但不是万能的。

3. 培训是企业给自己最好的投资

企业开展培训活动不单单是给员工的福利和任务。究其根源，企业培训是以企业绩效的提升为目的，以企业战略为导向的一种活动，是企业对自己最好的投资。

4. 老板与员工共同进步

根据培训对象的不同，可以将培训分为高层培训、中层培训与基层培训。有的企业只给中高层培训，不给基层培训，就会使得基层员工跟不上高层领导的步伐；有的企业只给基层员工培训，不给中高层领导培训，这样也不合理。只有公司上下全员一起学习，企业才会有更好的发展。

5. 做好与各部门的沟通工作

人力资源管理者为公司做培训与开发工作，一定要紧密协调各部门的工作，做好各部门的调研和沟通，得到他们的支持，让他们明白，人力资源管理者做培训工作是为他们输送优质人才，是为他们服务的。希望培训工作可以得到各部门的大力支持。

6. 做好与企业领导者的沟通

如果想要彰显人力资源管理者的价值，让培训工作顺利开展，一定要做好与企业领导者的沟通。当然，要想说服领导者搞培训，一定要拿出切实可行的方案，让他们明白培养人才的重要性。一旦得到老板的支持，做好老板的沟通工作，各个部门、参与培训的员工也会支持人力资源管理者的工作。

疑难问题 培训时间应选择业余时间还是工作时间

培训时间的选择在一定程度上会影响培训效果。选择工作时间培训，对正常工作会产生一定的影响，老板往往会有一定的意见；选择业余时间培训虽然不影响正常工作，但员工往往不愿意参加，会有很大的抵触情绪，也会影响培训效果。

培训时间是选择在业余时间还是工作时间，应该由培训内容是否重要、是否紧急来决定，也就是根据企业对培训内容的需求来判断，而不是人为主观地进行选择。对于那些较为紧急且重要的培训，可以安排在工作时间进行；对于那些不是非常紧迫需要过一段时间才能显现出培训效果的培训，可以安排在业余时间进行。

具体可以分为三种类型：

第一种，重要而紧迫或者不重要但紧迫的培训。比如，总部领导要来分公司视察工作，一些重要岗位的人员还没有进行上岗合格培训；新员工上生产线的安全、操作指导；员工在上班期间因为失误而导致的一些问题等，这些凡是不经过培训就会立马影响工作或生产的事情，必须立即进行培训。

第二种，重要不紧迫的培训。比如，目前公司订单量正常，总有持续不断的业务，但是公司想扩大市场占有率，想对销售人员进行培训，这就是一个非常重要的培训，但不是非常紧迫。这种培训可以在上班时间或业余时间进行。

第三种，不重要也不紧迫的培训。比如：公司想培训员工的沟通技巧、写作能力、某项机器操作能力等，这种培训不会影响当下的工作，但会在未来某个时间显示出作用来。这种培训建议在业余时间进行。

不管选择哪个时间进行培训，都需要注意三个方面的问题，不然容易导致其他部门不配合人力资源部的培训工作。

一是选择上班时间进行培训的注意事项。上班时间安排培训就要考虑这个培训是否影响工作的正常推进，培训中途是否有人会出来处理工作。另外，如果是对高层管理者的培训建议与其签订培训协议书（如表4-7所示），保证员工在培训期间配合公司的培训。

表4-7 培训协议书

姓名		部门		岗位	
培训地点			培训项目		
开始时间			结束时间		
培训目的					
培训机构					
培训内容					
培训期间承诺	1.在培训期间，受训人愿意遵守培训机构的有关规定，维护本公司名誉，保证不泄露公司秘密。受训人保证在受训期间认真学习，愿于受训期满后返回公司服务。如公司中途因工作需要要求终止培训，受训人愿意以公司利益为重，绝无异议 2.在培训期间，受训人愿与公司保持不间断联系，并能配合公司的各项必要工作				

续表

培训后承诺	1.在培训完毕之后，受训人愿尽所学之知识、技能服务于公司，并愿将所学知识传授给公司同仁。受训人所取得的资料应留公司存档。受训人利用所学取得的知识产权应以公司名义由公司所有，不私自向外出售、转让、泄露 2.培训期满后，受训人保证继续在公司服务____年，即从____年____月____日至____年____月____日
企业承诺	在培训期间，公司应当根据培训地点的生活水平每月发给受训人在职时____月工资的_____%作为生活补贴

受训人：_____　　　　公司代表：_____
时　　间：____年____月____日　　时　　间：____年____月____日

注：本协议一式两份，受训人与公司各持一份

二是选择业余时间进行培训需要注意的事项。业余时间是员工的休息时间，利用休息时间进行培训就要讲究方法策略，培训是提高员工整体水平的一个机会，不要让好事变成坏事。因此，人力资源管理者必须做好这几个工作，包括培训时间给不给补贴或者加班费，培训时间不宜过长，都有哪些人参加培训等。把这些问题形成报告，经领导审批后，在公司公示，形成正式的文件，通知受训者。

三是特殊培训。对于领导通过某种渠道获悉了一个非常好的培训课题，而领导本人又出差在外，人力资源管理者一定要全力安排好这个培训，做好各个部门的协调工作。

实战案例　预防员工培训后离职案例分析

B公司李老板让人力资源部在企业内开展了一次培训，主要针对中层领导者的管理培训，培训内容是提升中层管理者的管理技能。在集中培训了一个月之后，其中一个领导者突然向公司提出了辞职申请，让李老板有些生气。这对公司来说，是一种损失，投入了人力、物力、财力，辛苦栽培的人还没为公司作出贡献就要离开了。

如果一个公司花了大量的人力、物力、财力给员工做了大量培训，但该员工却提出了辞职，这对公司而言是一种损失，也是为竞争对手公司节省了培训资源，提供了能力和素质较高的人才。如何预防公司动用了培训资源重点培养的员工离职，成为很多公司需要面对的一个问题。除了在薪资待遇等方面进行挽留之外，从培训管理这个层面来说，可以与员工签订培训协议。

员工培训协议书

甲方：_____ 乙方：_____ 部　门：_____

地址：_____ 性别：_____ 出生年月：_____

家庭地址：_____

身份证号码：_____

电　　话：_____

为了明确甲、乙双方的权利和义务，经双方平等协商，同意签订本协议，并共同遵守执行下列条款：

1. 甲方派乙方到_____进行_____专业培训；培训时间从____年____月____日至____年____月____日。

2. 乙方所花培训费用预计为人民币_____元整，应为甲方服务年限为____年____月____日至____年____月____日。

（1）若从未签过培训协议书，则起点时间为《劳动合同》中双方签订服务年限的结束时间。

（2）若已经签过培训协议书，则起点时间为上一次培训协议签订的服务年结束时间。

3. 服务年限的规定

（1）培训费用包括参加一次培训所需的授课费、书本费及差旅费，培训开始前应做费用预算，此预算不能与培训结束后实报的培训费用相差太大。

（2）培训费用在人民币伍佰元（含伍佰元）以下，乙方必须在培训期结束后为甲方服务一年（含一年）以上，两年（含两年）以下。

（3）培训费用在人民币伍佰元以上、两仟元以下（含两仟元）的，乙方必须在培训期结束后为甲方服务两年以上，五年（含五年）以下。

（4）培训费用在人民币两仟元以上的，乙方必须在培训期结束后为甲方服务五年以上。

4. 如果乙方未经甲方同意擅自解除劳动合同或提前离职或违反规定，甲方解除劳动合同的，乙方都须向甲方支付所有发生的培训费用。

5. 乙方培训返回公司后应将培训资料、所获得的有关资格证书原件交由甲方统一保管，直至乙方服务期满自愿离职方可归还其本人。

6. 本协议一式两份，甲、乙双方各执一份，自双方签字或盖章之日起生效。

甲方（签字）：_____　　乙方（签字）：_____

　　　年　月　日　　　　　　　　年　月　日

培训后请填：实际培训费用为人民币_____元。

财务（签字）：_____

　　　年　月　日

第 5 章 | CHAPTER 5

绩效管理不简单

绩效管理是人力资源管理的关键环节,是推动企业发展的动力。企业要建立完善的、有效的绩效管理体系,这样才能促进企业目标与员工个人目标的共同实现。

5.1 绩效管理的概念

绩效管理是指各级管理者和员工为了达到某项目标，共同参与的绩效目标选择、绩效计划制订、绩效辅导沟通、绩效考核评价、绩效结果应用、绩效目标提升的持续循环管理过程。通俗来说，就是识别、衡量和开发员工个人和团队绩效，并且使这些绩效与组织保持一致的一个过程。

绩效管理侧重管理层面，不仅仅是人力资源部的职能，而且涉及了管理的各个层面，包括领导、计划、组织、协调、控制。同时，人力资源管理者要想做好绩效管理，还要做好员工与他的直属领导之间的沟通工作，保证绩效管理有效合理。管理工作往往侧重于管理过程，而不是管理的结果，这一点需要人力资源管理者明白。在这个过程中，人力资源管理者可通过各阶段所得的依据来实现更好的工作结果。

5.2 绩效管理的作用

绩效管理是能够促成企业、管理者、员工三方共赢的，在管理者与员工

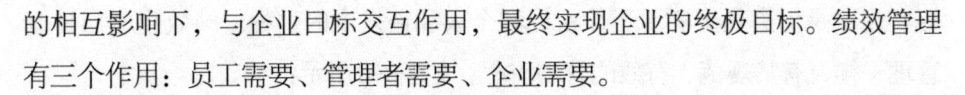

的相互影响下，与企业目标交互作用，最终实现企业的终极目标。绩效管理有三个作用：员工需要、管理者需要、企业需要。

1. 员工需要

作为绩效管理的执行者，员工也需要通过绩效管理来提高自己的绩效，具体表现有以下几个方面：

◇ 明确自己的绩效任务与目标；

◇ 参与绩效目标、计划的制订，按照企业的要求来制订；

◇ 寻求直属管理者的支持与帮助；

◇ 寻求消除误会、解释原因的机会。

2. 管理者需求

企业的管理者也需要通过绩效管理来实现有效的管理，具体内容如下：

◇ 企业目标的传达；

◇ 企业目标的分解；

◇ 传达对员工的工作预期值，以及具体工作的衡量标准；

◇ 了解信息：工作计划、项目执行情况、员工状况；

◇ 发现存在的问题，及时纠偏。

3. 企业需要

企业为了实现企业目标，也要通过绩效管理来实现，从企业愿景、企业战略、企业目标、个人岗位目标，然后经过个人绩效、团队绩效、组织绩效的阶段性目标来实现。

5.3 绩效管理实施流程

绩效管理不是简单的业绩管理，它特别强调计划、辅导、评价、激励与员工能力的提高；绩效管理不仅重视结果，更重视员工、管理者与企业的目标实现，是促进员工实现工作目标和个人和谐发展的过程。绩效管理与其他管理一样，有其规范、有效的管理流程，如图5-1所示：

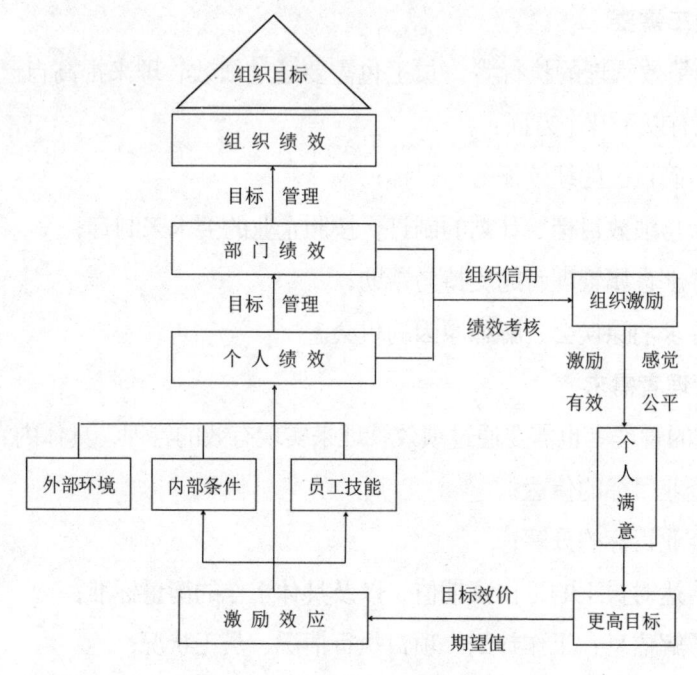

图5-1 绩效管理工作流程

5.4 绩效管理中的常见误区

在绩效管理实际操作过程中，常常会因为组织管理者或者人力资源管理者对绩效管理的认知或操作存在各种各样的误区，而造成绩效管理工作的效果甚微。

有的管理者认为绩效管理和绩效考核是一回事，在实际操作过程中就混淆了概念，随意操作，结果造成企业绩效管理工作在开展过程中出现了各种问题。这归根结底还是因为管理者陷入对绩效管理认知的误区。

绩效考核是绩效管理的一种有效手段，也是绩效管理的关键环节，同时绩效管理离不开绩效考核。从绩效考核层面说，反映的是员工个人过去的业绩，而绩效管理更加强调未来绩效的提升。只有将绩效考核作为绩效管理体系的一部分，才能有效推进绩效管理工作，从而实现企业绩效管理的最终目标。

我们来看看很多总经理在执行绩效考核时经常犯的一些错误：一是对员工的定位放在控制员工上；二是把关注点放在员工或者团队过去取得的成绩上；三是只通过奖惩或激励的方式作为提高绩效的手段；四是管理人员对自身的角色定位不准确；五是员工在其中的角色变得很被动。

而反观一些成功的绩效管理，往往存在以下特点：员工会主动向管理者承诺做到什么样的业绩；管理者的关注重点放在如何改进将来的绩效上；管理者主要通过指导、鼓励自我学习和发展作为提高绩效的手段；管理人员对自身的定位是指引方向和目标，指导、帮助员工解决问题，并做好积极的沟通，在条件允许的情况下积极下放权力，在这种情况下，员工在工作和发展过程中是积极主动，而不是被动防卫的。

管理者对绩效管理常见的认知的误区和正确的认知，概括如下：

◇ 从被考核人这个角度来说，误区是一种威胁、不信任，而正确认知是一种成果或推动；

◇ 从关注的重点这个角度来说，认知误区是注重结果，而正确认知是注重行为和结果；

◇ 从企业与被考核人得失这个角度来说，错误的认知是此得或彼失，正确的认知是全胜或全输。

◇ 从绩效管理目的角度来说，错误的认知是寻找错误，正确的认知是解决问题。

◇ 从绩效管理重心的角度来说，错误的认知是绩效评价的结果，正确的认知是绩效管理的过程。

◇ 从工作成果的角度来说，错误的认知是一种判断，正确的认知是一种计划。

5.5 绩效指标的设计和分解

绩效指标的设计是绩效管理的第一个步骤。绩效指标并不是硬性的指标，而是被考核人与考核人之间达成的一种对于目标和结果的默契，是考核双方都认可的一种发展方向。

5.5.1 绩效指标的设计程序

绩效指标的设计程序分为五个步骤：

1. 规划绩效指标

在规划绩效指标的时候，要围绕企业的战略目标和经营计划。根据企业的战略目标确定企业的关键流程。根据关键流程确定部门的绩效指标和岗位的绩效指标。在这个环节里，根据初步判断尽量多列绩效指标。

2. 筛选绩效指标

在规划绩效指标的时候，有一些是不具备有效性、可行性的。这时候，绩效管理者应当组织相关人员按照绩效指标设定的原则进行筛选。这样可以筛选掉一些没有作用、没有意义的绩效指标。

3. 分出主次

对于企业、部门和岗位的绩效指标应当分出主次，哪些绩效指标比较重要，哪些相对次要。对于比较重要的指标，要多关注一些；不太重要的指标，可少关注一些。

4. 确认具体目标

绩效指标的具体目标是根据企业战略目标一点一点分解出来的。目标值的设定来源于一定的财务预算，也来源于对外部市场状况、内部管理状况以及目标可行性的研究和分析。在这个步骤中，管理者要仔细严谨地确认绩效指标的具体目标。

5. 细化实施方案

在确认了具体的绩效指标的目标之后，接下来要形成具体的绩效管理计划。同时，得到绩效指标的各部门也要根据这个目标制订具体的行动方案。

5.5.2 设置绩效指标目标的方法

绩效指标目标值的设定决定了绩效实施者完成绩效目标的程度，同时也决定了当绩效目标达成的时候，企业整体战略的实现程度。因此，既要考虑如何设计绩效指标，又要考虑岗位员工的实际情况和接受度。

绩效指标目标值的设置方法常见的有四种，分别是榜样参照法、自下而上法、自上而下法、趋势外推法。

1. 榜样参照法

榜样参照法是企业以行业内的榜样企业为参照物，根据榜样企业的做法设置本企业的绩效指标目标值。

2. 自下而上法

自下而上法是各岗位的员工根据企业战略的大方向，结合自身工作的实际情况，自行设置绩效指标的目标值，并上报给直属上级，再由直属上级向上上报，在企业相关管理层审批后生效。

3. 自上而下法

自上而下法是根据企业的战略目标和经营计划，对企业期望达到的业绩实行层层分解，先分解到部门，再分解到岗位，然后硬性地把绩效目标值和岗位上的员工做好连接，让各部门或者各岗位员工必须执行该目标值。

4. 趋势外推法

趋势外推法是根据企业经营的历史数据，根据数据的趋势分析，得出绩效指标的目标值。例如，某企业前两年的销售业绩的增长率分别是4.2%和4.4%，根据此数据，如果企业经营平稳，经营战略没有变化，下一年制订销售业绩增长的目标时，可以考虑4.9%左右。

这四种方法的优点是不一样的，榜样参照法目标值的设置符合市场情况，目标具有一定的挑战性；自下而上法的员工认可度较高，较容易实施；自上而下法的绩效指标目标值的确定比较科学化；趋势外推法的优点是符合企业的实际情况，成本较低，易于被员工接受。

5.5.3　不同类别岗位绩效指标的特点

不同类别的岗位是指高层、中层和基层人员的划分，由于其职位特性不同，所以，其绩效指标的特性也会有所不同。从基层到高层，也就是从下到上这个过程越应当注意长期绩效和短期绩效的结合，越应当注重结果，而不是行为；越往基层，越应当强调行为、任务或工作的过程。

通常情况下，在以企业战略目标为方向的前提下，高层管理者往往更注重以公司业务为重点的绩效目标；中层管理者往往更注重以部门业务为重点的绩效目标；基层员工往往更注重以岗位业务为重点的绩效目标。

1. 不同岗位层级的绩效设计特点

高层管理者：对企业或项目负主要责任；有一定的独立性，不依附于任何人；需要处理的非流程化的工作以及突发事件较多；工作内容不是一成不变的。

中层管理者：以部门的规划和策略为工作重点；主要推动部门计划的实施和管理团队；工作内容一部分是灵活多变的，一部分是固定的。

基层人员：工作内容相对固定，变化部分较少；工作目标与企业目标相距甚远；工作流程化程度较高。

针对不同岗位层级的特点，绩效指标设计原则也有所不同：高层管理人员以结果型指标为主；中层管理人员以结果类、流程类、业务类、管理类为主；基层人员以具体行为为主。

2. 不同岗位类别绩效设计特点

不同岗位的绩效设计同样有所不同，岗位类型有行政类岗位、技术类岗位、生产类岗位、营销类岗位。不同的岗位类别绩效设计特点各有不同。

行政类岗位：工作结果以任务的完成质量来评判；需要掌握沟通技巧和高情商；灵活性较大，突发事件较多；工作量大，工作内容比较繁杂。

技术类岗位：工作的创新性比较强；工作结果的好坏取决于个人专业技术水平。

生产类岗位：工作内容相对单一，没有过于繁杂的业务；机械性较强。

营销类岗位：以完成业务目标为目的；工作比较弹性化。

财务类岗位：以固定工作内容为准，每个月的工作量不同。

不同岗位类别绩效设计原则也不同，侧重点不一样。比如：行政类岗位以结果类指标为主，以行为类指标为辅；技术类岗位以能力类指标为主，以行为类指标为辅；生产类岗位以质量和数量类指标为主，以能力和行为类指标为辅；营销类岗位以结果类指标为主，以行为类指标为辅。

5.6 绩效辅导

绩效辅导是上级帮助下级共同完成目标或计划的一种重要手段或工具。绩效辅导是辅导者就绩效责任人当前绩效情况的一种视察，针对当中存在的问题和阻碍，一起寻找解决方案的过程。

5.6.1 绩效辅导的作用

绩效辅导主要是保持辅导者与绩效责任人之间就绩效完成情况保持一个良好的沟通情况，保证绩效责任人不要偏离企业和部门的目标方向，尤其是当企业或者部门的目标变化时，要及时帮助其做出适当的调整。

绩效辅导是绩效管理的重要环节，它影响着绩效责任人的绩效走向。在考核初期，辅导者没有对员工进行辅导，员工的工作效率最初呈现快速增长模式，后期开始逐渐变缓慢；考核中间阶段，如果没有绩效辅导，员工的工作效率会保持不变或者开始下降；考核后期还是没有绩效辅导或者指导方式不变将导致员工主观能动性降低，工作效率低下，绩效水平降低，如若加强绩效辅导，绩效水平会有所提高。

考核者通过有针对性地对被考核者提供辅导和资源，有利于掌握绩效评价的参考依据，能够做出较为客观的评价。

如果被考核者能够及时得到考核者的绩效辅导，将会大大改进绩效水平。对于被考核者来说，绩效辅导的作用如下：

可以通过辅导发现自身存在的短板；

可以得到优质的反馈信息；

可以及时获得相应的帮助与支持；

可以及时获取所需要的资源；

可以快速提高自身的工作能力；

可以快速改善自身绩效水平；

可以更好地达成个人绩效目标；

可以更好地了解到企业目标的变化；

能够及时调整合理的个人目标。

5.6.2 绩效辅导常见问题

在实际操作中，绩效辅导环节经常会出现一些问题，导致绩效辅导未能发挥出应有的作用。比如：考核人自身并没有辅导意识、以各种借口不开展绩效辅导工作或者考核人自身不具备辅导被考核人的能力。在此，笔者总结了绩效辅导中考核人常出现的一些问题以及解决方法。

第一个问题，考核者缺少辅导被考核者的意识，不关心被考核者的绩效情况；考核者容易越俎代庖，与其浪费时间指导不如自己代劳；考核者会担心自己教会了被考核者，自己会被他们取代。

针对以上问题给出的解决方案：

◇ 绩效管理者要提升辅导者的辅导意识，教育和培训双管齐下；

◇ 制订严格的绩效管理制度，在公司内普及，严格要求；

◇ 通过培养接班人计划，加强辅导管理；

◇ 把辅导被考核者的任务和质量作为考核者晋升的标准之一；

◇ 绩效管理者要设立督察组，并设置奖惩措施。

第二个问题，考核人日常工作繁忙，没有时间进行绩效辅导。

针对这个问题给出的解决方案：

◇ 公司硬性规定好绩效辅导的时间，即使只有几分钟；

◇ 设定周期性的绩效辅导表格，把被考核者与考核者接收的信息与输出的信息填写完整，作为绩效管理者参考的依据；

◇ 设立督导检查，设置奖惩措施。

第三个问题，考核者自身能力不足，缺乏知识、技能，在绩效辅导过程中没有发现被考核者存在的问题，或者无法解决其出现的问题和障碍。

针对这个问题给出的方案：

◇ 针对如何识别绩效问题和如何辅导被考核者对考核者进行培训；

◇ 定期在全公司组织绩效辅导座谈会，让优秀绩效辅导者分享经验；

◇ 设计绩效辅导常见的问题和供其参考的资料，方便考核者查阅。

第四个问题，绩效辅导过程中，被考核人出现情绪激烈或者非常抵触的状况。

针对这个问题给出的解决方案：

◇ 在绩效辅导过程中，要充分尊重被考核者，让其把内心的话讲出来；

◇ 考核者自身心态要摆正，要调节好自己的心理，控制好自己的情绪；

◇ 透过表象看本质，弄清楚被考核者出现情绪的真实原因，"对症下药"；

◇ 待被考核者情绪发泄完之后，再与其商讨结局方案。

在辅导过程中，要逐渐建立信任的桥梁；对被考核者好的地方要给予充分的肯定和表扬；要定期进行辅导，不要等到出现了问题再进行辅导；在辅导过程中，注重引导和指引的作用，不要过分代劳，激发员工的自主性。

5.7 绩效评价

绩效评价是对员工的绩效结果做出评价的过程。如何做好绩效评价工作是绩效管理工作的重要一环，本小节推荐了绩效评价的方法。另外还要做好绩效信息的收集工作，因为绩效信息的收集是绩效评价工作的前提，同时关系到企业的绩效管理是否能够有效实施。

5.7.1 绩效信息收集

绩效信息的收集和处理的过程深深地影响着绩效结果。如果没有绩效信息的收集，就没有办法得出绩效结果，对各岗位的绩效指标以及对员工态度、行为的判断将会变得毫无意义。因此，建立科学的、完善的绩效信息的收集机制是非常有必要的。

人力资源管理者在涉及绩效信息收集时应做好如下准备工作：

1. 明确绩效指标

人力资源管理者在设计绩效考核规则时，是建立在了解绩效指标的前提上的，在这个基础上，清楚明确地设置出绩效指标的定义、计算方法以及评价的具体标准等关键要素。明确了这些关键要素，绩效评价信息可以为人才明确信息提供的标准和要求，便于其按照固定的标准提供绩效评价所需的信息。

2. 明确收集流程

明确规定绩效指标的收集流程是绩效指标能够有效收集的途径保障。企业管理者对于绩效评价数据的收集，会制订出严格的绩效指标收集制度或流程，并且详细规定出绩效信息的采集、统计和上报流程。

3. 责任落实制

对于绩效信息收集的各个部门要权责分明，比如信息采集部门、信息统

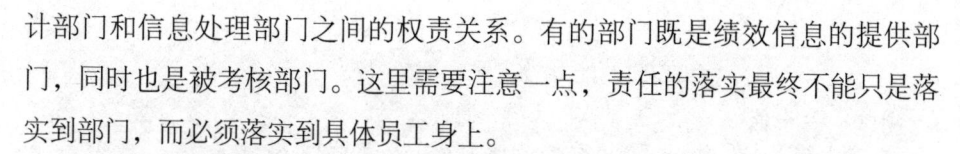

计部门和信息处理部门之间的权责关系。有的部门既是绩效信息的提供部门，同时也是被考核部门。这里需要注意一点，责任的落实最终不能只是落实到部门，而必须落实到具体员工身上。

4. 形成管理制度

把关于绩效信息和数据收集的相关工作程序形成具体的、详尽的管理制度，建立健全绩效信息收集过程中的保障机制、监督机制、奖惩机制。在这些机制中，规定各个部门的工作职责、工作标准和工作内容。

5. 运用系统保障

信息系统的支持和保障是非常有效的管理工具，它不仅能够提高绩效信息传递的效率，而且能够降低管理成本。在合理的范畴里，有效运用信息系统保障绩效信息传递工作的实施效果，能够高效提升绩效信息的传递性。

人力资源管理者在核实绩效信息的时候要注意辨别绩效信息的真假和偏差性。人力资源管理者在核准和使用评价人提供的绩效信息和数据时要注意，并不是每位绩效信息的提供者都能够或者愿意提供真实有效的绩效信息。人力资源部得到的绩效信息可能是错误的、无效的、有偏差的。

为了核实绩效信息，绩效管理者可以参考员工月度绩效考核表和年度绩效考核表里的信息如表5-1、表5-2所示：

表5-1　员工月度绩效考核表

考评周期：＿＿＿＿年＿＿＿月至＿＿＿＿年＿＿＿月

姓名		职务		隶属部门		评估人		
个人月度工作总结	注：空间不足可附页　　　　　　　　　　　　　签名：							
第一部分　目标绩效考核（权重70%）								
项目名称	分值	目标		目标/结果	评价分数		合计分数	评语
评估说明：								

续表

项目	分值	评价着眼点	分数	评语
	第二部分 能力/态度绩效考核（权重30%）				
知识和技能	20（1级为4分，每增1级加4分）	定义：利用自身知识和技能，有效开展工作。 1级：缺乏岗位工作必需的工作知识和技能，影响工作目标的达成； 2级：具备岗位工作最基本的知识和技能，工作效率不高； 3级：具备岗位工作所需的知识和技能，能在规定时间内完成本职工作； 4级：知识、技能丰富，能优质、高效地完成本职工作； 5级：知识、技能、经验丰富，不仅能高效完成本职工作，还能经常性地对同事予以工作指导或将知识技能传授给他人		
沟通协调能力	20（1级为4分，每增1级加4分）	定义：交流沟通，与人合作。 1级：缺乏沟通方式，不善交流，难于表达自己的思想、方法； 2级：交流、沟通方式混淆，缺乏中心议题，不易于合作； 3级：沟通清楚易于接受，表现出互相接受的合作倾向； 4级：善于沟通，力求合作，能有效协调与其他部门的工作关系； 5级：很强的沟通愿望和良好的沟通方式，使合作成为主要工作方式、方法		
工作积极性	20（1级为4分，每增1级加4分）	定义：具有工作热情，树立克服困难的信念，努力工作。 1级：工作不图进取，经常消极怠工； 2级：能够以一般的工作标准来完成工作； 3级：能够以较高的工作标准展开工作； 4级：以热情和努力投入自己的工作，经常高效完成本职工作； 5级：工作积极、努力，工作效率极高，并以此带动其他人的工作		
工作责任感	20（1级为4分，每增1级加4分）	定义：对工作认真、负责，寻求有效的方法达成工作目标。 1级：没有责任意识，出现问题，漠不关心； 2级：有基本责任意识，但出现责任问题时，寻求理由开脱； 3级：服从于本职工作的完成，并承担与本职工作相关的责任； 4级：承担授权责任，积极开展工作，对于工作中出现的问题敢于主动承担责任； 5级：以积极的态度承担责任，并主动寻求解决方案，推动工作绩效的改进		

续表

项目	分值	评价着眼点	分数	评语
工作纪律性	20（1级为4分，每增1级加4分）	定义：理解和遵守各项规章制度，包括对领导命令的服从。 1级：不遵守规章制度，经常有迟到、早退及其他违纪现象，且不思悔改； 2级：漠视规章、制度的约束，对领导指示表示出拒绝性倾向，但无明显违纪； 3级：忠于职守，遵纪守法，服从领导； 4级：积极执行和推进各项规章制度； 5级：在遵守、服从的前提下，提出有效的制度改进建议，以完善各项规章制度，并在遵章守纪方面为他人做出表率		
目标绩效分数（70%）		能力、态度绩效分数（30%）	个人月度综合考绩	

对应等级	□A □B □C □D		
综合评语			
		考核人签名：	
绩效考核面谈记录			
工作成功的方面			
工作中需要改善的地方			
是否需要接受一定的培训			
本人认为自己的工作在本部门和全公司中处于什么状况			
对考核有什么意见			
希望从公司得到怎样的帮助			
下一步的工作和绩效的改进方向			
考核者意见	我已就上月度考核情况与被考核者进行了沟通，知悉该员工的工作改进内容，并会定期监控，给予指导。 签名： ＿＿＿＿年＿＿＿月＿＿＿日		
被考核者意见	我已清除我部门给予我的绩效评分，我的主管已与我进行了考核沟通，并给了我相关项提升的具体辅导。 签名： ＿＿＿＿年＿＿＿月＿＿＿日		
领导审核意见	签名： ＿＿＿＿年＿＿＿月＿＿＿日		

表5-2 年度绩效考核表

被考核者			考核者		
姓名	职位	所属部门	姓名	职位	所属部门
考核期限			考核时间		
1.年终考核					
考核项目	考核指标	权重	考核说明	考核得分	
^	^	^	^	指标得分	加权得分
工作业绩					
工作能力					
工作态度					
年终考核得分小计					
2.季度考核					
第一季度得分	第二季度得分	第三季度得分	第四季度得分	评价得分	
3.年度考核					
年终考核得分×60%+季度考核平均得分×40%=年度考核得分合计					
备注					

5.7.2 如何建立奖罚机制

企业中的奖励和惩罚，有时对应着绩效考核分数的增加或减少，有时对应着奖金的增加或减少。即便有的企业的奖罚机制与绩效评价无关，但其实奖罚行为本身也是一种类似于绩效管理的机制，并约束和调整员工的行为。

员工奖罚流程的具体操作可参考如下四个步骤：

1. 流程发起

当员工出现符合企业奖罚规定中规定的情况时，员工直属上级根据情况提出奖励或惩罚需求，填写员工奖罚申请单。

2. 员工确认

人力资源管理者需要拿着奖罚申请单去找员工核实，与其本人确认该奖罚的行为是否属实，员工本人是否认可，让其在员工奖罚申请单上签字；如果员工本人不认可，则需要员工的直属上级与员工进一步沟通和确认具体情况。

3. 核准审批

员工确认后，由员工所在部门的分管领导核准并签字确认。若分管领导有异议，返回到发起人处。若没有异议，则直接转到人力资源部。

人力资源部要做严格的审查，审查员工奖罚申请单的真实性以及是否符合公司的规定，并确认员工的行为真假；核准奖罚依据的准确性。若有异议，返回到发起人处。如若没有异议，则报总经理审批。

总经理是奖罚的最终审批人，审批通过后，人力资源部可以开始准备正式的文件，以备公布实施。

4. 奖罚实施

所有人的奖罚事实都要通报给公司的全体员工。

一般的通知周期是一个月通报一次，如果临时有重大的事情发生，可酌情处理。

奖罚通知的模板可以参考如下内容：

奖罚通知

×年×月×日，×企业销售部门的××，因在这个项目中做出了×些行为，对公司造成了×样的影响。

根据企业制度文件的×××具体条款规定，企业决定给予其某项奖励/惩罚。

特此公示。

对此奖励/惩罚结果有异议者，请自本通告公示的4日内通知人力资源部并提供相应依据。若没有异议，自本通告公示4日后正式实施生效。

对员工每一次的奖罚通知应当根据本企业公文格式来绘制公文，人力资源要做好相应的记录，奖罚通告的模板如表5-3所示：

表5-3　奖罚通告记录表模板

员工编号	姓名	奖罚事项	奖惩类型	发布日期	备注

填写奖罚通告记录表时要注意如下事项：

奖罚事项可以直接写奖励或惩罚，也可以把奖励或惩罚具体到嘉奖、小功、大功、警告、大过、小过；

若对该奖罚行为有异议的请提供证据，并在备注里写明；

根据需要，发布日期后可以加一列生效日期。

人力资源部可以根据一段时间内员工奖罚情况做一个汇总和统计，统计不同的子公司、不同的部门或者不同类型的岗位，出现奖励/惩罚的人数，或者奖励/惩罚的类型。

5.8　绩效考核

5.8.1　销售人员绩效考核

销售人员是企业员工中比较重要的一个部分，由于销售人员的工作性质和工作内容也较为特殊和灵活，因此销售人员的绩效考核相对复杂一些。

绩效考核的设定主要是为了激发销售人员工作积极性，提高工作绩效，促进其不断开拓新市场，带动企业营销，从而推动公司持续稳定的发展。

1. 销售人员绩效考核的原则

◇ 业绩考核（定量）+行为考核（定性）；

◇ 定量做到严格以公司收入业绩为标准，定性做到公平客观；

◇ 考核结果与员工收入相关联。

销售人员的绩效考核如表5-4所示：

表5-4 销售人员绩效考核表

考核项目		考核指标	权重	评价标准	评分
工作业绩	定量指标	销售完成率	35%	（实际销售额/计划销售额）×100%，考核标准为100%，每低于5%，扣除该项1分	分
		销售增长率	10%	与上一月度或年度的销售业绩相比，每增加1%，加1分，出现负增长，不扣分	分
		销售回款率	20%	超过规定标准以上，以5%为一档，每超过一档，加1分，低于规定标准的，为0分	分
		新客户开发	15%	每新增一个客户，加2分	分
		市场信息收集	5%	在规定的时间内完成市场信息的收集，否则为0分。每月收集的有效信息不得低于＿＿＿条，每少一条，扣1分	分
		报告提交	5%	在规定的时间之内将相关报告交到指定处，未按规定时间交者，为0分。报告的质量评分为4分，未达到此标准者，为0分	分
		销售制度执行	5%	每违规一次，该项扣1分	分
		团队协作	5%	因个人原因而影响整个团队工作的情况出现一次，扣除该项5分	分
工作能力		专业知识	5%	1分：了解公司产品知识。 2分：熟悉本行业及本公司的产品。 3分：熟练掌握本岗位所具备的专业知识，但对其他相关知识了解不够。 4分：熟练掌握业务知识及其他相关知识	分
		分析判断能力	5%	1分：较弱，不能及时做出正确的分析与判断。 2分：一般，能对问题进行简单的分析和判断。 3分：较强，能对复杂的问题进行分析和判断，但不能灵活运用到实际工作中。 4分：强，能迅速对客观环境做出较为正确的判断，并能灵活运用到实际工作中取得较好的销售业绩	分

续表

考核项目	考核指标	权重	评价标准	评分
工作能力	沟通能力	5%	1分：能清晰地表达自己的思想和想法。 2分：有一定的说服力。 3分：能有效地化解矛盾。 4分：能灵活运用多种谈话技巧和他人进行沟通	分
	灵活应变能力	5%	应对客观环境的变化，能灵活地采取相应的措施	分
工作态度	员工出勤率	2%	月度员工出勤率达到100%，得满分，迟到一次，扣1分（3次及以内）。 月度累计迟到三次以上者，该项得分为0	分
	日常行为规范	2%	违反一次，扣2分	分
	责任感	3%	0分：工作马虎，不能保质、保量地完成工作任务且工作态度极不认真。 1分：自觉地完成工作任务，但对工作中的失误，有时推卸责任。 2分：自觉地完成工作任务且对自己的行为负责。 3分：除了做好自己的本职工作外，还主动承担公司内部额外的工作	分
	服务意识	3%	出现一次客户投诉，扣3分	分

2. 绩效申诉

如果销售人员发现自己的绩效考核结果和绩效评价有不符合真实情况的地方，可以向人力资源部进行申诉，填写绩效考核申诉表如表5-5、表5-6所示：

表5-5　基层员工绩效考核申诉表

申诉人		职位		直接上级	
部门		所属单位		申诉时间	
绩效考核申诉栏					
绩效考核申诉事项：					

续表

绩效考核申诉理由：
主管处理意见： 签名：　　　　日期：
人力资源部处理意见： 签名：　　　　日期：
经理处理意见：   签名：　　　　日期：
申诉人签名：　　　　日期：

备注：经理处理意见为最终处理意见。
1. 申述人必须在知道考核结果3日内提出申诉，否则无效。
2. 申诉人直接将该表交人力资源部。
3. 本表一式三份，一份交分店人力资源部存档，一份交申述人主管，一份交申述人。

表5-6　主管绩效考核申诉表

申诉人		职　位		直接上级	
部　门		所属单位		申诉时间	
绩效考核申诉栏					
绩效考核申诉事项：					
绩效考核申诉理由：					

续表

经理处理意见：		
	签名：	日期：
人力资源部处理意见：		
	签名：	日期：
总经理处理意见：		
	签名：	日期：
申诉人签名：	日期：	

备注：经理处理意见为最终处理意见。
1. 申述人必须在知道考核结果3日内提出申诉，否则无效。
2. 申诉人直接将该表交人力资源部。
本表一式三份，一份交分店人力资源部存档，一份交申述人主管，一份交申述人。

5.8.2 财务人员绩效考核

绩效考核工作小组一般由人力资源部人员、财务总监、财务主管等相关人员组成，其每个职位的职责是有所不同的，绩效考核职责具体内容如表5-7所示：

表5-7 考核职责一览表

人员	职责
财务经理	1. 具体组织、实施本部门的员工绩效考核工作，客观公正地对下属进行评估。 2. 与下属进行沟通，帮助下属认识到工作中存在的问题，并与下属共同制订绩效改进计划和培训发展计划。 3. 对考核结果进行审核、审批。
被评估者	1. 学习和了解公司的绩效考核制度。 2. 积极配合部门主管讨论并制订本人的绩效改进计划和标准。 3. 就绩效考核中出现的问题积极主动与财务主管或人力资源部进行沟通
人力资源部工作人员	1. 绩效考核工作前期的宣传、培训、组织。 2. 考核过程中的监督、指导。 3. 考核结果的汇总、整理。 4. 应用绩效评估结果进行相关的人事决策

1. 考核内容

很多企业对财务人员考核内容划分得较为细致，分为工作业绩考核、工作能力考核和工作态度考核。

（1）工作业绩考核

工作业绩考核是绩效考核的重中之重，也是最能体现财务工作人员的业绩水平的。具体考核内容如表5-8所示：

表5-8　财务工作人员工作业绩考核表

主要职责	权重		评价标准
1. 编制各项财务报表		财务报表按时完成率	（1）及时完成各项财务报表，得××分。 （2）未及时完成各项财务报表，但不影响报表提交部门的正常工作进度，得××分。 （3）未及时完成各项财务报表，且引起报表提交部门的不满，扣××分
		财务报表的编制质量	（1）各项财务报表真实可靠、全面完整，编制报表的会计方法前后一致，得××分。 （2）各项财务报表真实可靠、内容基本完整，但编制报表的会计方法前后不一致，得××分。 （3）各项财务报表全面完整，编制方法不一致，报表数据出现差错，扣××分
2. 税金管理		税金缴纳及时性	及时、足额、准确缴纳各项税金，不得出现缴纳滞纳金现象，每出现1次扣××分，扣完为止
3. 会计核算与账务处理		各类账面登账、对账、结账及时	按照企业规定及时组织各类账目登记、账务处理工作，未在规定时间内完成扣××分，扣完为止
		各类资产账实相符	（1）各类资产账实相符，得满分。 （2）每出现1次账实不相符的情况，扣××分。 （3）账实不相符累计次数达××，此项不得分
4. 现金、账簿管理		管理的准确性、安全	管理无差错，得××分，每出现1次差错，扣××分
5. 财务分析报告		提交的及时性	未在规定时间内完成报告。每出现1次，扣××分，扣完为止
		报告的质量	（1）报告真实可靠，论点明确，论据充分，能为高层领导正确决策提供有力依据，得××分。 （2）报告真实可靠，对高层领导作出正确决策具有一定的参考性，得××分。 （3）财务报告真实可靠性受到质疑，没有太大的使用价值或错误引导高层领导决策，得××分
6. 财务资料归档		资料的安全完整性	财务资料内容完整，归档规范，并及时更新档案。未及时归档造成资料丢失的，每出现1次，扣××分

（2）工作能力考核

对财务人员的工作能力考核具体考核内容有财务知识储备量、统计分析能力、成本核算与预算能力等方面。

（3）工作态度考核

工作态度也是对财务人员绩效考核的一个方面，只是考核的周期性不一样，分为周度、月度、季度考核，具体考核内容如表5-9所示：

表5-9　财务人员工作态度考核表

考核项目	考核内容	得分
诚信正直	工作中有无缺失诚信行为	
认真负责	工作中是否认真、错误概率是否在可控范围内	
个人信用	考核期限内，个人有无不良信用记录	
责任心	工作是否积极，对工作是否具有责任心	
协作性	与同事配合是否良好	
学习性	在工作中是否积极主动学习新的专业知识	

2. 绩效考核

在了解了对财务人员具体考核的内容后，可以从更多细分的层面对财务人员进行绩效考核，财务人员绩效考核表如表5-10所示：

表5-10　财务人员绩效考核表

财务人员绩效考核表									
姓名		岗位			任务期间				
考核项目	考核指标	指标定义	考核目标	分值	评分标准	考核结果	得分	考核者	
满意度	财务满意度	相关部门对财务部门工作的满意度	80%	5	每少3个百分点扣1分，每增3个百分点加1分				

续表

考核项目	考核指标	指标定义	考核目标	分值	评分标准	考核结果	得分	考核者
及时性	财务结算及时性	不得延期结算，每月8日报送各项汇总报表	100%	5	每迟延两天扣1分			
	费用报告及时率	及时向分管领导提供公司及部门费用报告表	100%	5	每迟延两天扣1分			
合法性	工作合法性	财务审批合法单据÷财务审批全部单据×100%	100%	10	每少1个百分点扣1分			
	1.保证合理的资金需求		100%	5				
	2.提高资金使用效率		100%	5				
	3.节约资金使用成本		100%	5	直接上级的评价			
	4.合理提高现金收款效率，尽可能延缓现金支出时间		100%	5	直接上级的评价			
核算管理	核算简单清楚，手续齐备，财务安全高效		100%	10	直接上级的评价			
税收筹划	合法，省税		100%	10	直接上级的评价			
财务管理制度	制度科学，可行性强，不断补充完善		100%	5	直接上级的评价			
资产管理	记录清晰，及时知道资产状况，不定期抽查各分店存货和现金账实相符		100%	10	直接上级的评价			

5.9 绩效反馈

绩效反馈是绩效管理的最后环节，是考核人向被考核人反馈绩效评价的结果，并对绩效期间内取得的成绩、存在的问题、下一阶段的工作目标、未来的绩效提升计划进行双向交流的过程，是考核人和被考核人之间就当前绩效的总结和未来绩效更好实现进行的有效沟通。

5.9.1 认识绩效结果反馈

绩效反馈的价值在于不仅能为被考核人今后的努力指明方向，还可以激发被考核人的工作积极性，从而提升企业的整体绩效。绩效反馈的实施决定了企业的整体绩效能否达到预期目标。

1. 绩效结果反馈的目的

考核者对被考核者实施绩效反馈面谈的目的包括如下内容：

◇ 通过绩效结果反馈，被考核者可以知道自己在上一阶段绩效周期内的表现情况或业绩情况，评判自己的绩效表现是否合格；

◇ 通过绩效结果反馈，考核人可以了解员工的思想动态和想法是否与企业或者部门的理念一致，或者存在哪些误差；

◇ 增强考核人和被考核人之间的沟通，改善考核双方的工作关系；

◇ 通过绩效结果反馈，考核人和被考核人可以一起分析造成结果的原因，共同探讨绩效不合格部分的改进方案，以及合格部分进一步提升的计划，形成下一个阶段的绩效目标和被考核人个人绩效承诺；

◇ 借此过程，考核人大大激励被考核人努力工作。

某企业销售部门的业务员李剑负责企业日常生活用品的销售，同时还管理着5名经销商。该部门对李剑实施季度考核，绩效指标是所负责产品以及负责经销商的销售业绩、产品毛利以及销售费用。

对于这些数据，李剑平时也会简单地记账，但因为没有进行系统化的记录，导致这些数据的准确性不高和全面性不够。李剑觉得自己每个月大概能完成企业的绩效指标。

为了解决销售部内类似李剑出现的这种问题，销售部经理每月初会向财务部要求提供上月本部门所有业务员绩效指标相关数据的最终结果信息，并把这些结果分别反馈给本部门的业务员。

该部门负责人通过财务部对绩效结果的反馈，能够掌握本部门整体的绩效情况以及每名业务人员的绩效状况，从而快速制订出有针对性的绩效改进计划。

对绩效完成较好的业务员，该部门负责人会给予其鼓励和表扬。对绩效完成较差的业务员，该部门负责人在实施绩效反馈后，会根据具体情况对其进行绩效辅导。

李剑得到绩效结果数据后，准确了解到自己的绩效状况，同时查找自身业绩上存在的问题，从而为自己制订未来的行动计划提供客观有效的参考依据。

2. 绩效结果反馈的作用

绩效结果反馈在绩效管理的整个过程中发挥着重要的作用。考核人对被考核人实施绩效反馈的作用如下：

◇ 绩效结果反馈有助于正确评估被考核人的绩效，有助于考核人和被考核人对绩效评价的结果达成共识，使被考核人认识到自己在本阶段工作中取得的进步，以便对被考核人进行及时有效的激励；

◇ 绩效结果反馈让被考核人能够客观看待自己的工作业绩，直面自己的缺点和短板，并作出改进和调整；

◇ 绩效结果反馈因为串联了考核人和被考核人的各项工作，因此更加公平化和透明化；

◇ 绩效结果反馈有助于制订绩效改进计划并确定下一绩效期的绩效目标。

5.9.2　绩效诊断方法

绩效诊断是通过各种方法，查找、分析和发现引起各类绩效问题的原因的过程。通过绩效诊断，能够快速聚焦绩效问题的源头，从而形成有目的、有针对性的行动方案，更精准地提升业绩水平。

绩效诊断是把影响企业绩效的因素分为两大因素：一个是环境因素；另一个是个体因素。环境因素主要来源于企业的内部或外部，个体因素来源于被考核个人。

环境因素包括企业的信息、资源以及奖惩措施等方面，而各方面的占比也不一样，个体因素是指个人的知识、技能、素质、动机等方面，每个因素的占比也不相同。

那么，具体的诊断步骤是怎么样的呢？

绩效管理人员在进行诊断的时候，应当按照重要性占比，依次从信息、资源、奖励等环境因素，到知识、素质、动机等个人因素的顺序提出问题。具体如表5-11所示：

表5-11 绩效诊断具体步骤表

序号	影响诊断的因素	绩效管理人员可以提出的问题
1	信息因素	企业要努力的方向是怎样的？ 是否制订企业努力的具体目标？ 员工是否明确企业的具体目标？ 员工是否明确具体的工作内容？ 用何种方式通知员工绩效结果？ 绩效反馈信息是否及时？ 绩效反馈信息是否准确清晰？ 企业是否建立员工获取绩效信息的渠道？ 考核人是否及时有效地提供相关指导工作？
2	资源因素	制度、流程、规范是否清晰明确？ 这些资源是否已经按最佳方式组合？ 是否形成了有助于完成工作的工具？ 员工是否快速获取到这些工具？ 是否有足够的资源支持目标达成？
3	奖励因素	有哪些具体工作是员工必须完成的？ 有没有对员工完成工作的相应奖罚？ 有没有员工表现优劣后的相应激励？ 对员工的激励是否与员工的表现相关？ 激励是否实施得当以防止员工丧失信心？ 应当实施的激励是否得到应用？
4	知识因素	优秀者是否具备他人不具备的知识或技能？ 优秀者的知识或技能能否进行复制？ 员工是否具备完成任务的知识或技能？ 普通员工能否复制优秀者的知识或技能？

续表

序号	影响诊断的因素	绩效管理人员可以提出的问题
5	素质因素	员工的天赋或智商是否影响绩效？ 员工的口才是否影响绩效？ 员工的其他各类素质是否影响绩效？ 素质对绩效结果的影响是否有特殊情况？
6	动机因素	绩效激励对员工来说是否足够吸引人？ 员工对于完成绩效是否有更多的可能性？ 是否缺乏对员工的激励？ 哪些动机因素会影响员工绩效？

5.9.3 绩效结果分析方法

绩效结果分析是企业对绩效结果进行全局分析。从单位组织角度划分，绩效结果分析可以分为三个层面：员工绩效结果分析、部门绩效结果分析和企业绩效结果分析。

1. 员工绩效结果分析

员工绩效成绩分析与结果应用是从员工个体层面分析绩效考核结果，通过员工之间的比较，查找问题并采取一定行动的过程。

如果有些员工绩效成绩每个月都有所波动，绩效管理者应当分析其绩效波动的原因；有些员工绩效成绩较差，绩效管理者应当分析其绩效成绩差的原因；有些员工绩效成绩较好，绩效管理者应当分析绩效成绩好的原因。

2. 部门绩效结果分析

部门绩效成绩结果分布从一个侧面反映了部门经营管理的质量。如果部门之间资源相近、业务类似、人才水平相对平均的话，部门绩效成绩越高，代表部门管理者经营管理的水平越高。

在部门之间业务类似、资源相近、管理者的经营管理水平相近的情况下，部门内部的绩效分数出现不同的结果，代表着部门内部的人才质量也不相同。

但如果部门之间的资源不同、业务不同、绩效目标的设定也有一定的问题，那么这种比较就没有任何意义。

3. 企业绩效结果分析

绩效管理在企业员工中的覆盖情况分析代表了企业整体绩效管理的实施范围，从一个侧面反映了企业绩效管理的质量。它通常是以绩效管理覆盖率的数据体现出来的。

这个指标指的是在全企业所有员工中，以考核人或者被考核人的身份，参与到绩效指标分解、绩效计划、绩效辅导、绩效评价、绩效结果反馈和绩效结果应用的绩效管理全过程中的员工占全体员工的比例。

绩效管理覆盖率分析在企业推行绩效管理工作的初期尤为重要。对于原本没有接触过绩效管理的各部门管理者来说，第一步是把绩效管理的所有流程做全，接下来的目标才是把绩效管理工作做对、做细、做精。

5.9.4 绩效反馈面谈技巧

在绩效反馈面谈的过程中，考核人要面谈的对象是人，既然是与人打交道，就要根据"人"（被考核人）的性格特点来制订不同的面谈策略。根据被考核者不同的性格特点，考核人可以开展不同的绩效反馈面谈技巧。

1. 借口型

这种类型的被考核者没有太多的责任心，是很难沟通的一类人。他们往往很固执，非常难缠，并且喜欢给自己的各种行为找借口，还喜欢把责任推到同事、直属上司、企业等外在因素上。他们只想听到夸奖的话，不想听见意见、批评等。他们只喜欢和同事比较薪酬待遇，却从不比较绩效水平，并不愿意做出改变。

考核人在对待这种类型的被考核者时，要多一些耐心，多听少说。如果发现问题，不要急于与其辩驳，而是要做到公正公平，让其意识到不足。考核人还要帮助被考核人分析他是否不适合现在的岗位，企业是否需要帮助其换岗。考核人要耐心地对其进行引导和劝导，让他明白，只有努力提升绩效水平才可以获得高的薪资待遇。

2. 自主型

这种被考核者通常具备自我提升的内在驱动力，会自发地提升自身的能力,这种类型的人绩效成绩往往不会太差。他们对自己的评估往往是积极正向的。但这类人有着较强的晋升欲望,会高估自己的能力,看不到自己的缺点和不足,听不进别人的劝告,会忽视改进自己的绩效水平。

对待这种类型的被考核者,考核人要肯定他们的上进心,肯定其过去在岗位上做出的贡献,关心他,并站在他的角度为他出主意,使其更优秀,并努力获得晋升。

对待这种类型的人,在绩效考核成绩达到一定的标准后要给予实际的奖励与鼓舞,让他们更加积极地提升绩效水平。如果不能给予确切的奖励,就要明确地告诉他们。因为如果公司没有实现他们的心理预期,就会引发他们的不满和负面情绪,不利于其更好地工作。

3. 目标不明确型

这类被考核者通常没有太强烈的想法和主见,容易随波逐流,喜欢被动接受而不是主动思考。他们在考核人进行评估的时候不会主动提出问题,而是考核者提出什么,他们就回答什么。

对待这类人要给予他们应有的尊重,不使其自尊心受到伤害。要多一些耐心引导,以提出问题的方式或给出意见的方式告诉他们该做什么或者怎样做,并给予必要的指导。

为了帮助他们更好地理解考核人给出的建议,在绩效反馈接近尾声的时候,考核人可以请他们重复自己给出的意见,看其是否记住或消化考核者给出的意见和指导。

做绩效反馈面谈一定要讲究方式方法,不然就不能充分发挥绩效反馈面谈的作用。

5.9.5　绩效改进的实施

绩效改进指的是企业、考核人和被考核者根据被考核人的绩效情况,结合绩效反馈中被考核人反映出的问题和优秀的绩效表现所具备的特质,而由企业、考核人和被考核人对未来绩效改善而采取的一系列改变。

1. 绩效改进实施的原则

企业、考核人与被考核人三方对绩效改进所作出的努力通常代表着企业、部门和员工三个层面的绩效改善。对绩效改进最有效的方式，往往来自企业和部门层面所作出的努力。

企业或者考核人的各级管理者要想改变经营管理中的制度、流程、机制、体系，对信息、资源、奖励的三个环境因素的改变，往往是最有效的。因此，绩效改进的原则是先改进环境因素，再改进个体因素。

企业的各级管理者要持续运用这种思维来查找绩效原因和解决绩效问题。建立一种不依赖于个人素质、能力的提升就能极大地提高员工工作绩效结果的工具，可以提升员工的绩效水平。

在绩效改进过程中可以改进的内容非常多。

（1）对企业或者部门

对于企业或者部门，常见的可以进行绩效改进的内容有：

◇ 配置好各部门的岗位人员；

◇ 企业或者各部门的工作方式；

◇ 企业或者部门内的工作重点；

◇ 企业或者部门工作的先后顺序；

◇ 企业或者部门能够提供的资源；

◇ 企业或者部门的工作流程。

（2）对考核人

对于考核人，常见的可以进行绩效改进的内容如下：

◇ 考核人个人素质的提升；

◇ 考核人管理风格按实际情况调整；

◇ 考核人管理方法相应做出改变；

◇ 考核人对业务的熟练程度；

◇ 考核人对被考核人的了解；

◇ 考核人与被考核人的关系。

（3）对被考核人

对于被考核人，常见的可以进行绩效改进的内容如下：

◇ 被考核人自身的环境改变；

◇ 被考核人的工作技能提升；

◇ 被考核人的工作方法改变；

◇ 被考核人的职业生涯规划；

◇ 被考核人与同事的配合程度。

2. 绩效改进实施步骤

绩效改进主要是找解决问题的思路，找到把绩效工作做得更好的最佳方法。根据绩效诊断可以把绩效改进实施步骤分为五步：

第一步，分析情况。对企业当前存在的问题做出详细的分析，而不是盲目地采取行动。

第二步，树立成功典型案例。寻找某一个领域里做得最好的人或者案例，也就是绩效成绩最好的人。

第三步，研究和分析这个成功案例用了何种方法或者技巧，才作出了较高的绩效成绩。

第四步，对这些方法进行总结和概括，形成一定的流程或者模板，供其他员工学习和借鉴。

第五步，持续推广改进。对成功案例进行持续推广改进，不断修正和改进其中遇到的问题，改善绩效结果。

3. 绩效改进计划制订

如果绩效改进部门比较侧重于员工层面，员工就要根据自身的绩效问题制订出绩效改进计划。绩效改进计划表的模板如表5-12所示：

表5-12　绩效改进计划表

姓名		所在岗位		所属部门	
直接上级		考核期		考核结果	
绩效中存在的不足					
原因分析					
改善目标及措施					
绩效改进计划					
改进效果评价及后续措施					
被考核者签名		直接上级签名		部门负责人签名	
备注					

疑难问题　绩效反馈中如何处理对抗情况

有的绩效考核人不愿意做绩效反馈面谈是因为不知道如何处理被考核人与其对抗的情况。在做绩效反馈时遇到被考核人不配合，出现对抗情况并不稀奇。因为有的人认为自己在绩效考核期已经尽了最大的努力，应该有一个好的绩效考核结果，不接受不好的考核结果。

当考核人遇到对抗这种情况时，不要慌张害怕，也不要以对抗来反击。考核人首先要耐心地倾听被考核人的心声和想法，判断他们陈述的事情是否属实，是否有依据。如果被考核人的说法属于真实情况，就要找方法帮助被考核人解决这些问题。如果认为被考核人所说的情况并不成立，就要想办法有技巧地处理这种对抗。

情绪激动型：常表现为生气、愤怒、哭泣、沉默等消极情绪。

情绪激动型的应对策略：在面谈之前，考核人要做好一定的心理准备，考虑到被考核人可能出现的情况。如果被考核者非常生气，考核人要给他一定的时间，让其冷静下来；如果被考核者出现哭泣等情况，考核人要放缓谈话节奏，对被考核者进行安抚，使其恢复平静；如果被考核人保持沉默，考核人可以说一些幽默的话题或者开放式的话题进行引导。

转移话题型，常见的语言："我做这个的原因是……""我是有苦衷的……"

转移话题型的应对策略：耐心倾听他们的陈述，换位思考；如果所说皆为真实情况，可以酌情采纳；如果发现情况不属实，千万不要被他们带跑偏，要把面谈主题拉回来，并仔细观察被考核者的行为，并继续进行反馈。

找借口型，常见的语言："都是因为企业的……问题""因为小王……，所以才会出现……"

找借口型的应对策略：要让他们了解工作的目标以及期望；具体指出他们在工作中的不足及需要改进的地方，并为他们提供具体的解决方案及改进建议；鼓励他们表达自己真实的想法和感受，并实行有效的反馈。

家庭状况型，常见的语言："因为我家里最近……""因为我亲人住院了……"

家庭状况型的应对策略：认真倾听和理解，如果有需要可以提供一定的帮助；可以帮助其把遇到的困难反馈到更高一级的管理处寻求帮助；持续监控这一事态的发展和变化，并做出反馈。

实战案例　员工不认可绩效考核结果怎么办

某企业是做电器的，属于产销研一体的企业，现有员工近180人。公司从年初开始推行绩效管理，目前采用的是月度绩效考核方式。一般情况下，绩效考核结果出来后，员工需要进行确认签字，而这也作为晋升、评优、奖惩的依据。上个月的考核结果很早就出来了，现在只有一个员工没有签字。这名员工每天勤恳工作，早来晚走，但公司的很多考核项目他认为并不合理，不能体现他的劳动成果。这样的考核结果他不能接受，所以拒绝签字。

针对上面这个案例，我们来分析一下该如何应对。

一是分析真实性。这属于被考核者遇到考核人反抗的情况，首先要对其说的情况进行核实，考虑和分析他说的事情是真是假。他说"早来晚走/考核项目不合理"，考核人要展开调查工作，看看他是不是来得早走得晚。同时，让他指出考核项目不合理的地方并给出依据。核实该员工前后讲述的逻辑性，如果存在明显的矛盾，要及时指出。如果处理完问题后，被考核人还是不签，考核人可以把情况反馈给上级，让上级来处理这个问题。

对于员工的意见，考核人一定要仔细了解，做好妥善处理，不然会影响到其他员工。

二是反馈给上级。人力资源管理者应及时把情况反馈给自己的上级或者部门所属上级，找他们进行协调沟通或让其出面调解。

针对该员工的行为，给出具体建议：一是强制要求其签字，否则这个绩效考核结果会照常执行，因为这些数据和事实都是真实的；二是调查员工所说的考核项目是否存在不合理性，考核结果是否存在当月设计的不合理性，考核结果是否不代表其努力程度和结果，如果是这样，可以经领导讨论商议，调整其考核结果；三是调整考核项目，对绩效考核做出具体的改变。

但是考虑到考核有一定的连续性，不可能每个月都进行调整。所以，经领导同意，可以调整考核结果，这个结果并不是按照员工的主观意志为转移的，而是根据客观事实来决定的。

三是额外补偿。绩效考核结果一旦公布，是不可以随便更改的，即使有不合理的地方，也要维护其权威性。否则，大家都会找各种理由来说自己的绩效考核结果不合理。

所以，应对办法是直接上级可以承诺用其他方式给予其奖励和补偿。比如，可以将其评为本月最努力员工，在季度或年度考评时，可以把这个奖项纳入考评范围，最终体现在年度奖金上。总之，一定要维护绩效考核的权威性。

四是尽快作出调整方案。即使考核项目有不合理的地方，但这个月的考核结果已经生效，不可能再调整当月的考核结果，可以在下个月的时候进行调整。这些调整需要员工所在部门领导和绩效考核管理者一起研究讨论，并经企业总经理审批。

究其根本，绩效考核结果要本着实事求是的原则，不能有半点虚假，要做到公平公正以及透明化。考核人要积极寻找完善的方法，让员工信服。

第 6 章 | CHAPTER 6
薪酬管理要抓住关键点

薪酬管理是企业为了更好地实现企业目标,通过对岗位价值分析和薪酬市场调研分析,以人力资源规划为指导,对薪酬设计体系、薪酬核算、薪酬水平等进行分析、设计、确立、实施和调整的过程,以及依据薪酬制度和政策,进行薪酬设计、分析、实施和调整的管理过程。

6.1 薪酬管理原则与目标

6.1.1 薪酬管理原则

在当前人力成本越来越高的情况下，如何根据企业的战略来制定薪酬管理战略？如何能够使所指定的薪酬管理战略有效地支持企业战略的实现？在进行薪酬设计、制定薪酬政策、实施薪酬管理时，要以公平性、竞争性、激励性、经济性、合法性为原则。

1. 公平性

公平性是薪酬管理的第一原则。企业在进行薪酬管理时，要考虑员工是否感到公平、认同和满意，只有满足了员工这三个方面的心理需求，才能体现出公平性。

而这种公平性来自三个方面：来自企业内部同岗位级别的比较；来自企业外部同岗位级别的比较；来自对公司薪酬制度和政策执行过程中是否公平、公正、公开和严格性的感受。

公平性原则不是绝对的公平。严格地说，它是一种相对的公平性。这种公平性体现在对岗位价值、绩效结果、个人能力、个人价值的综合考虑上，体现出薪酬设计的公平性。

2. 竞争性

竞争性指的是企业的薪酬政策要优于外部劳动力市场的薪酬政策，具有一定的吸引性。如果企业的薪酬政策没有竞争性，那么就很难吸引到企业以外的优秀人才，而且也会在企业内部失去优势，从而让优秀人才流失掉，为竞争对手送去优秀人才。

具有竞争性的薪酬政策是企业吸引人才的有力武器，但不表示企业一定要设置最高值的薪酬水平。因为最高值的薪酬水平失去了一定的灵活性和浮动性，反而会适得其反。具有竞争性的薪酬体系往往有着较高的弹性，是一个全面的薪酬体系，通过企业的其他方面也可以为其带来一定的竞争性。

3. 激励性

激励性是指企业通过薪酬制度可以提升员工的责任心和积极性，也是企业激励员工最有效的一种管理工具。

激励性是企业设置出一套合理的，具有竞争性和公平性的薪酬体系，而不单单是高薪的激励政策。这种激励分为物质激励和精神激励，在两者结合的基础上，实现薪酬激励的目的。

在进行激励的过程中，因为员工的需求会根据客观条件的变化而变化，所以要想实施有效的薪酬激励，企业管理者必须做到了解员工的真正需求，根据具体情况有指向性地进行激励，才能最大化地发挥出激励作用。

激励性原则也分为正向激励和负向激励。正向激励就是企业通过实现奖励措施激发员工的积极性，负向激励是企业对员工一些不好的行为给予一定的惩罚措施。

4. 经济性

经济性是从企业的角度考虑的。企业要充分考虑自身的财务状况、经营状况和薪酬承受度，在能力范围之内最大限度地发挥出正向作用。经济性原则与竞争性原则和激励性原则并不冲突，而是相互制约发展的。

经济性原则的首要目的是实现在人力资源上的最优配置。经济性原则不是为了节约企业的人力成本而降低员工的薪酬水平，而是强调更为合理地设置薪酬机制，该低薪酬的岗位就得低，该高薪酬的岗位就得高，一切都以岗位的实际价值为标准。

经济性原则其次强调的是发挥人力资源配置的合理性。人力资源配置的过剩同样是不合理的，是对企业资源的一种浪费。所以，在人力资源的配置和利用方面，企业要尽量合理调配。

经济性体现在企业人力费用的使用上。人力费用的增长是企业对自身的一种投资，但是这个增长要建立在两个基础之上：一是低于劳动生产率的增长速度；二是低于企业盈利额的增长。这样才能体现出人力费用的最优化，使得人力费用创造出相应的价值。

5. 合法性

合法性原则是指薪酬体系的建立是在国家的政策、法律法规和企业一系列的管理制度基础之上的合法。薪酬体系的设计一定不能违背国家的法律法规，要在法律允许的范围内进行。如果企业的薪酬体系不符合国家的政策和法律规定，要尽快作出调整和改善，使得企业的薪酬体系具有合法性。在此方面，不要抱有侥幸心理。

6.1.2　薪酬管理目标

薪酬管理是企业在组织战略发展和人力资源战略规划的指导下，对员工薪酬支付原则、薪酬策略、薪酬水平、薪酬结构、薪酬制度等进行确定和调整的动态管理过程。

薪酬管理的具体目标有三点：鼓励员工自主高效地工作；吸引和留住组织所需的优秀员工；支持企业战略与企业发展。

可以说，薪酬管理和绩效管理是人力资源管理工作中非常重要的部分，对企业的人才的招聘、留用非常关键，关系到员工的绩效业绩水平和企业的业绩发展。

绩效管理的价值是激励员工，而激励措施与薪酬管理是不可分割的。企业要想实现预期的战略目标，就应该根据战略目标制订相应的薪酬管理战略，制订合理的薪酬管理体系。

6.1.3 薪酬管理流程

薪酬管理流程图如图6-1所示：

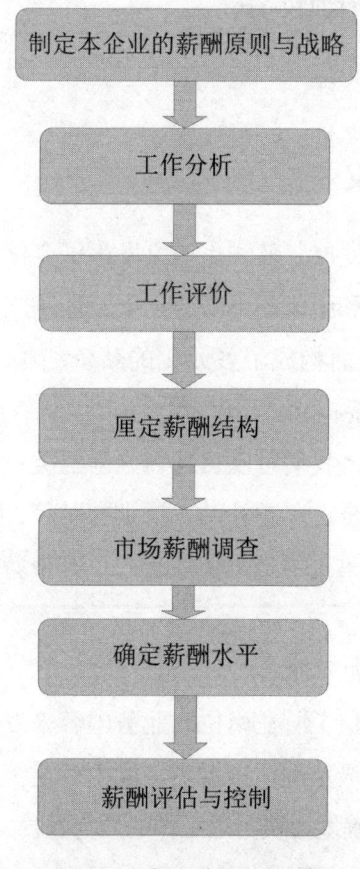

```
制定本企业的薪酬原则与战略
          ↓
       工作分析
          ↓
       工作评价
          ↓
      厘定薪酬结构
          ↓
      市场薪酬调查
          ↓
      确定薪酬水平
          ↓
     薪酬评估与控制
```

图6-1　薪酬管理流程图

6.2 如何设计薪酬体系

6.2.1 薪酬的含义

随着社会的进步与发展，薪酬也随之发生了变化，变得越来越细。主要体现在具体薪酬的结构和组成的不断演化上，即从固定单一的薪资转变成了可变的多元化结构，因而构成了多元化的薪资结构，像基本工资、岗位工资、绩效工资、奖金、餐补、公积金等。

对于这个薪资结构，我们可以将其划分为三类：第一类是直接的，如基本工资、加班工资、奖金、出差补贴、培训补贴等；第二类是间接的，如公共福利、保险福利等；第三类是国家法定的，有带薪假期、休息日、带薪病事假等。

常见的薪酬模式分为三种。

第一种类型是根据员工所在岗位的业务内容来发放岗位工资，根据工作价值确定岗位的工资等级范围，根据员工能力确定范围内的具体等级。这种工资制类型能够比较准确地反映员工工作的质与量。

在设置这种类型的薪酬时，对岗位要有严格的客观的分析，并且在对每一个职位分析的基础上进行严格的分级，即划分岗位等级；并且设置岗位工资的最高值和最低值。

第二种类型是职能岗位工资制。这类工资制的设置主要是根据工作能力来判断的。这种工资制的设置显现出工作能力对薪酬设计的重要性，激励员工提升个人能力。个人能力是决定薪资的主要因素，即使员工不担任某一职务，如果工作能力经过公司的考评被认为有能力胜任这个项目，则可以发放相应的工资。

这种工资制设置的特点可以根据岗位的不同进行分类，划分出不同的类别。针对每一类设置出几个工资等级，好处是不用对每个职位都进行划分，但每一类别的等级数较多，甚至多达十几个。

第三种类型是结构工资制。结构工资制是将前两者工资制的优点相结合，同时从业务内容和员工能力两个方面对工资进行等级划分，结构工资制目前被大部分企业所采用。

我们在看待自己的薪酬时，往往只看到发放到工资卡里的这部分。实际上，要更加宏观地看待，把薪酬看作"总体薪酬"是非常有必要的。这个薪酬体系涵盖了基本工资、加班工资、晋升加薪、奖金、福利、各种补贴等。

6.2.2 薪酬的组成要素

薪酬根据内容的不同可以划分为广义薪酬和狭义薪酬。广义薪酬是由"薪"和"酬"两部分组成。"薪"是指薪水，通常包括工资、奖金、分红、福利等可以用财务数据量化的物质层面的劳动回馈；"酬"指的是报酬，通常包括非数据量化的福利、组织的认可、兴趣、成就感、社会地位、个人成长、个人价值等，是一种立足于员工精神层面的回报。狭义的薪酬，仅指员工得到的物质层面的回报，通常包括工资、津贴、奖金三部分。

薪酬的组成要素是怎样的呢？员工在公司里工作主要是为了获得"薪"的那部分，也会为了公司提供的"酬"这部分而更加努力工作，并对公司更加忠诚。从工作量的角度来划分，薪酬可以分为有形的和无形的两种，并且体现出价值激励层面的薪酬。

企业在设计薪酬的框架结构时，不要过于突出可量化的薪酬的作用，应当采用多元化的设计原则。这样做的优势是既能提升薪酬的竞争性，吸引优质的人才，又能满足企业不同阶段的发展需求。比如，奖金设计多元化，可以设置为月度奖、季度奖、年度奖，或者个人贡献奖、安全奖、质量奖、设计奖等。

公司在设置薪酬的架构时，要根据企业的财务状况、经营状况来综合考虑人力成本。人力成本不仅仅是员工的工资支出，还包括很多直接的和间接的费用支出。除了工资之外，人力成本还包括奖金、补贴、福利、社会保险、公积金、商业保险、培训费、取暖费、交通补助、出差补贴等。

6.2.3 薪酬变动

如果员工的职位出现了变动，晋升或者调岗或者降职，员工的薪酬也会有所变化。此时，员工就需要填写薪资变动申请表，如表6-1所示：

表6-1 薪资变动申请表

姓名		部门		职务	
性别		入职日期		调整日期	
变动原因	□报到定薪 □试用合格调薪 □岗位变动调薪 □其他					
调薪原因	□工作能力及效率提升，晋级 □降级 □转岗调职 □工龄工资 □试用期转正 □其他： 请说明：_____ _____				
变动项目						
变动前						
变动后						
行政人力资源部审批意见						
总经理审批意见						
财务部	调整后薪资发放执行日期：_____年____月____日 　　　　　　　　　　　　　　　　　　　　签字：				
备注						

6.2.4 薪酬体系的设计流程

薪酬体系的设计不是一蹴而就的，而是有一定的设计流程的。因为薪酬体系的设计是一个很庞大的工程，每一个环节都很重要，其设计方法一般有以下几个步骤，如图6-2所示：

```
明确企业的薪酬策略
      ↓
  对岗位进行分析
      ↓
   实施岗位评估
      ↓
   分析薪酬调查
      ↓
   确定薪酬结构
      ↓
 实施与制订薪酬体系
```

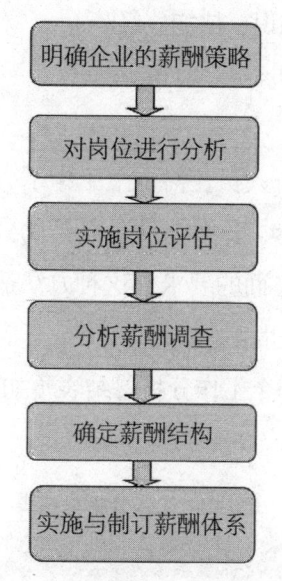

图6-2　薪酬体系设计步骤

薪酬体系设计的第一步就是明确企业的薪酬策略，主要参考依据是企业战略与经营状况；薪酬设计第二步是进行岗位分析，对企业各个工作岗位进行分析，明确各个岗位的工作性质、工作职责、工作内容、工作环境等；第三步就是实施岗位评估，从企业内部各个岗位及企业外部的相同岗位进行公平、客观的比较；第四步就是分析薪酬调查，分析公司的薪酬水平的设置及员工是否满意自己的薪酬；第五步是确定薪酬结构，在完成以上四步之后，就要初步确定薪酬体系的结构；第六步是实施与制订薪酬体系，并且进行调整和升级，让薪酬体系变得更为科学、合理。

6.2.5　岗位分析

岗位分析是一种重要的人力资源管理工具，是薪酬设计不可或缺的基础；是确定完成各项工作所需知识、技能和责任的系统过程。在进行分析之后要进行组织设计、层级关系设计和岗位设计并编写岗位说明书。它的意义在于可以保证薪酬待遇、福利水平的公平性。

人力资源管理者在进行岗位分析时，通过一段时间的观察和分析，了解岗位的责任、性质、任务、目标、组织内部相互关系等，同时确定从事该岗位人员需要具有的素质、知识、技能、经验。

岗位分析的方法有五种。

1. 工作实践法

工作实践法是岗位分析人员在岗位上工作了一段时间，通过实践在工作过程中了解岗位的相关内容。这种方法可以帮助分析人员了解工作的内容，以及在能力、环境、社区方面的要求。这种方法适用于短期内可以胜任的工作，但是不适用于有危险性的工作。

在工作实践后，要写一个工作分析总结表（如表6-2所示），把自己实践的真实情况记录下来。

表6-2　工作分析总结表

基本信息	实践岗位		所属部门	
	实践日期		实践时间	
记录内容	工作前要准备哪些工作？ 工作的时间与强度？ 工作内容是什么？ 工作环境怎样？ 工作中用到哪些工具及技术？ 工作难度是怎样的？ 与内外部的联系是怎样的？ 本岗位是否需要别人的帮助与配合？			

2. 观察法

观察法是指在工作现场直接观察员工工作的过程、行为、内容、工作能力等，并进行记录、分析和总结的方法。运用观察法分析岗位时，可以事先列一个提纲，写下自己要观察的问题。

问题一：被观察者是谁？

问题二：何时开始工作？

问题三：工作前需要做哪些准备工作？

问题四：工作期间的工作内容有哪些？

问题五：工作环境如何？

问题六：工作难度与灵活度如何？

问题七：工作中需要用到哪些技能？

问题八：本岗位是否需要别人的帮助与配合？

问题九：本岗位最大的贡献是什么？

……

3. 问卷法

问卷法是事先设计好一套岗位调查问卷，依据是岗位分析的目的、内容等，由岗位任职者填写，之后将这些问卷收集整理，把其中比较有代表性的回答，作为获取岗位信息的方法。问卷范本如表6-3所示：

表6-3 岗位分析问卷调查表

基本情况	姓名		性别		职位名称	
	直接领导		所属部门		填制日期	

工作时间	1. 正常的工作时间为每日（　）小时 自（　）时至（　）时
	2. 每日午休时间为（　）小时，（　）%的时间可以保证
	3. 每周平均加班时间为（　）小时
	4. 所从事的工作是否忙闲不均（□是　□否）
	5. 若工作忙闲不均，最忙时常发生在哪段时间（　　）
	6. 是否经常出差（□是　□否）

工作设备	1. 为完成本职工作，需要使用的设备或工具等
	2. 平均每周使用（　）小时

任职资格要求	1. 本岗位所需的学历要求　□硕士及以上　□本科　□大专　□高中及以下
	2. 完成本职工作所具备的能力项目 评分说明：1→5代表由弱→强 能力要求　　　　评分 领导能力　　　　（　） 执行力　　　　　（　） 沟通能力　　　　（　） 组织协调能力　　（　） 分析判断能力　　（　） 创新力　　　　　（　） 语言表达能力　　（　）

续表

任职资格要求	3. 是否需要培训	（□是　□否）	若需要培训，需要哪方面的培训
	4. 工作经验要求		
任务综述	简要描述工作任务，并说明在工作中您觉得最困难的事情是什么以及通常是怎样处理的			
日常工作任务	请您尽可能多地描述日常工作任务，并根据工作的重要性和每项工作所花费的时间由高到低进行排列			
与其他部门的联系	请您列出在公司内或公司外所有因工作而与您发生联系的部门和人员，并按照接触频率由高到低进行排列			
工作压力	1. 您工作时是否要求精神高度集中？若是，占每天工作时间的比重是多少			
	2. 工作中是否经常遇到棘手的问题且要迅速作出决定			
	3. 是否需要不断地补充新知识才能更好地完成工作？若是，需要学习哪方面的知识			
工作环境	1. 请描述您的工作环境与工作条件			
	2. 对工作条件及工作环境的满意状况如何（□好　□一般　□差）			
其他	写出前面各项中没有涉及的但您认为对本职工作很重要的其他信息			

4. 访谈分析法

访谈分析法是访谈人员通过对某一岗位的访谈对象进行面对面的沟通和讨论，收集岗位信息的一种方法。访谈可以分为个人访谈和团体访谈两种类型。在进行访谈分析之前，要先列一个访谈大纲，针对这个大纲进行面谈。

大纲提问问题如下：

◇ 请用几句话简单概括一下您工作的主要内容是什么，以及要实现怎样的目标？

◇ 本岗位的主要职责是什么？主要权利都有哪些？

◇ 如果一名新员工来担任此岗位，您觉得他需要多长时间能够胜任？担任此岗位需要哪些培训和能力训练？

◇ 您平时工作是几点到几点？有没有加班情况？工作量大不大？

◇ 工作期间是否出差？

◇ 衡量本岗位工作成效的绩效标准有哪些？

◇ 工作中会用到哪些设备，以及其使用频率是多少？
◇ 本岗位的工作结果显现是阶段性的还是长期性的？

5. 关键事件法

关键事件法是一种行为分析技术，它要求观察人员、分析人员对被观察者工作过程的"关键事件"进行详细的记录，借此来考查某岗位员工的岗位不同之处。

在用关键事件法分析的时候，要注意分析这几个问题：

◇ 事件发生背景；

◇ 行为者的行为；

◇ 行为的结果；

◇ 关键事件分析结果；

◇ 本岗位的核心价值。

6.2.6 岗位价值评估技巧

岗位价值评估是确保企业内部薪酬系统的公平性的一种方法。通过这个方法可以为外部薪酬调查建立统一的职位评估标准；把企业内部各个岗位的重要性划分出来，建立一个职位等级。

岗位价值评估不是绝对的，是相对的。如某企业用岗位价值评估的方法，测算出销售助理岗位的价值分数是500分，编辑专员岗位的价值分数是460分。这说明，对于这家公司而言，销售助理岗位比编辑专员岗位更有价值。

常用的岗位评估方法有岗位排序法、岗位分类法、要素比较法、要素计点法、海氏三要素评估法、国际职位评估法。

1. 岗位排序法

岗位排序法只能够得出岗位的大体顺序，并不能得出精确的结果。具体的操作方式是先把企业所有的岗位都列出来，然后制订一些特定的标准，根据这个标准对岗位进行排序，排列出岗位的相对位置。

2. 岗位分类法

岗位分类法是企业根据一定的要素和标准对企业的岗位进行分类，先分成不同的类别，然后对每一个类别进行细分，最后在这个小的类别中进行排列，最终确定每个岗位的价值。

3. 要素比较法

要素比较法是评估人员用不同的要素对各岗位进行排序，然后对同一职位进行排序，并根据各要素所占的不同对所提出的排序进行打分，最后将各个职位的综合排序汇总，得出该岗位的分数。

4. 要素计点法

将每个被评估的岗位按照岗位说明书中所列出的信息提炼出关键的要素，并对每一个要素分配不同的权重，然后对这一要素进行分级，并对这个级别给出分数，最后将被评估岗位各项得分进行归总，得出该岗位的最后得分。

这四个方法不光可以单独使用，还可以综合使用，可以得出更加准确的评估结果。

5. 海氏三要素评估法

评估人员从知识与技能、解决问题和应负责任三个方面对岗位的价值进行评估，并且通过较为正确的分值对岗位进行等级划分。这个方法可以较为准确地对岗位进行评估，评估的关键点主要看岗位承担责任的大小。

6. 国际职位评估法

国际职位评估法是通过"因素提取"并给予评分的评估工具。在岗位评估中主要有4个因素，10个纬度，104级别，总分1225分。评估结果可以分成48个级别。

无论运用哪种评估方法，评估人都要找到评估岗位的因素，把这些因素进行提炼和总结：知识、技能和经验；人际关系、协作；工作环境与强度；指导监督、问题解决；工作责任、决策管理；岗位贡献（结果、质量、产量）。然后，根据这些因素划分出需要描述的具体内容。

比如对知识、技能因素展开详细的描述内容有：

◇ 日常工作知识，上岗前不需要进行培训（赋值10分）；

◇ 基本的工作规则和操作知识，上岗前需要经过短期和系统的培训（赋值20分）；

◇ 必须要有一定的专业知识或需要积累较多的实战经验（赋值40分）；

◇ 具有较高的专业知识，实战经验丰富，且需要其他专业知识和技能（赋值90分）；

◇ 需要解决多专业的综合问题，需要具备综合型专家的知识结构（赋值160分）。

6.2.7 薪酬调查原则

薪酬调查的实施不是毫无原则地进行调查，只有坚持合法性原则、真实可靠原则、岗位匹配原则、时效性原则，才能让薪酬调查的结果更具真实性、合理性、可靠性。

1. 合法性原则

薪酬调查的整个过程和手段要合法，不能在违法的情况下为了提高薪酬的竞争性而开展调查。在薪酬调查的时候，如果想知道竞争对手的薪酬信息要使用合法的手段和合规的渠道，不能采用非法手段。如果同领域、同行业的企业之间不存在业务上的竞争关系，可以在人力资源部的沟通之下，企业高层之间可以就薪酬信息问题进行商讨协商。当然，有竞争关系的企业之间也有协商的可能性。

2. 真实可靠原则

在采集薪酬数据的时候，要采用一定的措施保证数据的真实有效性，具体从以下三个方面进行：

一是企业内部调查，在进行企业内部收集薪酬数据的时候，人力资源部负责人把薪酬调查的表格发给调查员的时候，要强调薪酬数据的真实性和出处；

二是企业外部调查，在进行企业外部调查的时候，不要把随意听到的小道消息当作薪酬调查的数据，也不可把竞争对手的招募信息作为调查结果，要确保数据的来源和真实性；

三是如果把薪酬调查工作外派给了专业的机构，也要对机构给出的调查结果进行核实。

3. 岗位匹配原则

在进行外部调查的时候，要核实同岗位的工作职责、工作权限、工作复杂度、工作能力、岗位任职要求等是否和本公司岗位有八成的相似性，这样才能参考同岗位采集回来的数据。在采集时，有时会陷入岗位名称相同但工作内容不同的情况。

4. 时效性原则

薪酬调研的数据要定期进行更新，保证岗位薪酬有一定的时效性。大部分企业会以年为单位来调整员工的薪酬，也会根据市场情况随时做出调整。

6.2.8 薪酬调查作用

企业调查主要是为了让企业的薪酬更具竞争性，通过收集薪酬信息，然后分析薪酬调查结果，从而制订出更符合市场竞争的薪酬待遇。企业在调查的时候，如果能够获得竞争对手的薪酬信息或者目标企业的薪酬信息，对于企业制订薪酬待遇更有利。

薪酬调研对于企业的战略发展是有着非常重要的意义和价值的，主要作用有以下四个方面：

1. 可以更好地满足员工真正的需求

企业在做薪酬调查的时候，可以放大调查范围，而不要局限在本行业内。比如，在不同的地区、不同的行业之间，分析它们的薪酬组成要素有什么不同或特点。在掌握了这些信息之后，可以设计出更加合理的薪酬结构，还可以更好地满足员工真正的需求，可以有效提升员工的满意度，激发员工的工作热情。

2. 有利于薪酬水平的设计和调整

薪酬水平的调整有两个依据，一是所在区域同行业的薪酬水平；二是参考外部劳动力市场薪酬信息。通过这种有依据的调整，可以让公司的薪酬水平更具竞争性。

3. 获取竞争对手的信息

在获取竞争对手的薪酬信息后，根据竞争对手的企业规模以及其他成本费用的估算，从而推断出竞争对手的人力费用以及成本结构。

4. 有效检验岗位价值评估结果

对公司的薪酬水平和岗位价值评估进行分析之后，再结合企业外部的薪酬调查或者市场薪酬调查结果，可以只看出本企业的薪酬水平和结构是否合理。如果本企业的薪酬水平与市场薪酬水平相差很大，就证明岗位评估的效果并不好，同时要做出及时调整。

6.2.9 薪酬调查程序

做任何调查工作都有一定的程序，薪酬调查也是如此。开展薪酬调查不是想调查就立即开展调查的，主要分为四步：调查准备、调查实施、调查分析、结果应用。

1. 调查准备

在薪酬调查准备阶段，薪酬调查者要以企业的战略发展和实际情况作为调查基础，选择同领域、同地区发展较好的企业作为调查对象，选择要调查的岗位目标，确认需要调研的薪酬信息；根据这些信息再确认调查的方法和具体内容，最终形成一套实用且有效的调研方案。这套方案经过企业领导的审批才算有效。

2. 调查实施

在调查实施阶段，薪酬调查者可以根据审批后的调研方案有计划地开展调查，以此广泛收集市场薪资信息。

3. 调查分析

薪酬调查者对收集回来的薪资信息进行分析和整理，绘制出相应的表格，根据薪酬调查结果，设计出一套薪酬体系或者薪酬调整方案。再把所有的薪资信息进行汇总之后，形成一份调查报告，然后请企业领导审批。

4. 结果应用

在结果应用阶段，薪酬调查者根据审批后的薪酬调查报告制订详细的行动策略，根据这个行动策略开展实施工作。在实施工作的整个过程中，薪酬管理者要时刻与公司各部门负责人保持沟通状态，在执行行动策略的阶段，最好能够得到公司各部门的支持。

6.2.10 内部薪酬调查方法

内部调查不同于外部调查，内部调查可以更好地了解企业薪酬架构以及现状，及时发现公司的管理漏洞，并作出相应的调整。通过对内部调查结果的分析，可以更好地改善企业的薪酬体系、管理模式。

内部薪酬调查方法主要是采用问卷调查的方法。为了提升内部调查结果，调查的范围越广泛越好，最好从一线员工到最高领导层都进行调查，扩大覆盖面。

在设计问卷调查时，可以参照如下内容：

一是确定问卷调查的内容和目标，把想要调查的内容、人员、具体事项都罗列清楚，然后开始设计调查问卷。保证调查问卷中包括了你想了解的所有信息，而调查结果最好能体现出调查目标。

二是选项的设计更加人性化，多采用勾选打分的方式，少些文字作答部分。问卷的问题不要过多，减少填写问卷的时间，不要过多地浪费被调查者的时间。设计问题时要考虑问题的相关性，跳跃性不要过大。

三是问卷每一题的选项不宜过多，以四个左右为宜。比如五个选项，非常合适、合适、一般、不合适和非常不合适。将这些选项后面匹配对应的分数，最后把这些分数进行汇总。

四是问卷中的语言尽量书面化，不要过于口语化；要简短易理解，避免长篇大论。在设计问卷时，可以在表头处写明填表须知，也可以开一个集体会议，统一给大家讲解问卷的填写注意事项。

五是问卷设计好后，要找少数同事进行试卷填写测试，并在填写测试之后进行调整。在对调整后的问卷进行结果分析之后，做好反馈工作，进行讨论评估。

6.3 薪酬核算

在有了薪酬体系和架构以及薪酬调查之后,就要开始进行薪酬核算,核算每个员工的具体工资。这个核算包括日常工资、加班工资、假期工资、年终奖金等。

6.3.1 工资核算方法

不同的工资种类有着不同的核算方法。

1. 月工资的核算方法

在核算月工资的时候,参考依据是《劳动合同法》,以及劳社部颁发的〔2008〕3号文件《关于职工全年平均工作时间和工资折算问题的通知》。

关于职工全年月平均工作时间和工资折算问题的通知

根据《全国年节及纪念日放假办法》(国务院令第513号)的规定,全体公民的节日假期由原来的10天增设为11天。据此,职工全年月平均制度工作天数和工资折算办法分别调整。

一、制度工作时间的计算

年工作日:365天—104天(休息日)—11天(法定节假日)=250天

季工作日:250天÷4季=62.5天/季

月工作日:250天÷12月=20.83天/月

工作小时数的计算:以月、季、年的工作日乘以每日的8小时。

二、日工资、小时工资的折算

按照《劳动法》第五十一条的规定，法定节假日用人单位应当依法支付工资，即折算日工资、小时工资时不剔除国家规定的11天法定节假日。

据此，日工资、小时工资的折算为：

日工资：月工资收入÷月计薪天数

小时工资：月工资收入÷（月计薪天数×8小时）

月计薪天数=（365天—104天）÷12月=21.75天

从通知得知，月工资的计算方法是以21.75天为计算基数，但是有的公司仍然按单休计算，这样是不合规的。

案例：徐杨于2018年9月到某企业上班，试用期工资是5500元/月，当月共上班22天（含周末，不含周末是15天），到月底公司发放工资为：5500/26×15天=3173元，请问公司的工资计算方法合理吗？

案例解析：公司的工资计算方法是不合理的。按照《关于职工全年月平均工作时间和工资折算问题的通知》应该这样计算：5500/21.75天×15天=3793元。

2. 加班工资的核算

关于加班工资的核算，可按照《劳动合同法》为依据。

《劳动合同法》第31条规定：用人单位应当严格执行劳动定额标准，不得强迫或者变相强迫劳动者加班。用人单位安排加班的，应当按照国家有关规定向劳动者支付加班费。标准如下：

1. 在日标准工作时间以外延长工作时间的，按照不低于小时工资基数的150%支付加班工资。

2. 在休息日工作的，应当安排其同等时间的补休，不能安排补休的，按照不低于日或者小时工资基数的200%支付加班工资。

3. 在法定休假日工作的，应当按照不低于日或者小时工资基数的300%支付加班工资。

根据这条规定，可以总结加班工资的核算公式：

（1）日正常加班工资=加班工资的计算基数÷21.75×150%

（2）日公休加班工资=加班工资的计算基数÷21.75×200%

（3）日法定节假日加班工资=加班工资的计算基数÷21.75×300%

在以上三个公式里，如何确定加班工资核算基数标准是算出加班工资的关键。那么如何确定，有以下几种方法：

（1）如果在劳动合同中约定了基本工资，这个基本工资就可以作为加班工资的基数；

（2）有的企业以劳动合同工资总额的70%为加班费的计算基数；

（3）如果没有额外收入，可以以劳动合同约定的月薪为基数，计算加班费；

（4）加班费计算基数不得低于当地最低工资标准。

案例：李小姐于2019年在某企业任职部门经理一职，月薪15000元，五险一金，公司实行标准工时制。6月份由于研发任务重，李小姐除了满勤外，还安排了很多加班工作，具体如下：平时累计加班28小时；每周六上班8小时。请问李小姐6月份的加班工资是多少？本月工资总额是多少？

案例解析：

（1）先计算李小姐6月份日常工作日累计的加班工资=15000÷21.75÷8×28×1.5=3621元

（2）2019年6月份有4个周六，那么周末加班工资=15000÷21.75×4×2=5517元

（3）加班工资总和=3621+5517=9138元

（4）本月工资总额=15000+9138=24138元

在24137元这个基础上再扣除五险一金的费用就是实际发给员工的工资。

3.病事假工资的核算

病事假是每个员工都会遇到的情况，也是企业必须了解的情况，人力资源必须学会病事假工资的核算方法。事假工资一般是请几天就扣除几天的平均工资即可。病假工资的计算相对复杂一点，要确定病假工资的计算基数和病假工资的计算系数。

《劳动法》：1.病假工资的基数按照以下三个原则确定：（1）劳动合同有约定的，按不低于劳动合同约定的劳动者本人所在岗位（职位）相对应的工资标准确定。集体合同（工资集体协议）确定的标准高于劳动合同约定标准的，按集体合同（工资集体协议）标准确定。（2）劳动合同、集体合同均未约定的，可由用人单位与职工代表通过工资集体协商确定，协商结果应签订工资集体协议。（3）用人单位与劳动者无任何约定的，假期工资的计算基数统一按劳动者本人所在岗位（职位）正常出勤的月工资的70%确定。此外，按以上三个原则计算的假期工资基数均不得低于本市规定的最低工资标准。

2.计算系数按照以下方式确定：（1）职工疾病或非因工负伤连续休假在6个月以内的，企业应按下列标准支付疾病休假工资：①连续工龄不满2年的，按本人工资的60%计发；②连续工龄满2年不满4年的，按本人工资70%计发；③连续工龄满4年不满6年的，按本人工资的80%计发；④连续工龄满6年不满8年的，按本人工资的90%计发；⑤连续工龄满8年及以上的，按本人工资的100%计发。（2）职工疾病或非因工负伤连续休假超过6个月的，由企业支付疾病救济费：①连续工龄不满1年的，按本人工资的40%计发；②连续工龄满1年不满3年的，按本人工资的50%计发；③连续工龄满3年及以上的，按本人工资的60%计发。

病假工资的计算基数和计算系数确定后，便可计算出病假工资的数额。

另外，企业应该根据劳动者本人实际参加工作年限和在本单位工作年限，给予一定的医疗假期。病假期劳动者可照常拿工资，对于病假工资，不低于当地最低工资的80%。

（1）请事假工资计算公式

月实际工资=月工资—月工资÷21.75×事假天数

（2）请病假工资计算公式

非全月病假情况：

月度实际工资=月工资×（1—1÷21.75×病假天数）+病假工资计算基数×病假工资计算系数÷21.75×病假天数

全月请病假情况：

全月请病假的月季实际工资=病假工资计算基数×病假工资计算系数

如果劳动合同约定基本工资的，其中病假工资可按如下公式核算：

病假工资=基本工资×病假工资计算系数÷21.75×病假天数

案例：王磊在某医药公司工作了七年，担任销售经理一职，劳动合同约定工资月薪为12000元。2020年5月10~12日王磊请病假，其余正常出勤。请问王磊的病假工资和当月的工资怎样计算？

案例解析：首先，应确定王磊享受病假工资的标准，入职七年多，按本人工资的90%发放。其次，确认王磊核算病假工资的基数是12000×90%=10800元，符合法律规定。最后，确认王磊从5月10~12日请了3天病假。

王磊的病假工资：12000×90%÷21.75×3=1490元

王磊当月实际工资：12000×（1—1÷21.75×3）+1490=11835元

在核算完每个人的工资后，要对个人工资进行汇总，这样才能确保无误。填写员工工资汇总表如表6-4所示：

表6-4 员工工资汇总表

序号	部门	工号	姓名	应发				应扣			本月实发	领取时间	领取人
				基本工资	津贴	提成	其他应发	借支	保险	其他			
1													
2													
3													
4													
5													
合计													

6.3.2 假期工资如何核算

假期的种类有很多，像婚假、陪护假、探亲假、年休假、产假等应该按照国家有关法律规定来核算。

根据《工资支付暂行规定》第十一条规定：劳动者依法享受年休假、探亲假、婚假、丧假。期间，用人单位应按劳动合同规定的标准支付劳动者工资。

1. 婚假、陪护假工资核算

婚假、陪护假相对其他类型假期的工资核算较容易理解，按照一定标准就能核算清楚。

根据《婚姻法》等的规定：

（一）婚假：

1. 按法定结婚年龄（女20周岁，男22周岁）结婚的，可享受3天婚假。

2. 符合晚婚年龄（女23周岁，男25周岁）的，可享受晚婚假15天（含3天法定婚假）。

3. 结婚时男女双方不在一地工作的,可视路程远近,另给予路程假。

4. 在探亲假(探父母)期间结婚的,不另给晚婚假。

(二)婚假期间工资待遇:在婚假和路程假期间,工资照发。

案例:小丽是某公司员工,月薪7500,五险一金;于2020年1月1~10日休婚假10天(属晚婚),请问小丽的1月份工资应如何发放?

案例解析:2020年1月1~10日中,1日是元旦,4、5日是周末属于正常公休,这样小丽实际计算工资婚假天数为7天;所以1~10日婚假工资:7500÷21.75×1+7500×70%÷21.75×7=2035元。

小丽1月份实际工资:2035+7500÷21.75×15(实际上班天数)=7207元。

2. 探亲假、年假的核算方法

(1)探亲假工资的计算

探亲假的工资核算标准与其他假期核算方法相比,相对简单。探亲假工资的核算参考依据如下:

《国务院关于职工探亲待遇的规定》第三条规定,探亲假分为以下几种:

(1)探望配偶,每年给予一方探亲假一次,30天。

(2)未婚员工探望父母,每年给假一次,20天,也可根据实际情况,2年给假一次,45天。

(3)已婚员工探望父母,每4年给假一次,20天。探亲假期是指职工与配偶、父、母团聚的时间,另外,根据实际需要给予路程假。上述假期均包括公休假日和法定节日在内。

第四条规定:凡实行休假制度的职工(例如学校的教职工),应该在休假期间探亲;如果休假期较短,可由本单位适当安排,补足其探亲假的天数。

第五条规定:职工在规定的探亲假期和路程假期内,按照本人的标准工资发给工资。

第六条规定:职工探望配偶和未婚职工探望父母的往返路费,由所在单位负担。已婚职工探望父母的往返路费,在本人月标准工资30%以内的,由本人自理，超过部分由所在单位负担。

在具体执行的时候参考这个标准即可。关于探亲假国家是有相关规定的，只是这个规定比较早，非国有企业中严格履行该规定的单位相对较少。国务院1981年颁发的第36号文《国务院关于职工探亲待遇的规定》已经明确规定：凡在国家机关、人民团体和全民所有制企业、事业单位工作满一年的固定职工，与父亲、母亲都不住在一起，又不能在公休假日团聚的，可以享受本规定探望父母的待遇。该规定自1981年颁布以来并未被其他法规取代，亦未被废，现在仍然适用。由于交通的发达和便利，以及国家有着众多的公休日，用探亲假的人较少。如果一旦需要用探亲假即可参考这条规定。

（2）年假的计算

员工享受年假的条件：必须是在工作单位满一年以上。有关规定如下：

《职工带薪休年假条例》第三条：职工累计工作已满1年不满10年的，年休假5天；已满10年不满20年的，年休假10天；已满20年的，年休假15天。

国家法定休假日、休息日不计入年休假的假期。

第四条：职工有下列情形之一的，不享受当年的年休假：

（一）职工依法享受寒暑假，其休假天数多于年休假天数的；

（二）职工请事假累计20天以上且单位按照规定不扣工资的；

（三）累计工作满1年不满10年的职工，请病假累计2个月以上的；

（四）累计工作满10年不满20年的职工，请病假累计3个月以上的；

（五）累计工作满20年以上的职工，请病假累计4个月以上的。

第五条：单位根据生产、工作的具体情况，并考虑职工本人意愿，统筹安排职工年休假。

年休假在1个年度内可以集中安排，也可以分段安排，一般不跨年度安排。单位因生产、工作特点确有必要跨年度安排职工年休假的，可以跨1个年度安排。

单位确因工作需要不能安排职工休年休假的，经职工本人同意，可以不安排职工休年休假。对职工应休未休的年休假天数，单位应当按照该职工日工资收入的300%支付年休假工资报酬。

案例：某食品公司因生产需要不能安排王梅等职工在2019年6月份休年假，王梅累计工作5年，2019年平均工资为7500元，其中补贴500元，那么公司应该补给李某的年休假工资是多少呢？

案例解析：按《职工带薪年休假条例》，王梅的年休假天数是10天，其应补的年休假工资为：（7500-500）÷21.75×300%×5=4827元。

3. 产假工资核算

产假工资核算可以按照《女职工劳动保护特别规定》作为参考依据：

第五条 用人单位不得因女职工怀孕、生育、哺乳降低其工资、予以辞退、与其解除劳动或者聘用合同。

第六条 女职工在孕期不能适应原劳动的，用人单位应当根据医疗机构的证明，予以减轻劳动量或者安排其他能够适应的劳动。

对怀孕7个月以上的女职工，用人单位不得延长劳动时间或者安排夜班劳动，并应当在劳动时间内安排一定的休息时间。

怀孕女职工在劳动时间内进行产前检查，所需时间计入劳动时间。

第七条 女职工生育享受98天产假，其中产前可以休假15天；难产的，增加产假15天；生育多胞胎的，每多生育1个婴儿，增加产假15天。

女职工怀孕未满4个月流产的，享受15天产假；怀孕满4个月流产的，享受42天产假。

第八条 女职工产假期间的生育津贴，对已经参加生育保险的，按照用人单位上年度职工月平均工资的标准由生育保险基金支付；对未参加生育保险的，按照女职工产假前工资的标准由用人单位支付。

女职工生育或者流产的医疗费用，按照生育保险规定的项目和标准，对已经参加生育保险的，由生育保险基金支付；对未参加生育保险的，由用人单位支付。

案例：王蕾在某企业上班，是一名图书编辑，月底薪是5500元，公司按照审稿情况会有提成，实际上每月可收入6000~7000元。在2021年5月，王蕾发现自己怀孕了，在2022年1月30日为了安胎开始休产假，在2022年2月14日顺产一名女孩，按国家规定王蕾的产假是98天，产假到期是2022年5月8日。

那么，王蕾2022年1~5月的工资怎么发？

案例解析：1月30日~5月8日是产假，按产假工资即正常工资5500元标准发放。

4. 非全日制用工工资核算

由于现在用工的灵活性，很多企业采用小时工的收费方式进行收费。这种收费方法受到很多企业的欢迎。在核算工资的时候，用人单位主要的依据是《劳动合同法》第七十二条规定。

《劳动合同法》第七十二条：非全日制用工小时计酬标准不得低于用人单位所在地人民政府规定的最低小时工资标准，含用人单位为其交纳的基本养老保险费和基本医疗保险费。

非全日制用工劳动报酬结算支付周期最长不得超过十五日。

6.3.3 年终奖金如何核算

企业的奖金并不局限于一种形式，通常有固定奖金制、与绩效挂钩的奖金制、隐性红包制度、现金以外的奖励。不同的奖金有不同的优缺点，企业在发放的时候会根据企业的具体情况来对待。

1. 绩效考核

根据个人年度绩效考核结果及公司的利润情况来发放奖金。很多企业为了激发员工的工作积极性，会公开透明化绩效考核标准，并根据企业业绩的完成情况进行最终的评定，根据评定结果选择绩效奖金的级别。

2. 年底奖金

无论公司业绩或者个人业绩如何，企业都会进行发放。发放规则也是透

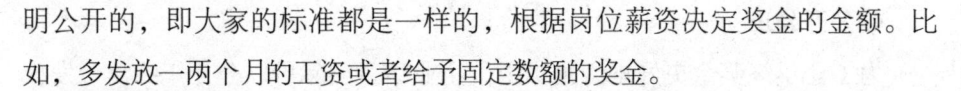

明公开的，即大家的标准都是一样的，根据岗位薪资决定奖金的金额。比如，多发放一两个月的工资或者给予固定数额的奖金。

3. 隐形红包

没有固定规则，不公开透明，由老板决定红包的数额。

4. 现金以外的奖励

赠送旅游激励、体检福利、房补等作为奖金内容。

无论哪种奖金的发放，都是根据企业的业绩情况，在维护企业利益的同时也要满足员工的心理预期，这样才能起到奖金发放的作用。

6.3.4 奖金发放注意事项

企业要想做好年终奖金的发放，还要注意一些事项。

1. 发放时间

发放奖金也要讲究技巧，注意时间，最合适的时间是在年终总结完成后的一个月内发放完毕。

人力资源部要根据各部门绩效情况算出各部门的奖金分配比，接着根据每个岗位的员工的绩效考核结果等情况，算出每个人的奖金分配情况和具体金额，经领导审批确认后发放奖金。

2. 了解员工动向

年终奖金的发放要在企业内部进行明示。比如，在员工出现岗位晋升、降职、调岗等情况下，企业也要根据员工在没有变动之前的岗位绩效和出勤情况算出奖金的具体金额，并给予发放。

另外一种情况，员工出现辞职、辞退等情况，企业也要根据员工的绩效或者出勤情况核算绩效，并算出相应的奖金然后给予发放。不能因为员工的离职而不发放奖金，因为奖金是对员工过去一年工作的肯定。

3. 员工反馈

有的时候绩效考核或者年终奖金的核算会出现错误，这种情况下，企业要让员工进行核算，然后予以反馈，企业再进行核实，核实无误后给予发放。

4. 公开公正

为了让年终奖金更好地激励员工，企业结合实际可以公开年终奖金发放的决策、依据和计算过程，避免员工之间的猜忌。

6.4 绩效考核与薪酬管理

绩效管理的作用是为了通过激励和约束来激发员工的积极性，从而提升个人绩效，在此基础上提升企业整体的绩效水平。而企业对员工的激励有绩效工资、提升薪酬级别、年度奖金发放、晋升等。

从绩效管理的具体内容可以看出，绩效考核结果直接影响绩效工资，绩效结果作为员工薪酬级别调整依据，同时，绩效考核还可以作为年度效益奖金发放的一个评价标准。

1. 绩效考核与薪酬管理的逻辑关系

绩效与薪酬管理的本质关系：薪酬是企业对完成自己对组织承诺的员工给予薪酬待遇，是企业对员工的承诺；而绩效是员工对组织的承诺，一个人进入组织是有一定的前提条件的，即必须对组织要求的绩效做出承诺。企业薪酬管理体系的建立和调整会以绩效作为客观的参考依据。而薪酬管理体系是员工实现自我价值的一种保证。

现如今，人力资源管理会把绩效考核与薪酬管理作为工作的重中之重，因为绩效考核和薪酬管理能够提升企业的竞争力。企业要想吸引并留住人才，一定要有合理的薪酬管理体系，这样才能让人才感觉到自己的付出是有相应的回报的。合理的薪酬管理体系可以在满足员工的同时，也会让企业得到相应的资金积累。只有真正了解了绩效考核和薪酬管理才能把二者有效地结合起来，做好薪酬管理工作，促进企业的发展。

2. 绩效考核在薪酬设计中的应用

绩效考核结果在薪酬设计中的应用实质上是将员工被组织认可的有效绩效通过薪酬的方式回馈给员工。绩效往往与员工的工作量或者团队的工作量有关，所以可以从业务量这个角度进行划分：小组绩效，将个人薪酬与小组的绩效考核结果进行联系；绩效薪酬，衡量的标准不仅考虑工作结果或产出，而且还关注工作效果；业绩薪酬，即在对所有员工进行周期性绩效考核的基础上，按同一标准调整薪酬待遇。

6.5 典型职位的薪酬设计分析

6.5.1 高管职位薪酬设计

企业之间的竞争不仅是技术、产品、资本、设备等领域的竞争，也是高级经营和管理人才资源之间的竞争。高层管理者是一个企业的决策层，往往主宰着企业的发展方向。他们拥有企业较大的权限和相对应的责任，这类岗位通常包括总经理、常务副总经理、分管某个模块的副总经理、子公司总经理等。

在企业中，如果高管得不到相应的回报，最基本的满足感和获得感没有得到满足，那么很难全心全意带领企业健康快速地发展。所以，高管职位的薪酬设计是一个企业最重要的薪酬设计。

高管的薪酬结构相对多元化，可以分为短期激励和长期激励，包括固定工资、各类补贴、月度/季度/年度绩效工资和股权/分红。

高管岗位的共同职责特点：参与制订企业的战略规划；制订并推动公司的年度发展计划的实施；对公司的各项经营管理工作做出重大决策；负责处理公司重大突发事件；建立高效的组织体系和工作体系。

企业对高管的各种补贴区别于普通员工的补贴，补贴的花费通常较大，包括购房、交通、保险等方面。

值得注意的是，高管的价值是为了促进企业长期稳定发展，因此对高管的物质激励最好偏向于长期激励，而不是短期激励。长期激励就像上文所说的股权或者年度分红。有的公司过于重视经营业绩，给高管设置的薪酬结构侧重于短期绩效，这就导致高管为了获得高额回报而追求短期的经营发展，忽略了企业的长期发展。

那么，为了更好地激励高管侧重企业的长期发展，可设置长期的绩效激励方式，即股权激励，方法如表6-5所示：

表6-5 股权激励方法

股权激励方法	含义和优缺点
限制性股票	限制性股票是指企业先给高管一定数额的股票，但对于这部分股票的获得与出售条件有一定的限制。比如，高管公司在本企业服务几年才能获得这部分股票；几年以后公司的经营业绩提升了多少，高管才可以出售这部分股票。具体的限制条件根据企业的实际情况来制订
年薪虚股制	这种方式是将企业中受激励人才年薪中的奖金划分出一块来兑换虚拟股票，规定受激励人才在一定时间内享受持有权，但是这部分持有权到期后，公司就可以分批次或者一次性实现兑现。这种方式可以将受激励人才的自身利益与公司的利益有效地结合在一起，无形中拉长了收益的战线。高管的这部分奖金会随着公司业绩的波动而波动，如果公司业绩增长就会获得高额收益，如果公司业绩大幅下降就会把奖金也给搭进去
直接持股	这种方式是当企业高管达到某个预期时，公司直接分给他一部分股票，在股价升高或者降低时获得相应的账面价值；在股票溢价出售时，获得收益。转让的方式可以是直接赠与、公司给予补贴购买或者自行购买
股票期权	这种方式是指公司给激励对象一种权利，让其可以在规定的期限内以最初约定的价格购买一定数量的本公司流通股票。当然，如果到了那个期限，激励对象发现行权并不合适，也可以选择放弃
股票增值权	通过股票增值权的方式，高管人员可从初期购买股票的价格与期末股票市价之间的增值部分中获益。当然，为了避免股票价值降低的风险，在利用这种方式时，高管人员并非真正购买股票，而是获得了这部分股票增值后的收益权。股票增值后的收益权可以是现金、福利、实际股票或几种方式的结合

6.5.2 研发职位薪酬设计

研发岗位是企业创新发展的动力岗位，企业经营过程的技术升级、产品更新、工艺改进等都离不开研发人员的支持。研发人员的薪酬设计的计算公式建议如下：

研发人员薪酬=固定工资+技能工资+各类津贴+项目奖金+绩效奖金（提成奖金）

根据绩效奖金、项目奖金和技能工资的不同，可以把技术人才的薪酬类型分成以下三类，如表6-6所示：

表6-6 研发人员薪酬类型

薪酬类型	含义	衡量要素	应用背景	结构占比
技术驱动型	技能驱动型的企业往往更重视技术人才的能力发展，人力资源管理者在设计技术人才的薪酬时，往往以技术人才的专业技能水平为标准	专业技能水平	如果企业中技术人才的绩效工资不方便用数据量化时，可以以专业技能水平作为薪酬设计的标准	技术人才的薪酬机构中，技能工资所占的比例偏高
创新驱动型	技术人才薪酬类型为创新驱动型的企业更重视技术人才的创新	创新结果	公司确立不同的技术研发或创新项目，每个项目由不同数量的技术人才负责	项目奖金在薪酬结构中占比较高
价值驱动型	价值驱动型为企业更重视技术人才创新后的价值结果，有的企业直接将其定义为技术相关产品的销售业绩或利润	价值结果	如果企业非常重视经营业绩，可以采用这种方法	绩效奖金/提成奖金在薪酬结构中占比较高

三种薪酬类型技术人才薪酬举例如下：

技能驱动型技术人才薪酬以专业技术等级进行划分，对应的薪酬可以分为：专业技术等级1级（2000元）、专业技术等级2级（3000元）、专业技术等级3级（4000元）、专业技术等级4级（5000元）、专业技术等级5级（6000元）。

创新驱动型技术人才薪酬以项目完成情况项目类型进行划分，创新驱动型技术人才薪酬范例如表6-7所示：

表6-7 创新驱动型技术人才薪酬范例

项目类型	项目完成结果1级（万元）	项目完成结果2级（万元）	项目完成结果3级（万元）	项目完成结果4级（万元）
1类项目	10	6	4	0.5
2类项目	8	5	3	0.3

价值驱动型技术人才薪酬范例：项目产品对应销售额情况是100万元~300万元，对应的项目提成或者奖金按1%的比例作为薪酬标准；如果是300万元~600万元的项目产品，对应的项目提成或者奖金按2%的比例作为薪酬标准。每个项目产品对应的绩效/提成比例有所不同。

6.5.3 销售职位薪酬设计

销售岗位的业绩是企业业绩的源头，销售团队越强大，占领的市场份额就越大，也让企业在同行业中站得更稳。由于销售岗位的重要性，企业在设计销售岗位的薪酬时要慎重考虑薪酬的激励作用。

1. 底薪

销售人员的底薪往往是其固定工资，通常分为两种类型：

（1）无责任底薪

这种类型的底薪与业务没有关系，不管销售人员是否完成当月的业绩，都会固定发放无责任底薪，有可能要求销售人员每天到公司出勤。

（2）有责任底薪

这种底薪与销售人员的业务完成情况相挂钩，不是固定不变的，同时要把出勤情况算在内。

2. 岗位补贴

销售岗位相较于企业内的其他岗位有着一定的特殊性，这种特殊体现在很多销售人员是不固定坐班的，经常需要应对出差、加班等情况，有的甚至

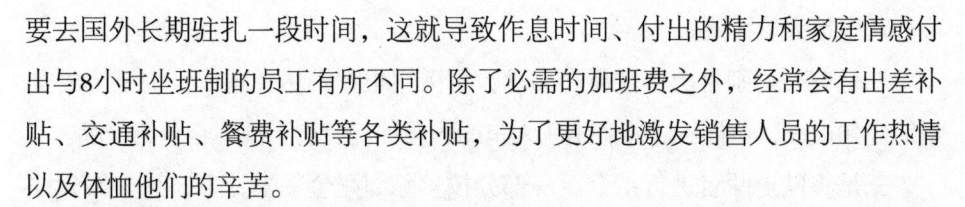

要去国外长期驻扎一段时间，这就导致作息时间、付出的精力和家庭情感付出与8小时坐班制的员工有所不同。除了必需的加班费之外，经常会有出差补贴、交通补贴、餐费补贴等各类补贴，为了更好地激发销售人员的工作热情以及体恤他们的辛苦。

3. 销售提成

销售提成通常被认为是销售人员薪酬结构中占比最大的一块，事实却并非如此。销售提成可以分成两种类型：一种是高提成，另一种是低提成，这需要根据行业、企业、市场、产品特性、管理体制等因素决定采用哪种方式较为合理。

高提成模式的优势在于大大激励销售人员扩大销售范围，积极开拓市场，有利于企业的市场开发和业务拓展；低提成模式的优势是稳固和维持企业现有的客户和市场，保持企业的外部稳定，维持企业的平稳发展。

一般的销售提成计算公式如下：

销售提成=提成基数×提成比例－各类扣费

提成比例可以根据产品的成熟度和销售业绩来计算，如表6-8所示：

表6-8 提升比例薪酬设计表

划分类别		提成比例
按销售业绩	月度销售额在1万元以下	无
	月度销售额在1万元到5万元	0.5%
	月度销售额在5万元到10万元	0.8%
	月度销售额在10万元以上	1%
按产品成熟度	成熟产品	0.5%
	成长期产品	0.8%
	新推出产品	1%

提成基数要根据行业、公司发展情况、产品的特性等要素综合衡量，常见方式有如下三种：

一是按照实际公司回款金额为准，这样可以更好地避免销售人员为了获得高提成而疯狂追求销售合同金额、成交量的增长，忽略实际到账金额，造成公司出现大量坏账。

二是在公司刚推出一款新产品时，可采用根据销售合同、发货量或成交量的金额提成，这样可以刺激销售人员的积极性，有利于推广企业的产品。

三是将以上两者进行结合。一部分按实际到账金额来计算，另一部分按销售合同、发货量或者成交量的金额提成。这样可以降低公司现金流的风险，同时可以有效推广公司新品。

销售人员在向人力资源部上报工资提成时，可以填写工资提成表，具体如表6-9所示：

表6-9　销售人员工资提成计算表

年　月　日

任务名称	每月计划销售量	每月完成销售额	超额提成率	提成工资总额

审核：　　　　　　　　　　　　填表：

6.6 薪酬奖罚方案的作用和操作

一个企业一定要有薪酬奖罚方案，这样才可以让员工明确，做得好、效率高是可以得到奖励的，而做不好或者给公司来了损失是要受到惩罚的。

1. 奖罚制度的作用

薪酬设置的目的是回报员工的劳动，激励员工努力工作。这个激励有正向激励（奖励），也有反向激励（惩罚）。

奖励的方法有以下几种：物质奖励，如奖金、补贴、红包等；精神奖励，如颁发奖状、奖章、大会通报表扬等；物质与精神相结合，如晋升、加薪等。其目的都是鼓励对公司有贡献的员工。这个鼓励最好是形成一定的制度，在公司大力推行，更要注意奖励与实际工作的结合，不要脱离了实际，不然会大大降低奖励的效果。

惩罚方法有以下几种：如果是触犯法律，则要移交司法机关，依法进行处理；如果是触犯了行政法律，则要移交给行政机关，依法进行处置；如果是公司内部的惩罚，有警告、记过、记大过、降级、撤职等。

2. 奖罚制度的操作

作为企业的管理者，一定要奖罚分明，这样才能激励员工的正确行为，消减员工的错误行为。

建立奖罚制度的步骤如下：

第一，明确奖罚的原则；

第二，确定企业薪酬奖罚制度的具体内容；

第三，设计奖罚制度的具体条款。

范例：

某企业行政奖罚标准作业规程

1. 目的

规范行政奖罚的标准及奖罚程序，确保公司行政奖罚有法可依，适度合理。

2. 适用范围

适用于××××有限公司部门经理（含）以下人员的行政奖罚处理。

3. 职责

（1）总经理负责公司机关员工和管理处员工记大过与记大功以上行政奖罚决定的审批。

（2）人事部负责公司行政奖罚工作的组织实施与决定复核。

（3）各部门负责人负责本部门行政奖罚工作的提出。

4. 程序要点

（1）奖罚原则

有功必奖，有过必罚；依法管理，执法必严；奖罚面前，人人平等。

（2）奖罚形式

a）奖励：嘉奖、记小功、记大功、晋升工资、晋职。

b）处罚：警告、记小过、记大过、降级（薪）、解聘（劝退、解雇、自动离职）。

（3）奖罚标准

a）嘉奖一次奖一天岗位工资，警告一次扣一天岗位工资。

b）记小功一次奖三天岗位工资，记小过一次扣三天岗位工资。

c）记大功一次奖当月岗位工资，记大过一次扣当月岗位工资。

d）一年累计嘉奖三次者，加记小功一次；一年累计记小功三次者，加记大功一次。

e）一年累计警告三次者，加记小过一次，一年累计记小过三次者，加记大过一次。

f）一年累计记大功两次，晋升一级工资，一年累计记大过两次给予解聘。

（4）奖罚条件

a）符合下列条件之一者，可建议给予嘉奖、记小功、记大功的奖励：

★对提高公司信誉，做出显著成绩者；

★发现事故隐患，及时采取措施防止重大事故发生者；

★为保护公司、员工和顾客生命财产安全，见义勇为者；

★提出合理化建议，经实施有显著成绩者；

★严格控制费用，节约开支有显著成绩者；

★拾金不昧，做好人好事事迹突出者；

★在抗洪、灭火、防风工作中有突出表现者；

★接待业主及客人受到一致好评者；

★工作中任劳任怨、记小功一次奖三天岗位工资；

★有效举报违法、违规行为者；

★其他应给予嘉奖、记小功、记大功的行为。

b）符合下列条件之一者，可建议晋升、调薪奖励：

★表现优异，半年之内的月度绩效考评分数有三次列本部门第一者；

★工作有突出贡献者；

★有突出才能、为公司急需者；

★为同行业竞相争取者。

c）有下列行为之一者，可建议给予警告处罚：

★上班时间处理私人事务者；

★拖延执行上级指令及时效制规定，影响工作进度，尚未造成损失者；

★仪容不整，影响公司形象者；

★在办公室或公共场所发泄个人不满情绪，造成不良影响者；

★无故串岗、闲聊、乱丢果皮、杂物者；

★未经主管领导同意私自调班、调休者：

★使用亵渎性或辱骂性语言者；

★其他不认真工作、不文明、不道德行为，需给予警告处分者。

d）有下列行为之一者，可建议给予记小过处分：

★一年内给予警告处分三次者；

★违反标准作业规程，造成严重不良后果，尚未造成公司利益损失者；

★捏造请假理由或伪造有薪假期证明，经查证属实者；

★公司机关员工工作时间睡觉者；

★未经许可出借公司财物者；

★辱骂同事或管理人员，情节严重者；

★向他人误传个人或他人薪金数额者；

★拾遗不报，造成不良影响者；

★随身携带考勤卡，代他人打卡，授意他人打卡、涂卡、冒签卡一次者；

★旷工一天者；

★擅自挪用公款在1000元（含）以下者；

★管理处员工对住户服务时，违反时效制规定，造成住户投诉者；

★其他有碍生产安全或管理，但未造成经济损失，须给予记小过处分者；

e）有下列行为之一者，可建议给予记大过处分：

★一年内给予记小过三次者；

★造谣惑众，挑拨是非，有事实证明但尚未造成恶劣影响者；

★管理处员工工作时间睡觉者；

★违反标准作业规程，造成公司利益受损者；

★私配办公室、宿舍及营业区钥匙者；

★随身携带考勤卡，代他人打卡、授意他人打卡、涂卡、冒签卡两次者；

★旷工两天者；

★明知有病而有意拒绝接受公司指定体检、治疗或防疫注射者；

★故意浪费公司财物者；

★擅自挪用公款1000～2000元者；

★服务态度差，遭住户合理投诉者；

★其他损害公司利益的行为，须给予记大过处分者。

f）有下列条件之一者，可建议给予降职、降薪处分：

★管理不善者；

★多次重复违反公司标准作业规程，但未造成严重后果者；

★一年内记大过一次，记小过两次者；

★绩效考评连续两个月考评分数均为末位者；

★其他须给予降职、降薪的处分者。

g）有下列行为之一者，可建议给予劝退。劝退人员如果在试用期的，公司无须提前即可通知员工办理正常离职手续。劝退人员属公司正式员工（含聘用工），一般情况下需提前一个月通知员工或以一个月工资作补偿后即刻辞退员工（劳动合同特殊约定的按《合同管理标准作业规程》办理）：

★绩效考评分数在60分以下者；

★连续三个月考评分数均为末位者；

★半年度或年度绩效考评分数不合格者；

★其他须给予劝退处分者。

h）有下列行为之一者，可建议给予解雇。解雇员工无须提前通知，不给予工资以外的任何经济赔偿，给公司造成损失的，公司保留追究其有关责任的权利。

★一年内给予记大过处分两次者；

★赌博、吸毒、盗窃或参与其他违法活动，被依法追究刑事责任者；

★泄窃公司机密，贪污、挪用公款在2000元以上者；

★在公司无理取闹且先动手打人者；

★造谣惑众，挑拨是非或以强暴手段唆使他人怠工或罢工，情节严重者；

★利用职务之便，收取他人贿赂为自己年取私利者：

★擅用公司名义在外招摇撞骗有损公司利益、声誉者；

★利用社会不良分子解决公司内部问题者；

★故意损坏公司设备、工具、原材料及重要文件者；

★遇非常事故，借故逃避义务，致使公司财物蒙受损失者；

★对公司员工及其家属实施威胁、暴行者；

★长期迟到、早退者；

★疏于职守，给公司造成较大损失者；

★向公司提供虚假证明或资料者；

★服务态度恶劣，损害住户或客户利益，影响公司声誉者；

★窃取公司机密、技术资料或财物者；

★其他严重违反公司规定，须给予解雇者。

（5）奖罚程序

a）部门负责人向人事部提出，人事部给予奖罚单。

b）审核部门依据奖罚条件或（及）《绩效考评管理标准作业规程》进行以下审核，并将审核意见记录在部门意见栏，并签名确认：

★建议内容是否真实、清楚、完整；

★奖罚标准是否恰当。

c）人事部复核。人事部经理依照用人部门上述程序进行复核，并将复核结果记录在人事部意见栏，并签名确认：

★部门意见真实、奖罚恰当的按正常手续办理；

★经审核，用人部门意见不真实或奖罚标准欠妥当的，人事部须将调查情况附于奖罚单后一章报总经理审批。

d）审批。管理处经理负责管理员工记大过或记大功以下决定的审批，总经理负责其他决定的审批：

★用人部门和人事部意见统一时，总经理（管理处经理）在一日内给予审批意见，由人事部按正常手续办理；

★用人部门和人事部门意见不统一时，总经理（管理处经理）在两日内给予审批意见。

e）资料处理：

★涉及调薪的资料处理：人事部将审批后的奖罚单复印一份，复印件公布在员工公告栏内；原件附在转正、晋升、降职、调薪表后，按《转正、晋升、降职、调薪标准作业规程》处理。

★劝退、解雇、自动离职人员资料的处理：人事部将审批后的奖罚单复印一份，复印件公布在员工公告栏内；原件附在员工离职表后，按《员工离职、内部调职标准作业规程》办理。

★嘉奖、记小功、记大功、警告、记小过、记大过人员资料的处理：人事部将审批后的奖罚单复印两份，原件存入员工本人人事档案并记录；

一份复印件公布在员工公告栏内；

另一份复印件于次月初报财务部核发奖罚工资。

f）员工对奖罚有异议的按《员工投诉与行政复议标准作业规程》处理。

g）记录：

★人事部文员将员工奖罚情况记录在员工花名册及员工人事档案的员工记录表内；

★人事部文员将员工奖罚情况记录在人事月报的当月奖罚统计表内，并于次月初与奖罚单一起报财务部核发奖罚工资。

（6）本规程作为员工转正、晋升、降级、调薪、劝退、解雇等人事处理工作的依据之一。

5. 记录

6. 相关支持文件

（1）《转正、晋升、降级、调薪标准作业规程》

（2）《员工离职、调职标准作业规程》

（3）《员工投诉行政复议标准作业规程》

（4）《人事月报管理标准作业规程》

这个范例基本涵盖了奖罚的方方面面，是一个相对合格的奖罚制度范例。企业可以根据具体情况将范例中的部分条款进行修改，便于更符合公司的实际情况。另外，范例最后，写了相关的支持文件列表，表明奖罚是与工作相结合的，并不是独立存在的，目的是促进企业的发展。

疑难问题　如何让薪酬核算更为规范合理

薪酬核算是人力资源部门的一件重要工作，也是员工最关心的一件事，同时也是老板较为重视的一件事。那么，怎么做才能让薪酬核算更为规范合理呢？

1. 以薪酬制度为标准

每个岗位有具体的核算标准，核算起来也相对简单。如果核算过程中有一些意外情况，可以参考公司的薪酬制度，因为公司的薪酬制度相对较为完善。

2. 收集员工相关表单

在进行薪酬核算的时候，要收齐与员工相关的三张表格，一是员工的薪资申请表，如果有转正或者加薪的员工要及时找相关负责人签字审批；二是员工的考勤表，考勤表决定着员工是否能拿到全勤奖；三是其他奖励单或者惩罚单，部门或者公司对员工做出的贡献或者高业绩给出的奖励，如果员工有违纪行为，将扣除部分工资。要仔细核实这些表单的信息，然后进行汇总。

3. 个税与保险部分

每个月的个税基本上是不变的。保险会扣除个人应承担的部分，基本也是不变的。然后，算出公司需要承担的个税和保险部分，住房公积金也要扣除个人承担的相应金额。所以，这部分基本每个月是固定的，没有太大的变化。

4. 提高工作效率

工资的发放要经过多个部门的审核，因此，人力资源部要提高工作效率，一定要在规定的时间把相关信息核算清楚。人力资源部核算清楚后交给财务部审核，然后交给各领导审批。审批通过后，由出纳进行工资的发放。

5. 核算要细心

因为薪酬核算涉及的细节处较多，因此在核算时一定要足够细心，尽量避免出现错误。

实战案例 怎样做好薪酬激励方案和降低降薪风险

小丽在一家电子商务公司做人力资源管理，每年公司都会在1月份开始调薪，但是今年老板却迟迟没有提调薪的事情。小丽主动询问了老板后，才知道老板今年想改变做法，把员工个人的薪酬与公司的业绩紧紧地捆绑在一起。比如：公司以5000万元为基本销售目标，如果实际收入是5000万元~7000万元，则按A比例进行调薪；如果实际收入为7000万元~9000万元，则按B比例调薪。老板希望小丽能制订出具体的激励方案。

小丽根据老板的意见，设定了一个方案。

1. 定基调

如果不调薪，以员工的月平均薪资、公司月平均销售收入为基准，在这种销售水平的情况下，可以保持员工的薪资水平不变。

但是为了满足员工的心理期望，激励员工更加努力工作，提升公司的整体业绩，就要在目前薪资水平的基础上，把员工薪资增加额与当月销售收入增加额直接挂钩，各部门分别赋予不同系数，汇总起来后不高于全体员工工资增加额之和。

从整体上控制员工的工资增加额，这样就能让员工明白，只有提升公司的业绩，自己的工资才有上涨的机会，否则就无法上调。如果销售业绩下降了，连带着收入也要下降。当然，减少的幅度不能太大。

2. 具体方案

以5000万元销售目标为基准。

（1）净利润

初步预算净利润是100万元，必须随时清楚公司净利润的增加额和增加率；算出工资增加率，以以往各年份员工工资平均增加百分比为基准，低目标工资增加率只能小于等于这个增加率，中目标可以适当高一些，高目标可以相对再高一些，起到激励大家的作用。

（2）挂靠方案

销售收入的增加额要设置三个目标，分别是低档目标、中档目标、高档目标。低目标的收入在0~2000万元，员工平均工资增加率控制在8%和公司净利润之下；中档目标控制在10%左右；高档目标工资定在4000万元以上，员工平均增加率控制在12%以上。在具体设计时，要考虑每个岗位的相应系数。

3. 降薪应对方法

如果企业的总体业绩目标没有完成，那么员工有可能会降薪。如果大部分员工都要降薪，就要尽量降低人才流失的风险。

（1）盘点核心人才

盘点公司的核心人才。核心人才是企业价值的"发动机"，绝对不能让其大面积流失。不管发生什么事，一定要保护好核心人才，提前进行安抚，尽量不要降薪。

（2）召开全体员工大会

通知全体员工，向全体员工说明企业遇到的困难，详细说明降薪方案的实施目的和涉及的人员范围，并承诺这只是短暂性和阶段性的，只要大家一起努力，加薪指日可待。

（3）做好情绪安抚

以部门为单位，划分出多个小组，由部门主管负责与下属直接沟通，尤其是对核心关键人才的沟通，让员工不要慌张，稳定大家的心。另外，找一些忠诚的员工进行私下安抚，效果会更好一些。

第 7 章 | CHAPTER 7

员工关系管理要管出新境界

员工关系管理就是企业和员工的沟通管理,这种沟通更多采用柔性的、激励性的、非强制的手段,从而提高员工的满意度,支持组织其他管理目标的实现。企业人力资源管理通过有效的员工关系管理,能够有效减少劳资纠纷,提升员工的满意度,支持员工的合理化建议,激活企业文化,使企业得以长远高效发展。

7.1 员工关系管理

7.1.1 员工关系管理的内容

员工关系管理指的是企业中的各级管理者和人力资源管理者通过一些管理手段和策略，实施各项人力资源管理政策和机制，调节组织和员工个体之间的相互联系、相互影响，努力实现企业的战略目标和长远规划，同时实现员工的个人价值。

员工关系管理的内容比较杂，因为涉及不同的岗位、不同的理论知识，总结概括起来如下：

1. 劳动关系管理

这个比较好理解，主要是帮助员工办理入职和离职，同时规避其中的风险；人事档案的管理；员工信息的管理；社会保险管理；处理劳务纠纷等。

2. 员工规范管理

人力资源管理者要协助企业制订相关的制度、流程、规范或标准作业程序并起到维护作用；在实施过程中做好协调、引导等工作，规范员工的行为。

3. 沟通管理

沟通管理是一项很重要的管理。人力资源部作为企业主管人事的部门要协调好员工与上级、下属之间的沟通，建立畅通的渠道；设立合理有效的制度；让公司高层听到员工的心声，并让员工参与公司决策的制订；帮助员工建立畅通的人际关系。

4. 员工身心健康管理

帮助员工做好工作和家庭之间的平衡，给予一定的帮助或支持；做好员工满意度问卷调查，时刻关注员工的内在需要；提醒员工注意劳动安全；关注员工身心健康发展，建立心理咨询渠道。

5. 员工活动管理

多丰富员工的业余生活，为员工提供可活动的场所、娱乐活动，丰富员工生活、缓解工作压力，提醒员工注意身体管理。

6. 企业文化推广

建立积极向上的企业文化；鼓励员工参与文化的建设；做好员工对企业文化和价值观认同的引导工作；实现员工的职业规划发展与企业的战略发展相匹配。

在进行员工关系管理的时候要注意：管理的前提是推动企业的长期稳定发展；管理的内容要合情合理；管理的底线是合法。

7.1.2 员工关系管理的意义

员工与企业是劳资双方，在利益上存在着对立统一的关系。如果企业把员工当作工作机器，对员工的身心健康不闻不问，对员工提出的意见不重视，长此以往会引发员工的负面情绪，从而引发员工的离职，造成人才的流失，严重的甚至会影响企业的生存和发展。

尽管员工关系管理的工作内容比较繁杂，具体工作比较琐碎，但是其意义是重大的，是不可忽视的。企业通过员工关系管理，可以大幅提升员工对企业的满意度，让员工感觉到被尊重和重视，增强员工的忠诚度和敬业度，间接提升了企业的凝聚力和竞争力，提升企业的整体效益。

积极的员工关系管理不仅可以提升企业内部的管理，同时还可以提升企业的外部形象，有利于营造企业良好的公众形象。良好的形象会提升企业在社会上的赞誉度，可以吸引优秀的人才。这就形成了一个良好的循环。

7.2 员工意见调查

员工意见调查属于员工关系管理里的一部分内容，也是做好员工关系管理的前提条件。只有做好员工意见调查，才能知道员工内心的想法，从而提升员工的满意度，进而激发员工的忠诚度和敬业度，提升企业的竞争优势。

7.2.1 内部员工满意度调查

人力资源管理者在进行内部员工满意度调查的时候，可以让员工填写员工满意度调查表（如表7-1所示）。填表的时候，每个部门选择1~2名员工即可。

表7-1 员工满意度调查表

编号	选择内容	完全不同意	趋于不同意	介于两者之间	趋于同意	完全同意
一	公司印象					
1-1	在我心目中或与其他单位相比，我所在的公司工作环境是好的	1	2	3	4	5
1-2	我的工作对本公司所取得成绩有很大的贡献	1	2	3	4	5
1-3	我感觉本公司是有很好发展前景的	1	2	3	4	5
1-4	如果让我选择，我不打算离开这家公司	1	2	3	4	5
1-5	我会向客户推荐本公司	1	2	3	4	5
1-6	我很愿意让别人知道我在本公司工作	1	2	3	4	5

续表

编号	选择内容	赞成程度				
		完全不同意	趋于不同意	介于两者之间	趋于同意	完全同意
二	公司总经理					
2-1	我相信公司的总经理有能力领导本公司	1	2	3	4	5
2-2	一般来说，公司总经理了解我们的困难和压力	1	2	3	4	5
2-3	本公司总经理真心关心公司的员工，有强烈的责任感	1	2	3	4	5
2-4	我所在的公司在市场竞争方面有明确的策略	1	2	3	4	5
三	授权与信息交流					
3-1	我所在的公司管理人员能够及时向我们传达公司经营成果方面的信息	1	2	3	4	5
3-2	在本公司范围内，我的意见能起作用	1	2	3	4	5
3-3	在本公司内重要信息或创意可上传下达	1	2	3	4	5
四	团队精神					
4-1	整个公司有一种强烈的团队精神	1	2	3	4	5
4-2	我认为我与同事合作很融洽，我感到我是这个团队中的一员	1	2	3	4	5
4-3	我所在的公司的总经理经常鼓舞员工士气，以团队精神开展工作	1	2	3	4	5
五	奖励与公平					
5-1	与本行业相比，本岗位的工资标准比较合理	1	2	3	4	5
5-2	我所在的公司因为职责有别有不同的奖励，待遇是公平的	1	2	3	4	5
5-3	公司对于我所作出的贡献给予了表彰或在分配上给予了肯定	1	2	3	4	5
5-4	被选择提升的人都是最有工作能力的员工	1	2	3	4	5
六	质量					
6-1	本公司总经理对服务的质量和公司的利润同等重视	1	2	3	4	5
6-2	本公司力争在服务质量方面成为最佳公司	1	2	3	4	5
6-3	我所在的公司定期检查产品质量和服务水平	1	2	3	4	5
6-4	我不断得到有关领导的鼓励，改进工作的质量。	1	2	3	4	5

续表

编号	选择内容	完全不同意	趋于不同意	介于两者之间	趋于同意	完全同意
6-5	本公司重视卫生环境	1	2	3	4	5
6-6	我们的客人得到的款待与他们所付出价钱相比可算物有所值	1	2	3	4	5
七	职业生涯发展					
7-1	我的工作可以充分发挥我的技能	1	2	3	4	5
7-2	本公司给我机会在工作中学习和成长	1	2	3	4	5
7-3	我知道，只要努力工作，我能一步步达到我的目标	1	2	3	4	5
八	接受培训					
8-1	公司对我进行了系统的入职培训	1	2	3	4	5
8-2	公司定期对我进行有针对性的业务知识和服务技能的培训	1	2	3	4	5
8-3	我在该公司能够感受到公司文化的氛围	1	2	3	4	5
九	工作指导					
9-1	我的直接领导精通业务	1	2	3	4	5
9-2	我的直接领导经常指导帮助我改进工作	1	2	3	4	5
9-3	在一个月中，我的直接领导至少有一次跟我谈及我的工作表现	1	2	3	4	5
9-4	我觉得我的直接领导很关心我，并对我有信心	1	2	3	4	5
十	绩效管理					
10-1	我非常清楚我的工作职责和要求	1	2	3	4	5
10-2	本公司制订了很有效的绩效考核程序	1	2	3	4	5
10-3	我了解我所在公司制订的工作绩效标准	1	2	3	4	5

对公司的其他建议：_____
_____

感谢参加此次满意度调查活动！

员工满意度调查结果的好坏可以检验出企业管理工作的水平，是一个企业管理水平的衡量要素。因此，满意度调查问卷要用心设计，这样才能发挥其作用。

调查问卷的设计要讲究一定的技巧，在获得有用信息的基础上，缩小问卷的整体篇幅，使调查方便简单，减少占用员工的时间。调查问卷要经领导审批后方可开展调查工作。

问卷的设计要便于回答，尽量减少问答形式，多采用选择形式，便于员工作答，答案的选项在3~5个为宜。

回收问卷由各部门统一收集，最后交给人力资源部。在收集问卷的时候，要注意保密，不要随意泄露员工的信息。

7.2.2 采纳员工合理化建议

员工的合理化建议是指员工针对包括提高和改善企业经营管理水平、技术水平、精神文化方面提出的建设举措、方法。

合理化建议征集的方式较为灵活，可以填写纸质表单或者电子表单（如表7-2所示）。如果是电子表单可以以邮件、微信、公司内部社交系统进行回复，提交给人力资源部。基层员工如果不方便上报，可以交给部门领导，由部门领导统一交给人力资源部。

表7-2 员工合理化建议表单

建议人		任职岗位		所在部门		时间	
建议主题							
建议类别请打（√）	精神文明		技术改进		安全管控		
	成本节约		制度改进		其他		
目前状况							
改进措施及预期结果							
相关部门意见							
专家小组意见							
总经理意见							

回收表单后，具体的操作步骤如下：

第一步，初审

人力资源管理者在收到表单之后，要对这些表单进行审核，审查表单内容是否完整清晰，对于一些内容含糊不清的退回请其重写。

◇ 阐述清楚原有问题的不足以及问题的严重程度；

◇ 说明你提出这项建议的原因、目的、价值；

◇ 仔细并详尽说明改进意见和具体措施，包括方法、流程、步骤等；

◇ 把改进后预期结果阐述清楚，说明采用了这个建议后，改进具体体现在哪些方面，包括提高工作效率、简化工作流程、节省成本、提升质量、增加效益等；

◇ 如果是建议公司有大量的资金投入，要提供具体的报告和可行性分析资料。

第二步，提交合格征集表单

在审查这些合理化建议表单时，对于一些不合理的建议、无具体改进内容的建议、提交资料不属实的建议，一律作废。把初审后合格的表单交给专家小组，请其进行评定。专家小组在收到建议单后，进行评估，然后给出合理化的意见。

第三步，把这些意见提交企业管理者，请其审批

在处理合理化建议的时候，人力资源管理者要注意辨别建议的客观性和可操作性，看看建议人是否写出事件的真实情况、有无数据和依据；注意问题描述的准确性，要求建议人把问题所在的内在原因写出来；注意问题的实际操作性，是否针对问题的内在原因提出改进策略，是否提出具体的改进方法，对只提问题不给出解决方案的表单不予采纳；对于绩效方面意见的审核标准是，所提出的方案能否促进公司正向发展。

7.2.3 做好员工与企业的沟通工作

做员工意见调查工作一定要建立一个畅通的沟通渠道，人力资源管理者要在员工与企业之间搭建一座沟通的桥梁，让员工可以把意见有效地传达给企业，企业也可以顺利接收到员工的意见和想法，让企业内部形成一个正循环。

沟通是人与人之间进行社交互动的一种社会活动，要想达成良好的沟通效果需要注意五个心理原则：

◇ 真诚待人。真诚的情感、友好的态度会让人产生好感，要传达的信息也更容易被对方接受。

◇ 自信表达。在与对方沟通时，我们要有自信的底气，清晰明了地阐述自己的想法观点，以取得他人的信任与理解。

◇ 尊重热情。相互尊重是沟通成功的基石。热情而直接的言谈会使人感到心情愉悦，尊重的态度能让人更愿意敞开心扉。

◇ 对事不对人。职场上最忌讳对人不对事，沟通的时候一定要对事不对人，不要因为偏见而影响自己的判断，导致沟通不畅。

◇ 谨慎耐心。谨慎理性地对待问题，用心去理解对方，耐心地组织语言与人交流，这种态度更容易获得对方信任，从而使沟通变得更加顺利。

倾听是有效沟通中必不可少的环节，人力资源管理者需要认真倾听员工的意见才能真正理解员工，才能把员工的意见更好地传达给企业领导者。

那么，如何倾听呢？美国心理学教授谢里·科米尔与保拉·纽瑞斯则将倾听的技术分成四类，分别是澄清、释义、情感反应与总结，如表7-3所示：

表7-3 倾听的类型

	澄清	释义	情感反应	总结
定义	要求沟通对象对模棱两可或拥有隐藏含义的句子进行详细描述	将沟通对象所表达的内容进行归纳总结	对沟通对象情感方面流露的信息进行再解释	用简短的句子浓缩对方所传递的信息

续表

	澄清	释义	情感反应	总结
目的	清楚地表达信息；鼓励对方进行更详细的叙述；明确容易混淆的信息	让对方清楚你意见了解了他所想表达的内容；鼓励对方表达，进行深入的探讨；强调沟通信息的重点，让大家的注意力更集中、专注	鼓励对方倾诉感受；帮助其宣泄并管理情绪；在情绪中找到对方想要的交流的信息	刨除不必要的细枝末节；将信息整理得更具逻辑、有脉络；回顾整个谈话过程，确定共同的目标
方法	以疑问的语气客气地进行询问。例如"你是说……""你指的是……""能再解释一下……"通过倾听与观察判断对方言语中的诚意。通过提问澄清内容时，注意不要问太多问题，以免打断对方的思路	首先要明确对方说了什么；辨别沟通信息的中心思想；选择适当的语句陈述其内容；观察对方的反馈，判断自己是否真的理解了他想要倾诉的内容。例如使用"在我看来……""我觉得这件事……"	辨别沟通者当前的情绪状况（兴奋、愤怒、消极、积极等）；安抚对方情绪，消除敌意，亲切交流；表示理解对方，挖掘他内心深处的想法	回忆对方表达了怎样的信息；寻找对方多次重复的内容，找出重点；选择词语将信息完整描述；阐述自己的观点，观察"结案陈词"的效果。倾听的同时可以将谈话重点记录下来以备日后参考

倾听的注意事项：

◇ 不打断对方谈话，耐心听完对方的表达；

◇ 不轻易给出建议，避免匆忙下结论，不急于评价对方；

◇ 不随意揣测对方没有表达出来的意思；

◇ 不深究不重要的细节，深挖对方话语背后隐藏的含义；

◇ 客观回忆对方陈述的事实，不表示出轻视或傲慢的态度；

◇ 多听少说，避免单方面输出。

7.2.4 合理处理员工的投诉

人力资源管理者在员工关系管理的过程中，难免会接到员工的投诉，这是很正常的一件事。人力资源部作为投诉的接待处，应该本着公平公正、负责任的态度来处理，合理解决投诉、查找问题原因、避免再次出现同类问题。人力资源部处理员工投诉的步骤有如下六步：

1. 受理投诉

要想更好地受理投诉，首先要建立畅通的投诉通道。就像淘宝上的"客服中心"，医院大厅里的门诊服务台。如果没有畅通的、合理的通道，员工会把自己的不满发泄在工作中，会对企业造成不好的影响。

接到投诉后，要明确告知投诉者反馈的时间，尤其是收到一些没有署名的投诉信时，要在第一时间想办法明确告知对方，让对方知道人力资源部的态度。

准确了解员工投诉的诉求点，认真倾听，引导对方多表达意见。在倾听的过程中，不要用语言过多的评论，只需要引导员工客观地陈述意见和观点；多问一些开放性的问题，比如是怎样的、是怎么回事、你怎么认为的等。

做好记录。把投诉的具体情况详细记录下来，包括投诉时间、投诉地点、投诉人、投诉对象、投诉的目标等。

2. 了解投诉的目的

员工投诉的原因是什么，目的何在？

员工投诉的到底是什么，对什么不满意？

员工的投诉想要取得一个什么样的结果？

3. 投诉调查

在了解了员工投诉的目的之后，要对员工投诉的事情进行调查，不要加入过多的主观判断，不要掺杂个人的情感。

调查的过程中，找出发生事件的真正原因：是管理者的能力问题，还是态度问题；是公司的制度出了问题，还是管理上存在漏洞等。

对调查的事情要保密，不要在公共场合或者向事件之外的人透露被调查人的情况。

4. 妥善处理

将调查结果向有关领导汇报，研讨出处理结果。

把处理结果告知员工，并告知处理问题的原因。

与员工进一步沟通，希望他对这件事的处理结果表示理解。

5. 评估反馈

精准分析投诉发生背后的深层次原因，比如，企业文化、用人机制等。

评估这类投诉有无再次发生的可能。

评估在管理上是否需要做出改变。

形成一份包含可实施性或可行性的整改报告。

6. 整改检查

将领导审批后的整改报告送至相关部门，督促相关部门实施整改。

定期检查和评估整改情况。

针对整改情况形成报告，并送至相关负责人审批。

7.3 劳动纠纷

劳动纠纷主要是劳资双方因为劳动报酬、休息休假、社会保险等问题产生的分歧。员工如果不满意企业对自己的工资待遇的处理，可以走劳动仲裁。在劳动仲裁之后还是不满意，可以走法律程序。

7.3.1 劳动纠纷产生的原因

《中华人民共和国劳动争议调解仲裁法》第二条：中华人民共和国境内的用人单位与劳动者发生的下列劳动争议，适用本法：

（一）因确认劳动关系发生的争议；

（二）因订立、履行、变更、解除或终止劳动合同发生的争议；

（三）因除名、辞退和辞职、离职发生的争议；

（四）因工作时间、休息休假、社会保险、福利、培训以及劳动保护发生的争议；

（五）因劳动报酬、工伤医疗费、经济补偿或者赔偿金等发生的争议；

（六）法律、法规规定的其他劳动争议。

现如今，随着《中华人民共和国劳动争议调解仲裁法》的完善，员工的利益受到更好的保护。很多员工为了争取自己的既得利益，都通过劳动仲裁保护自己的合法权益，因此劳动纠纷案件数量越来越多，呈上升趋势。

劳动争议案件这么多，产生的原因也是各种各样的，大体可以分为两个部分的原因。

客观原因：劳资双方经济利益的差异性逐渐凸显出来，呈明显趋势；劳动法律的确立及执行相对滞后；劳动关系中长期遗留的一些问题没有得到妥善解决。

主观原因：从劳动者角度来说，劳动者的观念在逐渐改变；劳动者的法律意识越来越强；有些劳动者贪图私利，故意钻企业政策的空子；从企业角度来说，企业内部的规章制度不合理、不完善，没有按照合理的程序执行；企业管理者及人力资源管理者劳动法律意识薄弱，同时缺少在劳动纠纷方面的专业知识；有些企业知法犯法，妄图钻法律的空子。

7.3.2　劳动纠纷处理方法

《劳动法》第七十七条规定："用人单位与劳动者发生劳动争议，当事人可以依法申请调解、仲裁、提起诉讼，也可以协商解决。调解原则适用于仲裁和诉讼程序。"

第七十九条规定："劳动争议发生后，当事人可以向本单位劳动争议调解委员会申请调解；调解不成，当事人一方要求仲裁的，可向劳动争议仲裁委员会申请仲裁。当事人一方也可以直接向劳动仲裁委员会申请仲裁。对仲裁裁决不服的，可以向人民法院提起诉讼。"

从《劳动法》可以看出，处理劳动纠纷的程序是先建议进行调解，调解不成再仲裁，仲裁解决不了就可以走法律程序。根据法规，用人单位或者劳动者可以按照以下顺序解决劳动纠纷：

1. 协商

协商和解即是指劳动者与用人单位就劳动争议的问题进行商讨，协商一个双方都认可的方案。与其他纠纷不同，因为产生纠纷双方存在一定的了解，一个是劳动者，一个是用人单位，最好采取协商的解决方法。当然，协商不是处理劳动纠纷必须做的，劳资双方可以协商，可以不协商，一切建立在双方自愿的基础上。

2. 调解

调解是指劳资双方在劳动争议调解委员会的主持下，依照法律法规和政策规定，在查明事实的基础上，通过劝说沟通的方式，说服双方就争议问题达成和解。劳动争议调解委员会成员要具备一定的组织沟通能力，不然会越调解越乱。在进行调解的时候，劳动争议调解委员会进行调查，需要劳动争议当事人填写争议情况调查表，如表7-4所示：

表7-4　争议情况调查表

争议人提出		部门		职务	
合同签订日期			争议提出日期		
提出争议的原因					
调查项目/内容		调查结果		备注	
调查负责人			调查日期		
审核意见			审核人/日期		

劳动者可以去企业劳动争议调解委员会申请调解，也可以去当地具有劳动争议调解的组织申请调解。调解协议要经过双方当事人的签字或者盖章，并加盖调解部门印章后方可生效。当然这道程序可走可不走，双方也可以直接发起劳动仲裁。

3. 仲裁

仲裁是指劳动争议仲裁委员会根据劳动争议中一方当事人的申请遵循法

律法规的原则和程序，对劳资双方发生的劳动争议进行调解。如果选择劳动仲裁，需要提前申请，可填写劳动争议仲裁申请书，如表7-5所示：

表7-5　劳动争议仲裁申请书

申请人姓名		性别		年龄		民族	
工作单位				电话		职业	
住址				邮编		电话	
单位名称							
经营地址				邮编		电话	
注册地址						邮编	
负责人		年龄		职务		法人	
仲裁请求事项描述							

劳动争议仲裁委员会是国家授权、依法独立处理劳动争议案件的机构。劳动仲裁是劳动纠纷双方提起法律诉讼的必经程序。也就是说，任何一方要想走法律程序，必须先进行劳动仲裁，否则不可以直接向人民法院提起诉讼。

4. 诉讼

劳动纠纷双方的任何一方如果不满仲裁裁决的结果，可以在法定期限内向人民法院提起诉讼，人民法院会依法进行受理和判决。当下，我国劳动争议诉讼案件的参考法规是《民事诉讼法》，并实行两审终审制。

《民事诉讼法》的规定如下：

第十条　人民法院审理民事案件，依照法律规定实行合议、回避、公开审判和两审终审制度。

【解释】本条是关于审理民事案件实行合议、回避、公开审判和两审终审制度的规定。

第三十八条　人民法院受理案件后，当事人对管辖权有异议的，应当在提交答辩状期间提出。人民法院对当事人提出的异议，应当审查。异议成立的，裁定将案件移送有管辖权的人民法院；异议不成立的，裁定驳回。

第一百六十四条　当事人不服地方人民法院第一审判决的，有权在判决书送达之日起十五日内向上一级人民法院提起上诉。

当事人不服地方人民法院第一审裁定的，有权在裁定书送达之日起十日内向上级人民法院提起上诉。

第一百九十八条　各级人民法院院长对本院已经发生法律效力的判决、裁定、调解书，发现确有错误，认为需要再审的，应当提交审判委员会讨论决定。最高人民法院对地方各级人民法院已经发生法律效力的判决、裁定、调解书，上级人民法院对下级人民法院已经发生法律效力的判决、裁定、调解书，发现确有错误的，有权提审或者指令下级人民法院再审。

在处理劳动纠纷时，需要以法律为依据，维护好员工的利益，以协商为主要原则，法律面前人人平等。

7.3.3　劳动纠纷调解程序

劳动纠纷调解，指的是在调解机构的主持下，依据法律法规和道德规范，本着客观公正的立场，说服劳动纠纷当事人，通过民主协商的方式、互相理解的态度达成协议，从而解决纠纷的一种活动。

存在劳动纠纷的双方当事人申请调解，可以以口头或者书面形式向调解委员会提出申请，并填写劳动争议调解申请书。申请必须满足一定的条件：申请人的调解请求要有充分具体的事实和理由；申请人必须与该纠纷有直接利害关系；申请必须写清楚争议对方的名字以及具体的纠纷事件。

1. 调解前的准备工作

首先，调解委员会根据劳动争议调解申请书填写的内容，审查其是否属于劳动争议，若不是可不受理；对仲裁有结果或者法院已判决的劳动争议，调解委员会不会予以受理。

其次，调解委员会要征询对方当事人的意见，若对方当事人不想就此纠纷进行调解，也要作好记录，尽快在规定的期限内以书面形式通知申请人。

最后，调解委员会要在规定期限内做出是否受理该争议的决定，以书面形式告知申请人，如若不进行受理，请说明原因。

2. 对争议进行调查核实

调解委员会决定受理劳动争议之后，要派出调解员全面调查核实劳动争议事件的过程，同时做出调查记录并形成报告。调查核实的流程如图7-1所示。

3. 组织双方当事人进行调解

调解委员会在收到调解申请之日起的15个工作日内完成这场调解，但如果双方当事人都对延长调解达成共识，也可以适当延长调解。

在调解过程中，调解委员会会仔细询问双方案件中信息不明的地方，征求双方当事人的意见；不论最终双方意见是否达成统一，调解委员会都会记录下调解过程，请双方当事人核实签字。

4. 调解整个过程结束

调节后一般会有几种结果形式：双方当事人经调解后，达成一致意见，并在调解书上签字；调解申请人经调解撤回申请书，不再进行调解；在调节过程中没有达成一致，最后拒绝调解；双方当事人没有在法定时间内完成调解。

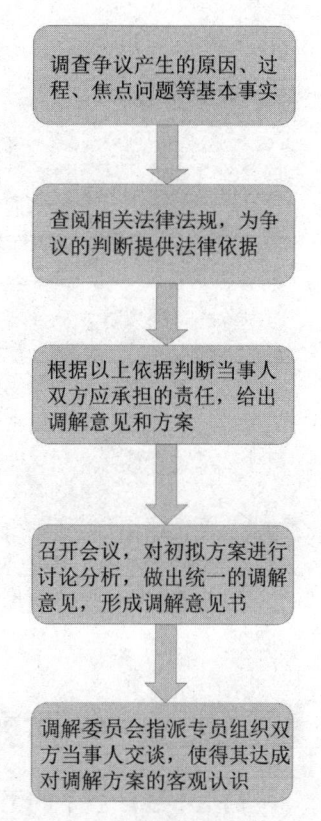

图7-1 调查核实流程图

5. 仲裁审查确认

双方当事人达成调解协议的，可以自调解协议生效之日起的15个工作内向劳动人事争议仲裁委员会提出申请确认。若当事人不愿调解或者调解失败的，经仲裁审查确认后，可直接向劳动仲裁委员会申请劳动仲裁。

7.3.4 如何减少劳动纠纷

目前，企业中纠纷的问题各种各样，针对这种情况，人力资源要提前做好预防，尽量从源头上降低纠纷发生的概率。做好预防工作从以下几个方面开展，如表7-6所示：

表7-6 减少劳动纠纷方法

减少劳动纠纷方法	具体操作步骤
开设投诉通道	员工投诉要减少流程，方便快捷，专人接待和负责； 接到投诉后要立即处理，处理过程中要客观公正，与投诉人随时保持沟通状态； 做好平时的宣传教育，引导员工正确处理劳动纠纷
健全公司各项规章制度	确保企业的规章制度符合国家法律法规或行业规定，不能存在违反法律或规章制度的条款； 确保规章制度的完善性，涉及人力资源管理的多个层面； 明确划分与界定违约责任，提高可操作性
加强劳动合同管理	严格按照《劳动合同法》的规定执行，这是基本原则； 一定要与所有员工签订劳动合同，避免不必要的纠纷； 随着客观事实的变化，注意劳动合同的变更，做好这方面的管理
增强企业管理者和人力资源管理者的法律意识	定期组织相关管理者进行人员培训； 开展劳动纠纷处理活动的真实演练； 多与员工沟通，随时了解员工的心理动态

疑难问题 如何解决员工不胜任工作问题

员工不胜任当下的工作，单位是否能直接与其解除劳动关系，并不支付违约金呢？

关于这一点，《劳动合同法》是有明确规定的：

《劳动合同法》第四十条有下列情形之一的，用人单位提前三十日以书面形式通知劳动者本人或者额外支付劳动者一个月工资后，可以解除劳动合同：

（一）劳动者患病或者非因工负伤，在规定的医疗期满后不能从事原工作，也不能从事由用人单位另行安排的工作的；

（二）劳动者不能胜任工作，经过培训或者调整工作岗位，仍不能胜任工作的；

（三）劳动合同订立时所依据的客观情况发生重大变化，致使劳动合同无法履行，经用人单位与劳动者协商，未能就变更劳动合同内容达成协议的。

第四十六条 有下列情形之一的，用人单位应当向劳动者支付经济补偿：

（一）劳动者依照本法第三十八条规定解除劳动合同的；

（二）用人单位依照本法第三十六条规定向劳动者提出解除劳动合同并与劳动者协商一致解除劳动合同的；

（三）用人单位依照本法第四十条规定解除劳动合同的；

（四）用人单位依照本法第四十一条第一款规定解除劳动合同的；

（五）除用人单位维持或者提高劳动合同约定条件续订劳动合同的，劳动者不同意续订的情形外，依照本法第四十四条第一项规定终止固定期限劳动合同的；

（六）依照本法第四十四条第四项、第五项规定终止劳动合同的；

（七）法律、行政法规规定的其他情形。

如果企业中的员工有不能胜任工作的，人力资源管理者可以参照《劳动合同法》第四十条、第四十六条做出相应的处理。

实战案例 员工外出面试引发的劳动纠纷案例分析

某企业员工王某在职期间到其他公司面试，结果员工的直属上司接到面试公司的背调电话，一气之下在公司群里发了让员工离职的消息。该员工找到人力资源管理者讨要说法并要求公司给予一定的赔偿。面对这种情况，人力资源管理者应该怎么办？

针对这个问题，人力资源管理者需要做到以下几个方面：

第一个方面，劝解双方。劳动法规并未规定员工在职期间不能出去面试，这是可以理解的。从员工的角度看，他的行为属于合理行为，但是从运气上看差了一点，自己的行为不小心被直属上司知道了。在处理结果未明确下来之前，员工最好先认真工作，不要做出一些不好的行为，否则就会对自己更为不利。从直属上司的角度看，在工作群里直接让员工辞职有些冲动，因为员工并没有触犯公司的任何规章制度，虽然公司明确规定"上班期间不得做与工作无关的事"，但是员工的请假理由不可能是"外出面试"。而且这个员工的做法并未给公司带来不好的影响和损失，并不应该不给对方留回旋的余地。知道了这个员工的做法，直属上司也可以安排招聘工作，可以让工作衔接得更好。

人力资源管理者要找双方单独谈话，分析利弊。不要把事情闹得更僵。压住直属上司的火气，让他知道如果再与这位员工发生冲突，会引发更严重的后果，到时候对谁都不好看。

第二个方面，不要强留这位员工。既然直属上司已经发出了辞退说明，就要维护他的威严，不然他很难管教手下的其他员工。但是对这位员工，公司也应该给予一定的经济补偿。不要劝这位员工留下，因为留下来会很难和直属上司继续相处。不如另谋一个好职位，重新开始。如果愿意的话，人力资源管理者可以帮忙推荐一个合适的职位，让其去试试。

第三个方面，不要怕事态恶化。如果双方都听劝，事情到此为止，当然最好。如果员工还打算继续闹，不满意公司的处理结果，做出出格的事情，公司一定要拿起法律的武器保护公司和公司的员工。

让员工以及部门领导明白，这些决定是公司的决定，人力资源管理者只负责传达公司的处理意见，但也会把双方的意见及时传达给公司。人力资源管理者不会推卸或逃避责任，而是会积极配合领导的各项决定。

第四个方面，吸取经验教训。此案例中的双方做法都不太理智，如果不吸取教训，以后再遇到类似的纠纷，还会让公司陷入被动。

公司可以借此机会对员工进行问卷调查，调查员工对公司哪些方面不满意，比如薪酬待遇、人事关系、领导管理、规章制度等问题，了解员工的想法。如果公司确实有需要改进的地方要及时改进，让员工看到希望和改变，留住人才，为公司节约人力成本。

公司领导要懂得《劳动保护法》，并对公司管理者进行法律培训，并提升管理水平和管理能力，不要因为自己的行为给公司带来损失，也不要影响公司的声誉。

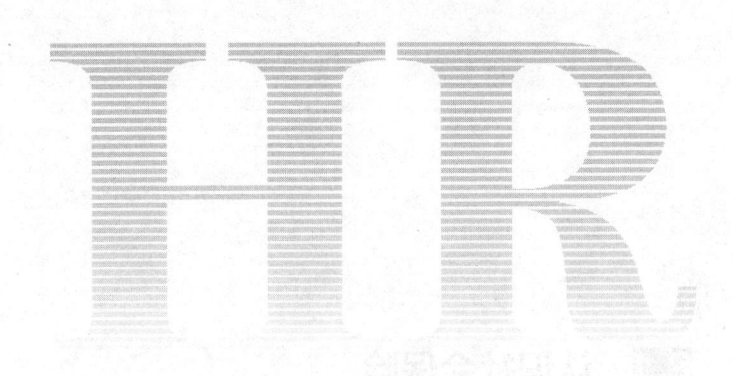

第 8 章 | CHAPTER 8
社会保险不可马虎

社会保险是国家对人们的一种社会保障制度。社会保险包括养老保险、失业保险、工伤保险、医疗保险、生育保险，简称"五险"。这种社会保障制度可以保障人们在养老、医疗、失业、工伤、生育及住房方面遇到一些情况能保持最基本的生活水平。

8.1 认识社会保险

8.1.1 社会保险的特点

最基本的社保险种有基本养老保险、基本医疗保险、失业保险、工伤保险和生育保险五项。这也是目前覆盖范围最广、基础最好，并有专门的法律法规保证的社保制度。

社会保险的特点有如下内容：

◇社会保险的基础源自劳动领域中存在的风险，保险目标是劳动者的人身；

◇社会保险的主体是固定不变的，包括劳动者和用人单位；

◇社会保险属于强制性保险；

◇社会保险的目的是维持劳动力的再生产；

◇保险基金的组成部分由用人单位和劳动者、国家各负担一部分。

8.1.2 社会保险缴费流程

社会保险的缴纳有一定的流程，按照当地的相关规定流程进行办理。

1. 社会保险登记流程

所有企业都要按照当地管理的原则，到社会保险经办机构办理社会养老保险登记手续。新成立的单位应在单位批准成立之日起1个月内登记手续。参保单位必须为所有员工办理社会保险手续。在批准成立起30日内办理社会保险登记，办理时应准备的材料参考如表8-1所示：

表8-1　××市单位社保登记申请材料

××市单位社保登记申请材料主要包括：

1. 单位营业执照（事业单位、社会团体、民办非企业单位、律师事务所提交法人证书、登记证书或职业许可证；外资企业还需提交批准证书；分支或办事处还需提交上级单位营业执照以及全权委托授权书）副本原件及复印件；

2. 有组织机构代码证的个体工商户提交组织机构代码证副本原件及复印件；

3. 法定代表人或负责人二代身份证正反面复印件（以执照为准）；

4. 基本户缴费单位提交银行开户许可证原件及复印件，一般户缴费单位提交开立单位银行结算账户申请书原件及复印件；

5. 通过网上平台打印的××市社会保险单位信息登记表一式两份；

6. 通过网上平台打印的××市社会保险费银行缴费协议（社保缴费单位提供与开户银行签订的××市同城特约委托收款付款授权书）一式两份；

7. 单位公章。

此外，对于新开办企业，还需要通过"e窗通"办理职工社保登记，完成营业执照信息登记，进入"为员工办理五险一金"模块，根据提示录入员工增员或新参保信息，提交成功后即时生效，无须到前台审核。已参保企业则通过"网申系统"办理职工社保登记，登录××市社会保险网上服务平台，使用电子营业执照登录，进入新参保人员登记申报模块，按要求录入职工信息，保存、提交即可，提交成功后即时生效，无须到前台审核。

2. 社会保险补缴流程

如果用人单位因为某些原因，造成员工没有缴纳社会保险，用人单位要及时为员工办理补缴手续。用人单位补缴社保所需携带的材料如表8-2所示：

表8-2　××市用人单位补缴社保所需携带的材料

××市用人单位补缴社保所需携带的材料：
单位营业执照复印件；
补缴基本养老保险费申办单；
社会保险补缴明细表（一式三份并加盖公章）；
基本医疗保险基金补缴情况表（一式三份并加盖公章）；
工资支付凭证原件；
劳动合同原件。

用人单位按照社保经办机构要求进行补缴申报，并提交相关资料。

3. 单位账户注销流程

经工商行政管理机关办理注销或是有关机关批准终止的企业，可办理社会保险账户的注销手续。用人单位在工商行政管理机关办理注销或有关批准终止，需要携带相关资料到社会保险经办机构办理注销手续。

8.2 社会保险的构成

社会保险主要是养老保险、医疗保险、失业保险、工伤保险、生育保险这五个方面。了解这五个基本保险有利于人力资源管理工作的实施。

8.2.1 养老保险

员工基本养老保险主要经办业务有：新参保、养老保险关系的转入转出、个人账户的封存、在职转退休、在职人员参保信息更改、退休人员信息更改等。

1. 办理员工退休步骤

第一步，自查档案。提前审查员工的出生年月、参加工作时间、从事特殊工种工作时间等员工基本信息，打印员工退休审批表，确定即将退休员工的名单。

第二步，档案送审。把即将退休员工的人事档案材料，送至指定地点接受社保经办机构档案审查。

第三步，收集材料。档案审批通过后，填写即将退休员工的参保人员基本养老金申领表、员工退休审批表，并通知即将退休员工提供身份证及银行账号复印件；若档案审批未通过，及时补充相关材料，提交社保经办机构再审。

第四步，办理业务。每月提交当月退休员工的业务材料到社保经办机构，并配合办理退休审批业务。

第五步，材料归档。将参保人员养老金待遇审批表及基本养老金保险个人账户表等员工退休审批材料归档，并通知退休人员查收养老金。

2. 基本养老保险跨省转入

办理养老保险跨省转入业务时，需要满足当地社保经办处的条件。

（1）需提供的资料

◇ 原参保地社保经办机构出具的参保缴费凭证。

◇ 经申请人签字或参保单位加盖公章的基本养老保险关系转移接续申请表。

（2）办理流程

◇ 各经办机构受理企业或参保人员的申请：资料齐全，及时办理。

◇ 各经办机构业务人员审核企业资料是否齐全，填写内容是否完整，资料不齐不能办理并告知原因，资料齐全方可办理。

对符合办理接续条件的参保人员，系统生成并打印基本养老保险关系转移接续联系函。通过信函邮寄方式发送至原参保所在地社保经办机构。

原参保所在地在收到联系函后，将参保人员基本养老保险关系转移持续信息表发回新参保地并将转移基金额转入新参保地社会保险基金专用账户。

各经办机构接收原参保地社保经办机构返回的基本养老保险关系转移接续信息表，并将信息录入业务系统办理接续。

3. 基本养老保险跨省转出

（1）需提供的资料

◇ 参保人员本人填写的申领"参保缴费凭证"申请书。

◇ 居民身份证等能反映职工户籍性质的相关证明材料。

（2）办理流程

◇ 个人或企业携带相关资料到参保所在地社保经办机构申请。

◇ 社保经办机构审核资料是否齐全，填写内容是否完整，资料不齐全的不予受理并告知应提供的资料；资料齐全的办理相关手续。

◇ 参保人员向新参保所在地社保经办机构提出转移接续申请，填写基本养老保险关系转移接续申请表。

◇ 社保经办机构接收新参保所在地社保经办机构发送的参保人员基本养老保险关系转移接续联系函。

◇ 社保经办机构工作人员将联系函中新参保地经办机构相关信息录入业务系统。

◇ 社保经办机构生成并打印基本养老保险关系转移接续信息表并加盖社保经办机构业务印章。业务系统在生成信息表后，将自动终止参保人员在本地的基本养老保险关系。

◇ 社保经办机构工作人员持参保人员的联系函、基本养老保险关系转移接续申请表、跨省转出人员情况明细表到财务部门办理基金划转手续。

◇ 通过信函邮寄方式将信息表发送至新参保地经办机构。

4. 基本养老保险关系省内转移接续

（1）转入

需提供的资料：

◇ 原参保地社保经办机构出具的参保缴费凭证。

◇ 经申请人签字或参保单位加盖公章的基本养老保险关系转移接续申请表。

办理流程：

◇ 各经办机构受理企业或参保人员的接续申请：办理时限，即时办理。

◇ 各经办机构业务人员审核企业资料是否齐全，填写内容是否完整，资料不齐全的不予受理并告知应提供的资料；资料齐全的办理相关手续。对符合办理接续条件的参保人员，系统生成并打印基本养老保险关系转移接续联系函。通过信函邮寄方式发送至原参保所在地社保经办机构，办理时限为15个工作日内。

◇ 原参保所在地收到联系函后，将参保人员的基本养老保险关系转移接续信息表发回新参保机构，并将转移基金额转入新参保机构社会保险基金专用账户。

◇ 各经办机构接收原参保地社保经办机构返回的基本养老保险关系转移接续信息表，并将信息录入业务系统办理接续。

（2）转出

需提供的资料：

◇ 参保人员本人填写的申领"参保缴费凭证"申请书。

◇ 居民身份证等能反映职工户籍性质的相关证明材料。

办理流程：

◇ 企业或个人携带相关资料到参保所在经办机构申请。

◇ 社保经办机构审核资料是否齐全，填写内容是否完整，资料不齐全的不予受理并告知应提供的资料；资料齐全的办理相关手续。

◇ 参保人员向新参保所在地社保经办机构提出转移接续申请，填写基本养老保险关系转移接续申请表。

◇ 社保经办机构接收新参保所在地社保经办机构发送的参保人员基本养老保险关系转移接续联系函。

◇ 社保经办机构工作人员将联系函中新参保地经办机构相关信息录入业务系统。

◇ 社保经办机构生成并打印基本养老保险关系转移接续信息表并加盖社保经办机构业务印章。业务系统在生成该信息表后，将自动终止参保人员在本地的基本养老保险关系。

◇ 社保经办机构工作人员持参保人员的联系函、基本养老保险关系转移接续信息表、省内转出人员情况明细表到财务部门办理基金划转手续。

◇ 通过信函邮寄方式将基本养老保险关系转移接续信息表发送至新参保地经办机构。

8.2.2 医疗保险

医疗保险是用人单位和员工按照国家规定共同缴纳的基本医疗保险费。这里我们以北京市的医疗保险转出、转入为例子来加以说明。

1. 医疗保险转出

如果员工不想在北京本地参保，且北京市的用人单位已为员工申报办理中断，则员工本人或用人单位可以申请办理跨省流动就业员工的基本医疗保险关系转出业务。办理转出业务分为两种情况：

（1）第一种情况转出步骤

第一步，用人单位提出转移申请。

第二步，填写基本医疗保险关系转移接续申请表。

第三步，收到基本医疗保险关系转移接续联系函。

第四步，生成参保凭证。

第五步，生成职工医疗保险类型变更信息表。

第六步，终止职工在本地的医疗保险关系。

（2）第二种情况转出步骤

第一步，收到外埠转来的基本医疗保险关系转移接续联系函。

第二步，生成参保凭证。

第三步，生成职工医疗保险类型变更信息表。

第四步，以后环节由北京市社保经（代）办机构与转出地社保经办机构联系直至办结。

2. 医疗保险转入

外地医保转入的条件：员工符合北京市养老保险转移接续认定条件的流动就业人员，可办理基本医疗保险关系转入手续。

（1）外地医保转入所需资料

◇ 原参保地开具的基本医疗保障参保（合）凭证原件。

◇ 用人单位填报盖章后经跨省就业人员签字的基本医疗保险关系转移接续申请表。

◇ 提供本人居民身份证原件及复印件，北京市户籍人员还需提供户口簿复印件；经北京市区（县）级以上党委组织部门、人力资源社会保障行政部门批准调动的，除上述材料外，还需提交县级以上党委组织部门、人力资源社会保障行政部门批准调动的批件。

（2）外地医保转入流程

北京人力资源和社会保障局（社保经办机构）进行审核确认后，生成并打印联系函，以后环节由北京人力资源和社会保障局（社保经办机构）与转出地社保经办机构联系直至办结。

3. 北京职工住院医疗保险报销流程

（1）办理条件

◇ 新参保未发社保卡期间就医发生的费用。

◇ 在定点医疗机构急诊未持卡就医发生的费用。

◇ 社保卡挂失，补（换）社保卡期间就医发生的费用。

◇ 手工报销期间就医发生的费用。

◇ 欠费期间就医发生的费用。

◇ 符合本市医疗保险规定在外埠就医发生的费用。

◇ 本市家庭病床的费用。

（2）办理材料

◇ 社保卡。

◇ 北京市基本医疗保险手工报销费用明细表。

◇ 北京市医疗保险手工报销费用审核表。

◇ 收费票据。

◇ 出院诊断证明。

◇ 住院费用结算单或汇总明细清单。

◇ 全额结算证明。

◇ 报盘文件。

◇ 急诊留观、门诊特殊病、家庭病床费用提供处方、费用明细等材料。

◇ 转诊治疗的需提供北京市医疗保险转诊（院）单。

◇ 涉及起付线减半政策时提供北京市城市居民最低生活保障金领取证复印件。

◇ 北京市社会保障卡发行回执单复印件或北京市社会保障卡业务回执单复印件或新发与补（换）社会保障卡证明复印件。

◇ 单位出具欠费情况说明并加盖公章。

◇ 计划生育手术诊断证明书、结婚证复印件（退休人员取环不须提供）。

◇ 外伤情况说明加盖用人单位/社保所公章。

（3）办理流程

◇ 参保单位/社保所接收参保人员申报的医疗费用单据，通过采集软件录入医疗费用信息，保管社保卡，及时将社保卡和申报材料报送区（县）医保经办机构。

◇ 区（县）医保经办机构及时完成审核结算工作。

◇ 参保单位/社保所及时通知参保人员取回完成审核结算的社保卡和报销结果。

◇ 发放北京市医疗保险手工报销费用审批表、北京市医疗保险手工报销医疗费用结算支付明细表、北京市医疗保险手工报销费用审核表。

以下是有关基本医疗保险的表单模板，如表8-3~表8-5所示：

表8-3 医疗保险申请表

填表人(签字):　　　　　　　　　　　　　　　　　　　　年　　月　　日

姓名		居民身份号		社会保障号	
个人开户银行		个人银行账号		参保人所在单位	
家庭联系人		联系电话		联系地址	
申请慢性病种					
疾病确诊医院			疾病确诊时间		
选择的定点治疗医院			拟选择的定点治疗科室		
专家意见					
省社保中心意见	初审意见: 负责人意见:		复审意见: 　　　　　　　　　　(盖章) 　　　　　　　　　年　月　日		

注:申请人填写此表(每个病种一张)后,与疾病(诊断)证明书、既往就诊记录及检查结果原件和复印件,身份证复印件交单位汇总。

表8-4 医疗保险申请汇总表

序号	姓名	居民身份证号	社会保障号	人员类别	性别	年龄	病种名称	个人银行账户		申报资料及数量			
								开户银行	账号	门诊病历	门诊证明	出院小结	检验单据数	影像资料数
1														
2														
3														
4														
5														
6														
7														
8														
9														
得分														

注:本表用于按企业职工医保、机关事业单位医保分别汇总本单位门诊特殊慢性病申请,于每月10日前报社保中心。

表8-5 北京市基本医疗保险报销比例

人员类别		门诊费用			住院类费用					
		起付标准	大额医疗费用互助资金支付（退休人员包括补充保险支付）	一个医疗保险年度内累计支付的最高数额（不含退休人员补充险）	起付标准	基金支付比例（退休人员包括补充险支付）				军残补助	一个医疗保险年度内累计支付的最高数额（不含退休人员补充险）
基本医疗保险	在职	1800元	医院70%	2万元	第一次1300元，第二次及以后650元	医保内费用	三级医院	二级医院	一级医院	5~6级残疾军人70%	50万元
						起付线~3万元	85%	87%	90%		
						3万元~4万元	90%	92%	95%		
						4万元~10万元	95%	97%	97%		
						10万元~50万元	大额支付85%			1~4级残疾军人100%	
	退休	不满70周岁	1300元	社区90%	2万元	第一次1300元，第二次及以后650元	医保内费用	三级医院	二级医院	一级医院	5~6级残疾军人50%	
				医院85%			起付线~3万元	95.50%	96.1%	97.0%		
		70周岁以上（含）	1300元	社区90%			3万元~4万元	97.0%	97.6%	98.5%		
				90%			4万元~10万元	98.5%	99.1%	99.1%	1~4级残疾军人100%	
						10万元~50万元	大额支付90%				
"一老一小"医疗保险	城镇老年及城镇无业人员	年度累计650	50%（社区转诊）	4500元	第一次1300元，第二次及以后650元	70%					25万元
	学生儿童	年度累计650	50%	4500元	650元	70%					25万元

256

8.2.3 失业保险

失业保险是由用人单位、员工个人缴纳及国家通过立法强制实行的，由社会集中建立基金，对因失业而暂时中断生活来源的劳动者提供物质帮助的制度。它是社会保障体系的重要组成部分，是社会保险的主要项目之一。

1. 失业保险金申领流程

（1）领取失业保险需要满足的条件

◇ 按照规定参加失业保险。

◇ 所在单位和本人已按规定履行缴费义务满一年的。

◇ 非因本人意愿中断就业的；已办理失业登记并有求职要求的员工。

满足以上三个条件，也可以申请失业保险金。

（2）申请失业保险所需的材料

◇ 居民身份证或户口簿原件。

◇ 终止解除劳动关系/聘用关系证明或终止存档关系证明（辞职须有辞职证明材料）。

◇ 核定失业保险待遇的其他材料。

（3）申领失业保险金的办理流程

失业人员应当在终止、解除劳动（聘用）或者工作关系之日起60日内，持上述资料到户口所在地的社会保险经办机构办理失业登记，符合领取失业保险金条件的，同时办理领取失业保险金手续。

2. 失业保险金领取标准

失业保险金的领取标准是根据失业人员失业前的累计缴费时间确定的，具体内容如下：

◇ 累计缴费时间1年以上不满2年的，可以领取3个月失业保险金。

◇ 累计缴费时间2年以上不满3年的，可以领取6个月失业保险金。

◇ 累计缴费时间3年以上不满4年的，可以领取9个月失业保险金。

◇ 累计缴费时间4年以上不满5年的，可以领取12个月失业保险金。

◇ 累计缴费时间5年以上的，按每满一年增发一个月失业保险金的办法计算，确定增发的月数。

◇ 领取失业保险金的期限最长不得超过24个月。

范例：

> 2020年北京失业保险金领取条件及具体金额：
> 累计缴费时间满1年不满5年的，失业保险金月发放标准为2124元；
> 累计缴费时间满5年不满10年的，失业保险金月发放标准为2151元；
> 累计缴费时间满10年不满15年的，失业保险金月发放标准为2178元；
> 累计缴费时间满15年不满20年的，失业保险金月发放标准为2205元；
> 累计缴费时间满20年以上的，失业保险金月发放标准为2233元；
> 从第13个月起，失业保险金月发放标准一律按2124元发放。

除此之外，如果失业人员在领取失业保险金期间有下列情形之一的，要停止领取失业保险金，并同时停止享受其他失业保险待遇：重新就业的；移居境外的；应征服兵役的；享受基本养老保险待遇的；被判刑收监执行或者劳动教养的；无正当理由，拒不接受劳动保障行政部门指定的职业介绍服务机构介绍的工作的；有法律、行政法规规定的其他情形的。

8.2.4 工伤保险

工伤保险是根据用人单位风险程度的不同，工伤保险缴费费率也会有所不同。根据2015年7月22日人力资源和社会保障部、财政部发布的《关于调整工伤保险费率政策的通知》（人社部发〔2015〕71号），将行业风险分成八类，数字越小代表风险越小，数字越大代表风险越大。工伤保险行业风险分类参考表如表8-6所示：

表8-6　工伤保险行业风险分类参考表

行业类别	行业名称
一	软件和信息技术服务业，货币金融服务，资本市场服务，保险业，其他金融业，科技推广和应用服务业，社会工作，广播、电视、电影和影视录音制作业等
二	批发业，零售业，仓储业，邮政业，住宿业，餐饮业，电信、广播电视和卫星传输服务，互联网和相关服务，房地产业，租赁业，商务服务业，研究和试验发展，专业技术服务业，居民服务业，其他服务业，教育，卫生，新闻和出版业，文化艺术业
三	农副食品加工业，食品制造业，酒、饮料和精制茶制造业，烟草制品业，纺织业，木材加工和木、竹、藤、棕、草制品业，文教、工美、体育和娱乐用品制造业，计算机、通信和其他电子设备制造业，仪器仪表制造业，其他制造业，水的生产和供应业，机动车、电子产品和日用产品修理业，水利管理业，生态保护和环境治理业，公共设施管理业，娱乐业
四	农、林、牧、渔服务业，纺织服装、服饰业，皮革、毛皮、羽毛及其制品和制鞋业，印刷和记录媒介复制业，医药制造业，化学纤维制造业，橡胶和塑料制品业，金属制品业，通用设备制造业，专用设备制造业，汽车制造业，铁路、船舶、航空航天和其他运输设备制造业，电气机械和器材制造业，废弃资源综合利用业，金属制品、机械和设备修理业，电力、热力生产和供应业，燃气生产和供应业，铁路运输业，航空运输业，管道运输业，体育业
五	林业，开采辅助活动，家具制造业，造纸和纸制品业，建筑安装业，建筑装饰和其他建筑业，道路运输业，水上运输业，装卸搬运和运输代理业
六	渔业，化学原料和化学制品制造业，非金属矿物制品业，黑色金属冶炼和压延加工业，有色金属冶炼和压延加工业，房屋建筑业，土木工程建筑业
七	石油和天然气开采业，其他采矿业，石油加工、炼焦和核燃料加工业
八	煤炭开采和洗选业，黑色金属矿采选业，有色金属矿采选业，非金属矿采选业

1. 工伤认定

工伤认定要符合《工伤保险条例》，符合条件后可申请工伤办理。

符合《工伤保险条例》第十四条　职工有下列情形之一的，应当认定为工伤：

在工作时间和工作场所内，因工作原因受到事故伤害的；

工作时间前后在工作场所内，从事与工作有关的预备性或者收尾性工作受到事故伤害的；

在工作时间和工作场所内，因履行工作职责受到暴力等意外伤害的；

患职业病的；

因工外出期间，由于工作原因受到伤害或者发生事故下落不明的；

在上下班途中，受到非本人主要责任的交通事故或者城市轨道交通、客运轮渡、火车事故伤害的；

法律、行政法规规定应当认定为工伤的其他情形的规定。

符合《工伤保险条例》第十五条 职工有下列情形之一的，视同工伤：

（一）在工作时间和工作岗位，突发疾病死亡或者在48小时之内经抢救无效死亡的；

（二）在抢险救灾等维护国家利益、公共利益活动中受到伤害的；

（三）职工原在军队服役，因战、因公负伤致残，已取得革命伤残军人证，到用人单位后旧伤复发的。

工伤认定有一定的流程，具体如图8-1所示：

第8章 社会保险不可马虎

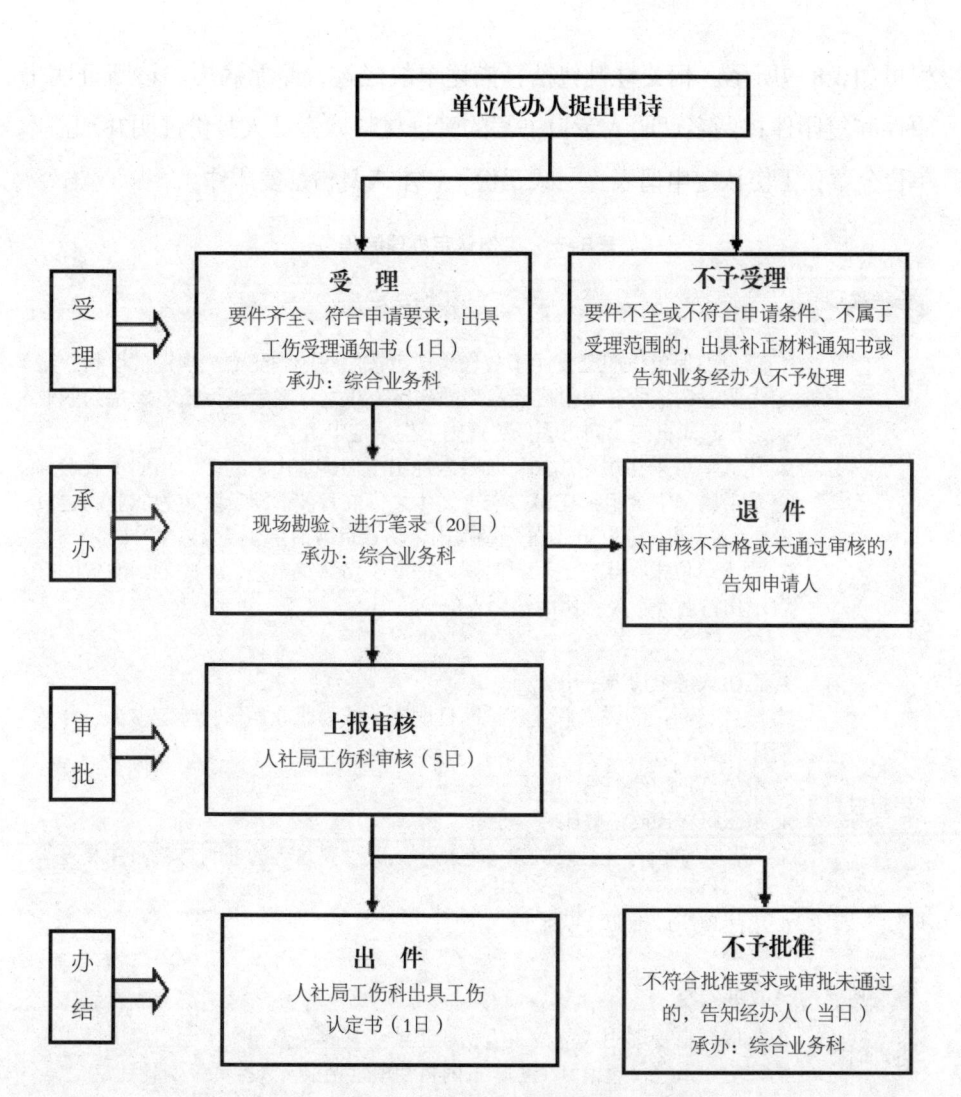

```
                    ┌─────────────────┐
                    │ 单位代办人提出申诉 │
                    └────────┬────────┘
                             │
              ┌──────────────┴──────────────┐
              ▼                             ▼
    ┌──────────────────┐         ┌──────────────────┐
受  │      受 理       │         │     不予受理     │
理 →│ 要件齐全、符合申请 │         │ 要件不全或不符合申 │
    │ 要求，出具工伤受理 │         │ 请条件、不属于受理 │
    │ 通知书（1日）    │         │ 范围的，出具补正材 │
    │ 承办：综合业务科 │         │ 料通知书或告知业务 │
    └────────┬─────────┘         │ 经办人不予处理   │
             │                   └──────────────────┘
             ▼
    ┌──────────────────┐         ┌──────────────────┐
承  │ 现场勘验、进行笔录 │         │      退 件       │
办 →│    （20日）      │────────▶│ 对审核不合格或未通 │
    │ 承办：综合业务科 │         │ 过审核的，告知申请人│
    └────────┬─────────┘         └──────────────────┘
             │
             ▼
    ┌──────────────────┐
审  │     上报审核     │
批 →│ 人社局工伤科审核 │
    │     （5日）      │
    └────────┬─────────┘
             │
       ┌─────┴─────┐
       ▼           ▼
┌────────────┐ ┌──────────────────┐
│   出 件    │ │    不予批准      │
办│人社局工伤科│ │ 不符合批准要求或审│
结→│出具工伤认定│ │ 批未通过的，告知经│
│书（1日）   │ │ 办人（当日）     │
│            │ │ 承办：综合业务科 │
└────────────┘ └──────────────────┘
```

图8-1 工伤认定流程图

2. 工伤申请办理流程

（1）办理流程

◇员工发生工伤事故后，本人或者其同事必须马上报告本人所在单位，说明受伤者姓名、性别、事故发生时间、地点及事故发生经过。

◇24小时内用工单位必须以书面形式报告工伤保险主管部门。

◇发生工伤事故后两周内，员工本人或代理人应向用工单位提交工伤认定办理所需的资料，用工单位审核相关材料后向工伤鉴定部门报送。具体流程可如表8-7所示。相关材料包括：描述事故经过；原始病历、诊断证明书原件和复印件；两名证明人亲自书写的旁证材料，旁证人身份证明并加盖本单位公章；工伤认定申请表（一式三份）；本人身份证复印件。

表8-7 工伤认定办理流程

办理事项	工伤认定
申请条件	1. 市直参保单位职工发生事故伤害或者按照职业病防治法规定被诊断、鉴定为职业病，所在单位应当自事故伤害发生之日或者被诊断、鉴定为职业病之日起30日内，向市医保局提出工伤认定申请。 2. 用人单位未在规定的30日时限内提出工伤认定申请的，工伤职工或者其直系亲属、工会组织在事故伤害发生之日或者被诊断、鉴定为职业病之日起1年内，可以直接向市医保局提出工伤认定申请。 3. 用人单位未在规定的30日时限内提交工伤认定申请，在此期间发生的符合工伤待遇等有关费用由该用人单位负担
申报材料	1. 工伤认定申请表一份。 2. 医疗诊断证明或者职业病诊断证明书（或者职业病诊断鉴定书）原件及复印件各一份。 3. 身份证复印件一份。 4. 组织机构代码证复印件一份。 5. 与用人单位存在劳动关系（包括事实劳动关系）的证明材料原件及复印件各一份。 6. 事故现场环境照片两张
受理窗口	综合业务科
办理时限	市医保局自受理用人单位（工伤职工或者其直系亲属、工会组织）提出工伤认定申请之日起，21个工作日内将初审意见报市人社局工伤科认定
设定依据	《工伤保险条例》（2010年国务院第586号令）
注意事项	工伤认定申请人提供材料不完整的，工作人员应当一次性告知申请人需要补正的全部材料。如工伤认定申请人不能在工伤发生之日起一年之内提供完整材料的，市医保局将根据《工伤保险条例》作出不予受理通知

（2）属于下列情况应提供的相关证明材料

根据受伤或死亡的不同情况，需提供的证明材料如表8-8所示：

表8-8　不同受伤情况对应提供的材料

受伤情况	需提供的材料
在工作时间和工作岗位，突发疾病死亡或者在48小时之内经抢救无效死亡的	医疗机构的抢救和死亡证明
由于机动车事故引起的伤亡事故提出工伤认定的	交通事故责任认定书
属于抢险救灾等维护国家利益、公众利益活动中受到伤害的	事发地县级以上人民政府有关部门出具的有效证明
因工外出期间，由于工作原因受到伤害的	公安部门证明或其他证明
发生事故下落不明需认定因工死亡的	人民法院宣告死亡的结论
因履行工作职责遭受暴力伤害的	公安机关或法院判决书

8.2.5　生育保险

生育保险作为法定五险一金的重要一环，为女性职工提供了生育医疗费用和生育津贴（替代生育期工资），针对男性职工未就业女性配偶提供了生育医疗费用。报销标准因地区而异。生育保险只有连续缴纳社保满12个月（中间中断不超过3个月，视作连续），且生育前一月还在缴纳社保的才能享受生育保险的待遇，否则不可享受。本节以北京生育保险的申请为例。

1. 生育津贴领取流程

符合生育条件的参保员工，可申请生育津贴。

（1）领取流程

填写北京市申领生育津贴人员信息登记表，并携带相关材料到区人力社保局社保中心基金支付科、分中心支付岗及街镇社保所业务窗口进行申领；

员工单位持相关材料到单位于次月中下旬收到生育津贴款项后须及时支付至申领职工本人，并留存相关凭证。

申请生育津贴所需资料如下：

◇医学诊断证明书（原件和复印件）。

◇婴儿出生证明（原件和复印件）。

◇北京市再生育确认服务单（原件）。

◇北京市流动人口生育登记服务单（原件）。

◇北京市工作居住证（原件和复印件）。

◇北京市生育登记服务单（原件）。

◇北京市生育服务证（原件和复印件）。

◇北京市外地来京人员生育服务联系单（原件和复印件）。

◇北京市流动人口再生育确认服务单（原件）。

◇结婚证（原件和复印件）。

◇北京市申领生育津贴人员信息登记表（一式两份）。

◇北京市申领生育津贴人员信息变更表（一式两份）。

如若有特殊情况，还需要携带其他相关资料。

（2）引（流）产津贴申领提交材料

◇ 北京市申领生育津贴人员信息登记表（一式二份，可通过网站下载）。

◇ 结婚证原件及复印件。

◇ 医疗机构出具的医学诊断证明书原件及复印件。

◇ 配偶一方为军籍人员的，需提供身份证复印件或军官证复印件。

◇ 配偶一方为外籍或中国港澳台地区人员的，需提供相关身份证明原件及复印件。

2. 生育保险报销流程

因怀孕生育而花费的产检费、接生费、手术费、住院费、药费等都可以通过生育保险进行报销，但支付方式有所不同。

（1）报销范围

因怀孕、生育发生的医疗检查费、接生费、手术费、住院费和药品费。

（2）报销标准

◇产前检查支付标准：自确定妊娠至终止妊娠，发生的产前检查费用按限额标准支付3000元。低于限额标准的按实际发生的费用支付，高于限额标准的，按限额标准支付。

◇住院分娩定额支付标准：

自然分娩的医疗费：三级医院5000元、二级医院4800元、一级医院4750元（剖宫产术后再次妊娠阴道试产且采取椎管内分娩镇痛，定额支付标准在各级医院"自然分娩"定额标准的基础上分别增加1000元）。

人工干预分娩的医疗费：三级医院5200元、二级医院5000元、一级医院4950元。

剖宫产手术的医疗费：三级医院5800元、二级医院5600元、一级医院5550元。

（3）报销条件

◇符合国家或者北京市计划生育规定。

◇分娩前连续缴费满9个月。

◇因怀孕、生育发生了医疗检查费、接生费、手术费、住院费和药品费。

（4）报销材料

◇社会保障卡：北京市社会保障卡(未发卡的提供医疗蓝本或领卡证明)。

◇生育服务证：北京市生育服务证。

◇外地户口由街道办事处开具北京市外地来京人员生育服务联系单(留存复印件)。

◇出生证：婴儿出生证。

◇医学诊断证明书：定点医疗机构的医学诊断证明书。

◇收费凭证：原始收费凭证、医疗费用明细单、处方。

（5）报销流程

◇收集所有材料，产后3个月内报单位人事部。

◇单位填写生育保险费用手工报销审批表、北京市生育保险手工报销医疗费用申报结算汇总单，所有票据按发票附处方明细粘贴在审批表后，每月1~20日到社保报销。

◇社保将报销款打入单位账户。

◇到账后单位将报销费用发放到个人。

（6）特别提醒

如连续缴费不足9个月，其生育或计划生育手术医疗费用由生育保险基金支付，但生育津贴则由用人单位支付。如参保职工分娩前连续缴费不足9个月，分娩之月后连续缴费满12个月的，职工的生育津贴由生育保险基金予以补支。补支标准为申报领取津贴之月，用人单位职工月缴费平均工资除以30

265

天再乘以产假天数。

疑难问题　员工不愿意参加社保怎么办

现如今，很多年轻人不愿意参加社保，因为他们不太看好国家养老保险政策，有自己的打算；另外，他们更希望公司把社保这部分钱变成现金发给个人；不愿参保全部险种，只想参保部分险种，如医保、生育保险。针对这种情况，企业的人力资源管理者应该怎么处理呢？

第一，明确国家规定。《中华人民共和国社会保险法》规定：

第四条　中华人民共和国境内的用人单位和个人依法缴纳社会保险费，有权查询缴费记录、个人权益记录，要求社会保险经办机构提供社会保险咨询等相关服务。个人依法享受社会保险待遇，有权监督本单位为其缴费情况。

第五十八条　用人单位应当自用工之日起三十日内为其职工向社会保险经办机构申请办理社会保险登记。未办理社会保险登记的，由社会保险经办机构核定其应当缴纳的社会保险费。

自愿参加社会保险的无雇工的个体工商户、未在用人单位参加社会保险的非全日制从业人员以及其他灵活就业人员，应当向社会保险经办机构申请办理社会保险登记。

国家建立全国统一的个人社会保障号码。个人社会保障号码为居民身份号码。

第八十六条　用人单位未按时足额缴纳社会保险费的，由社会保险费征收机构责令限期缴纳或者补足，并自欠缴之日起，按日加收万分之五的滞纳金；逾期仍不缴纳的，由有关行政部门处欠缴数额一倍以上三倍以下的罚款。

《劳动法》关于公司给员工上社保的规定如下：

1. 从职工入职之日起缴纳。
2. 职工缴纳社保的基数确定及缴费比例。

（1）职工缴纳社保基数按上年本人月平均工资确定，上年不满十二个月的按实际月平均，新参加工作的按劳动合同约定，缴费基数不得低于上年全省平均工资的60%，不得高于上年全省平均工资的300%。

（2）缴费比例：养老保险28%（企业20%、个人8%），医疗保险10%（企业8%、个人2%），失业保险3%（企业2%、个人1%），工伤和生育保险按工资总额的一定比例由企业全额缴纳。

职工应缴纳的社保由企业在职工应发工资中代扣代缴。

3. 在职按社保规定享有医保待遇、工伤待遇、生育待遇，失业享有失业金。缴费年限满15年，到法定退休年龄，办理退休，享领退休工资和退休医保。

向职工明确社保的重要性，说明国家对企业给职工上社保是有明确规定的。

第二，面试时讲清楚。在招聘员工时，一定要把是否上社保的事情说清楚，问清楚员工为什么不想上社保。如果员工自动放弃上社保，要让他写一个授权，说明是他自动放弃在本单位上社保，如若日后还想上社保可以接着上。如若无法就社保问题达成一致，建议最好不要招聘此类员工。日后很有可能会因为社保的事情产生劳动争议，故而在源头这里就要做好预防。

第三，灵活调整。企业可以根据当地社保政策对待，在不同地区上社保时可以不上五险，比如可以按照当地社保的一定比例作基数，查询企业社保缴交的力度。

第四，尽量协商。对于已经招聘进企业的员工，可以就参保这件事多做思想工作，让其明白这是一项有利于他的福利。

实战案例　试用期工伤员工医疗报销案例分析

员工王某应聘到某企业上班，试用期两个月。在试用期期间，公司并未为王某上社保。在试用期期间，王某因公受伤，后经当地人力资源和社会保障局认定为工伤八级伤残。几个月后，王某由于个人原因回老家做了第二次手术，同时自行垫付了住院医疗费用。

员工在上班期间发生工伤是无法避免的，为了减少这种情况的发生，降低公司用工风险和用工成本，保障员工的合法权利，按照国家相关规定，公司须依法为员工缴纳相应的社会保险。那么，在发生了工伤纠纷之后，员工如何维护自己的合法权益呢？企业又该承担起怎样的责任呢？

王某认为，自己已经与这家公司签订了劳动合同，建立了劳动关系，并按照合同约定付出了劳动，这家公司应当承担缴纳社会保险的义务，但是公司并未为王某缴纳社会保险，因此当工伤发生时，公司应当承担工伤保险应该承担的相应责任，于是要求公司承担一次性伤残补助金、一次性伤残就业补助金、一次性工伤工医疗补助金、二次手术的医疗费及外地就医的交通费等各项费用。

从公司的角度看，这家公司并未按照《劳动合同法》在员工入职第一天就为员工上社保，但是随后公司也为员工补缴了该月的社会保险，但是由于政策限制，导致员工无法享受社会保险相关待遇。但是，员工到外地就医并没有得到相关部门的审批，不符合工作治疗程序。

第一，试用期期间，企业是否该给员工缴纳社保。从操作角度上看，公司一般会在规定的时间节点向社保部门报增员，为员工缴纳社会保险。但是这家公司并未按《劳动法》的相关规定，在员工入职第一天就为其补办社保。因此，在试用期间，员工的社保处于断档状态。根据《工伤保险条例》第六十二条二、三款规定："依照本条例规定应当参加工伤保险而未参加工伤保险的用人单位职工发生工伤的，由该用人单位按照本条例规定的工伤保险待遇项目和标准支付费用。用人单位参加工伤保险并未补缴应当缴纳的工伤保险费、滞纳金，由工伤保险基金和用人单位依照本条例的规定支付新发生的费用。"由此看出，相关法律并没有将不能参加工伤保险的原因进行细分，然而只要是在参加工伤保险期间职工发生工伤的，相关待遇的支付责任都是由用人单位承担。

可见，该公司的操作按照《工伤保险条例》应当承担起员工保险的责任，在试用期期间也该为员工缴纳保险，不该存有侥幸心理。为了避免更多意外的发生，在员工办理入职之前，就要求员工提前把办理社保的资料准备齐全，在员工入职时及时尽快地为员工办理社保。这样可以有效预防工伤意外的发生，减少企业额外的资金支出。

第二，员工去外地就医产生的费用问题。可参考《工伤保险条例》的第三十条四款规定"职工住院治疗工伤的伙食补助费，以及职工经医疗机构出具证明，报经办机构同意，工伤职工到统筹地区以外就医所需的交通、食宿费用从工伤保险基金支付，基金支付的具体标准由统筹地区人民政府规定"。从这条规定中可以看出，员工要想让公司承担去外地就医产生的费用，要"报经办机构同意"，也就是说需要经过相关部门的审批，并且所产生的费用都与工伤就医有关系，只要对这些问题进行举证，公司就需要承担员工外地就医所产生的费用。

实战案例　值班回家途中突然死亡算不算工伤

薛强是某公司的技术职工。国庆期间，薛强所在的部门每天安排两名人员在值班室值班，负责日常工作以外的技术维修。该公司对值班人员在值班期间是在企业内就餐还是可以回家就餐未做明确规定。

某一天，薛强值班。薛强决定回家吃午饭，但是在饭后返回上班的途中突发疾病，被路人紧急送往医院抢救，却当晚23：00左右经抢救无效死亡。薛强死亡后，该公司向该地区人社部门提交了工伤认定申请。人社部受理后，作出了认定工伤决定书，人社部认为薛强在值班期间内突发疾病，经抢救无效死亡，属于工伤认定范围，认定为工亡。

《工伤保险条例》第十五条第一项规定：

职工有下列情况之一的，视同工伤：（一）在工作时间和工作岗位，突发疾病死亡或者在48小时之内抢救无效死亡。

首先，薛强符合《工伤保险条例》中的"工作时间"这一条件。虽然事发时他没有在公司，但由于公司并没有规定就餐必须在公司，而薛强回家就餐这一行为符合劳动者的正常需求，与劳动者的正常工作是分不开的。因此，本案在"工作时间"内。

其次，薛强符合在"工作时间"这一条件的说法可以有另一种理解。从时间上看，薛强的就餐时间发生在工作时间之内，虽然地点是在家里，但是企业并没有对就餐的地方做出明令禁止的规定，就餐行为属于正常工作的合理延续。

最后，薛强符合在"突发疾病死亡或者在48小时之内抢救无效死亡"这一条件。薛强当天中午在饭后返回上班的途中被送往医院抢救，因病情过于急并且严重，抢救无效死亡，属于在48小时之内抢救无效死亡情形。

第 9 章 | CHAPTER 9
人力资源管理者的职场规划

每一个人的职业生涯都会经历不同的阶段，人力资源管理者的职业生涯也不例外，也会经历暗淡期、塑造期、瓶颈期、开拓期、稳定期这几个阶段。人力资源管理者往往对所管辖的岗位有着清晰的职业规划，但有些人却对自己缺少清晰的规划。如果你想在人力资源管理领域获得更好的发展，做好职业生涯规划也是非常有必要的。

9.1 人力资源管理者的职业定位

　　人力资源管理者在对自己的职位进行定位的时候，往往会在是为企业服务还是企业管理这两个层面存在一定的认知误差。其实只要系统地学习了本书之后，就会明白，人力资源管理者的职能主要是企业管理层面，而不仅仅停留在企业服务层面。

　　人力资源的管理主要是对企业经营目标与组织承载力的建设，是一个宏观的组织架构，不仅仅是为企业做招聘、面试、办理入职离职这种服务性的工作。人力资源管理者的工作内容非常广泛，包括岗位管理、培训管理、薪酬管理、职业发展、福利管理、招聘管理、绩效管理、员工关系管理、基础人事管理、人力资源管理制度、人事档案管理、员工入职管理、社保管理等，内容繁杂且广泛。人力资源管理者的工作关系到每个岗位的发展以及公司战略目标的发展。

　　小丽最近进入了一家教育集团出任人力资源管理的工作，入职后被集团分配到一所学校。因为教育制度的改革和教育资源的竞争，整个集团处于改革状态，很多制度还不够完善、规范。小丽的工作相对简单，平时做一些面试招聘、统计员工名册、与教师签订合同等日常工作。但是，小丽是一个上进心很强的人，她想要把这份工作做好，发挥其最大的价值。因为集团正处于改革状态，所以，人员的流动很大，她决定做一个离职程序。但是，当小丽把自己的劳动成果拿给学校领导看时，学校领导却说，"我们是为学校老师服务的，不是管理老师的。"这让小丽有些困惑，对自己的职业定位产生了怀疑。

其实，小丽的做法并没有什么不妥之处。人力资源管理者既服务于企业，也负责管理工作。企业领导只有正视人力资源管理者的作用和价值，并下放一定的权力，才能让人力资源管理者发挥出最大的价值。我们从以下四个方面分析一下人力资源管理者的管理职能：

1. 服务与管理并存

人力资源管理者既服务于企业，也管理企业。像案例中的直营学校，应当更加重视对老师的管理，因为老师的一言一行对学校的声誉、影响力、招生有着直接影响，学校自然会把老师的管理看作学校管理的重中之重。

但是要想管理好老师，就要从绩效考核、绩效评价、综合能力、讲课质量、教学结果等方面入手，这些目标的设置离不开人力资源管理者的参与，当然也需要结合学校战略规划、未来发展，并综合考虑学校目前的实际情况。只有把各方面因素都纳入管理中，教师管理才能做到位，才能符合学校真正的需求。

此外，还要结合招聘、培训、薪酬等内容，把人力资源管理者的优势彻底发挥出来，才能得到学校领导的赏识，让学校领导意识到人力资源管理者的重要性。

2. 经验结合现实

人力资源管理者在企业发挥自己的能力和技能的时候，一定要考虑企业的实际情况。在熟悉了解企业业务、企业目标、现实情况以后，才能把自己的工作经验结合企业的实际情况尽情发挥。比如，案例中，小丽刚到学校之后，就做了一个离职程序，但是领导并没有认可她的行为。这有可能是因为小丽没有了解企业的实际情况，换了一个工作环境，还在沿用之前的工作经验。在对自己的工作有了定位之后，一定要结合企业的实际情况，在此基础上，最大化地发挥自己的经验。

3. 岗位分析

人力资源管理者刚到一家企业，一定要先了解企业文化，对人力资源部的岗位进行分析，主要解决六个问题：

◇ 工作的内容是什么？
◇ 工作由谁来完成？
◇ 什么时候能完成工作？
◇ 在哪里完成？
◇ 怎样完成此项工作？
◇ 完成此项工作的价值？

对自己的工作职能进行岗位分析，才能对自己的工作职能有一个清晰的定位。比如，可以通过会议、计划、检查、问询、培训等方式，在短期内了解相关信息，随着日常工作的全面接触，才能更加了解企业文化和企业领导的管理方式。

在这种情况下，针对性地提出自己的想法，可以以文件或者报告形式提交给企业领导。这样，你的方案被通过的可能性才会大，也会收到比较好的效果。

4. 人力资源规划

在对自己的岗位进行分析之后，人力资源管理者要做好人员规划。人力资源规划的具体步骤如下：

◇ 了解当前员工所具有的知识、能力、技能和经验；
◇ 预测组织内部和外部的人力资源需求和供给；
◇ 制订相应的行动方案与计划；
◇ 对人力资源进行控制和评估。

人力资源管理者要了解某个岗位究竟需要几个员工，是否出现职位空缺；知道某项工作因具有较高难度或恶劣环境，可能加速员工的流失；是否需要定期进行培训；随时掌握员工的工作情况，并根据现实情况或突发状况进行面谈，了解员工的思想动态，减少优秀人才的流失。

人力资源管理者在对自己的职业有了精准定位之后，要全面提升自己的综合能力和知识面，综合能力方面包括公文写作、演讲能力、沟通能力、项目管理能力、活动组织能力；知识面方面包括人力资源、心理学、沟通管理、相关法律知识、社会科学等。这些能力都是在工作中会用到的，可以看出人力资源的工作非常繁杂，需要掌握很多能力和知识。

9.2 人力资源管理者职业生涯规划

现代社会经济发展迅猛，越来越多的企业开始重视人力资源管理，都把人力资源管理作为企业战略发展的一个重要组成部分。企业开始重新审视人力资源的价值以及人力资源的开发与管理。每一个人的职业生涯都会经历不同的阶段，人力资源管理者的职业生涯也不例外，也会经历暗淡期、塑造期、瓶颈期、开拓期、稳定期这几个阶段。人力资源管理者的职级大概可分为：人力资源助理、人力资源专员、人力资源主管、人力资源经理、人力资源总监。

人力资源管理者在对自己的职业生涯进行规划的时候，可以对照这五个阶段，看看自己现在处在哪个职级，打算用多长时间上升一个职级，是否有具体的行动目标。人力资源管理者往往对所管辖的岗位有一个清晰的职业规划，但是很多的人力资源对自己的职业规划并没有清晰的规划。

如果人力资源管理者想要发展得更好，就要做好职业生涯规划，这是非常有必要的。在进行职业规划的时候，可以从以下五个方面进行：

1. 客观地认识自己

做人力资源管理工作，要学会客观地认识自己，分析自己的优点缺点。只有正确地认识自己的优点缺点，才能不断地改变自己，努力改正自己的缺点，让自己更优秀。在对自己有一个正确的评估之后，要对自己的职业进行分析。比如，你的职业类型是做人力资源管理工作，目前是一名人力资源专员，目标是通过努力争取做一名人力资源部高管。做人力资源部高管都需要具备哪些能力呢？要具备良好的领导能力、决策能力、掌控力、管理能力、承受力、沟通能力等。自己的优势是所学的专业与这份工作相匹配，又从事这方面的工作，有着专业性和职业性。

2. 职业发展机会评估

人力资源管理者做好职业生涯规划的第二点就是做好职业发展机会评估。做职业发展评估可以从两个方面开展：一个是企业内部；另一个是企业外部。

（1）从企业内部寻找机会

如果从企业内部寻找发展机会，就要把人力资源管理的岗位职级进行细化，具体的发展分为：人力资源助理、人力资源专员、人力资源主管、人力资源经理、人力资源总监、企业高层管理者。那么，每个岗位的具体工作内容是什么呢？具体内容如下：

◇ 人力资源助理：主要听从部门领导安排，整理企业员工的档案，做一些基础的打杂工作。

◇ 人力资源专员：主要负责企业培训、薪酬设计、面试等工作。

◇ 人力资源主管：负责企业的人力资源具体工作，包括招聘、培训、绩效管理、薪酬福利、员工关系等，以及完成人力资源管理者指派的任务。

◇ 人力资源经理：负责一些管理统筹工作以及人力资源部门的工作运转以及部门人员的管理。

◇ 人力资源总监：人力资源管理的最高级别，一般在大型企业会有这个职位，主要配合公司战略目标的实施。如果工作足够出色的话，会晋升为公司的管理者。

值得注意的是，在朝着自己的职业生涯全力前进的时候，如果遇到了职业瓶颈，不要过于担心和迷茫。我们不妨转换一下思维，可以跟领导申请在企业内轮岗。由于人力资源管理者比较熟悉各岗位的具体工作内容，可以通过在具体的工作岗位上获得专业知识。去企业内的其他岗位工作可以更加了解企业的具体情况，有利于更好地发展人力资源管理工作。

（2）从企业外部寻找机会

如果把眼光放得长远一些，不局限于企业内部，而是从整个职业发展前景来看，人力资源管理者可以从事的岗位也有很多，包括企业培训师、招聘专家、绩效经理、企业管理咨询师，成为这些细分领域里的专家和行家，也会让你的职业之路走得更顺。接下来，我们来具体分析一下这些岗位有哪些发展空间？

◇ 企业培训师：成为专业的培训师，主要开发企业培训课程，或者成为企业培训咨询师。

◇ 招聘专家：专门为企业寻找优秀人才，帮助企业开发招聘管理的工具及人才能力测评工具的专家。

◇ 绩效经理：在绩效管理方面有丰富的经验，可以帮助企业建立合理的绩效考核体系，向企业提供有效的绩效管理工具和管理经验。

◇ 企业管理咨询师：专门为企业做管理规划和管理问题诊断及分析的行家。

◇ 职业经理人：人力资源管理方面的最高级岗位，比如企业总监、人事总监等。

由此可以看出，人力资源管理者的职业生涯前景是非常光明的，发展道路也非常宽广。所以，如果你打算一直从事人力资源工作，一定要对自己的职业有信心。人力资源管理者在企业工作期间可以接触到先进的管理理念和管理知识，可以不断提升自己的管理经验。

3. 设定职业生涯目标

在设定职业生涯目标的时候，可以从短期目标和长期目标两个层面进行设定。设定长期目标，最终成为人力资源部的高层管理者，实现从低级到高级的发展；设定短期目标，分阶段进行实现。在设定短期目标时，具体操作步骤如下：

第一步，进行岗位实践申请，深入接触人力资源管理的具体工作，在实际工作中提高自己的专业技能。

第二步，确定自己的学习目标、工作目标和具体执行方案。

第三步，学习人力资源管理专业知识，丰富自己的知识储备，提升自己的学习力。

第四步，确定学习方向后，考取相关方面的资质证书，努力工作，全面向晋升努力。

第五步，在实践中积累工作经验，培养自己的招聘能力，运用招聘工具，提升招聘技能。

第六步，加强与上下级的沟通，使得自己的工作得到更多人的支持和认可。

第七步，定期做复盘总结，客观分析自己，发挥优势，改进不足。

第八步，制订出3~5年长期的工作目标，努力完成，最终成为企业的管理者。

4. 制订行动措施

设定目标以后，就要制订相匹配的行动措施。只有制订了具体的行动措施，才可以更好地实现职业生涯目标。在制订措施时，可以从以下四个方面进行：

一是准确清晰地理解企业的战略意图和发展目标，以其为行动指南；针对企业不同的发展需求，制订相关的人才聘用、培训、薪酬等管理制度和规定，作为企业不同阶段需求的管理准则；始终围绕企业的战略目标，把这个原则贯穿工作始终，有利于实现自己的职业生涯规划与企业的发展目标相匹配。

二是建立人才储备、岗位胜任模型、岗位培训、设定目标等计划，提升员工的专业技能和发展平台，让员工看到自己的发展前景；通过岗位培训可以更好地了解员工的能力，同时培养和规范员工的能力和行为，让新员工尽快适应岗位；通过设立目标让员工的个人发展与公司的整体规划相匹配，实现双方朝着共同的目标努力，不断地提出适应企业发展的阶段性目标，激发员工的热情和工作积极性；建立岗位胜任模型，可以更清晰地了解岗位所需要的技能和知识，在招聘时可以更精准地招聘到合适的人才；日常要注意人才储备，建立人才储备库，在企业急需人才的时候，可以为企业招聘到合适的人才，以解企业的燃眉之急。

三是保持一颗责任心。人力资源部的工作非常繁杂，像薪酬管理、绩效管理、招聘管理、培训管理等日常管理，都要根据公司的发展需求去推进和实施，关系到每个员工的切身利益，因此在制订和实施管理制度时，要有一颗责任心，保持公平的原则，这样才能保护企业和每位员工的利益，用高度的责任心和强烈的使命感对待每一天的工作。

四是总结反馈。在日常工作中，要善于总结，形成一定的模板，有利于自己在遇到类似的问题时，及时套用模板工作，对于灵活变化的部门可以适当调整。同时，将自己在工作中的发现及时反馈给部门领导，使得公司的制度和措施变得更加完善，更加科学合理，推动企业总体目标的实现。

5. 评估和调整

对自己的工作进行整体评估，根据评估结果进行调整，以便以最快最好的速度实现自己的职业生涯目标。具体行动步骤如下：

一是根据企业的发展情况，及时调整自己的短期发展目标，并调整自己的职业方向，经过多次调整，才能锁定理想的职业方向。由于人力资源管理者的工作业绩不像技术部门或者销售部门那样能够看出明显的业绩，因此要及时调整自己的心态，从其他角度看待自己的工作。只有把自己的工作做好，为企业解决问题，让企业管理者看到人力资源管理者的价值，才能突破事业瓶颈。

二是提升自我，精准定位人力资源的工作价值，逐步提升职业技能，让自己朝着高端人力资源管理者的方向发展，争取成为企业的管理者或者合作伙伴；努力让企业领导看到人力资源管理者的作用和重要性，为自己的工作争取更多的发展空间。

三是坚持不懈地去实现自己的目标，不要轻易放弃。坚信只要努力，目标总有实现的一天。

9.3 人力资源管理者职业测评

很多人力资源管理者在面试人力资源专员或者人力资源助理的时候，同样也要做测评，这个测评不仅适用于其他岗位员工，也适用于人力资源部。因此，在面试人才时，人力资源管理者可以进行测评，以便招到更合适的人才。在进行测评的时候，可以让测评者填写职业性格测试题。

1. 职业性格测验题

根据自己的实际情况，对下面的问题作出回答。

第一组

◇喜欢内容经常变化的活动或工作情景。

◇喜欢参加新颖的活动。

◇喜欢提出新的活动并付诸行动。

◇不喜欢预先对活动或工作作出明确而细致的计划。

◇讨厌需要耐心、细致的工作。

◇能够很适应新环境。

第一组总计次数（　　）。

第二组

◇当注意力集中于一件事时，别的事很难使我分心。

◇在做事情时，不喜欢受到干扰。

◇生活有规律，很少违反作息制度。

◇按照一个设定好的工作模式来做事情。

◇能够长时间做枯燥、单调的工作。

第二组总计次数（　　）。

第三组

◇喜欢按照别人的批示办事，需要负责任。

◇在按别人指示做事时，自己不考虑为什么要做些事，只是完成任务就算。

◇喜欢让别人来检查工作。

◇在工作上听从指挥，不喜欢自己作出决定。

◇工作时喜欢别人把任务的要求讲得明确而细致。

◇喜欢一丝不苟按计划做事，直到得到一个圆满的结果。

第三组总计次数（　　）。

第四组

◇喜欢对自己的工作作出计划。

◇能处理和安排突然发生的事情。

◇能对将要不得不发生的事情负起责任。

◇喜欢在紧急情况下果断作出决定。

◇善于动脑筋，出主意，想办法。

◇通常情况下对学习、活动有信心。

第四组总计次数（　　）。

第五组

◇喜欢与新朋友相识并一起工作。

◇喜欢在几乎没有个人秘密的场所工作。

◇试图忠实于别人且与别人友好。

◇喜欢与人互通信息，交流思想。

◇喜欢参加集体活动，努力完成所分配的任务。

第五组总计次数（　　）。

第六组

◇理解问题总比别人快。

◇试图使别人相信你的观点，善于使别人按你的想法来做事情。

◇善于通过谈话来说服别人。

◇善于让别人按你的想法来做事情。

◇试图让一些自信心差的人振作起来。

◇试图在一场争论中获胜。

第六组总计次数（　　）。

第七组

◇你能做到临危不惧吗？

◇你能做到临场不慌吗？

◇你能做到知难而退吗？

◇你能冷静处理好突然发生的事故吗？

◇遇到偶然事故可能伤及他人时，你能果断采取措施吗？

◇你是一个机智灵活、反应敏捷的人吗？

第七组总计次数（　　）。

第八组

◇喜欢表达自己的观点和感情。

◇做一件事情时，很少考虑它的利弊得失。

◇喜欢讨论对一部电影或一本书的感情。

◇在陌生场合不感到拘谨和紧张。

◇相信自己的判断，不喜欢模仿别人。

◇很喜欢参加各种活动。

第八组总计次数（　　）。

第九组

◇工作细致而努力，试图将事情完成得尽善尽美。

◇对学习和工作抱有认真严谨、始终一贯的态度。

◇喜欢花很长时间集中于一件事情的细小问题。

◇善于观察事物的细节。

◇无论填什么表格态度都很认真。

◇做事情力求稳妥，不做无把握的事情。

第九组总计次数（　　）。

统计和确定你的职业性格类型，具体如表9-1所示：

表9-1　统计和确定你的职业性格类型

组	回答"是"的次数	相应的职业性格
第一组	（　）	变化型
第二组	（　）	重复型
第三组	（　）	服从型
第四组	（　）	独立型
第五组	（　）	协作型
第六组	（　）	劝服型
第七组	（　）	机智型
第八组	（　）	好表现型
第九组	（　）	严谨型

2.各类职业性格特点

（1）变化型

这种类型的人喜欢工作类型多样化，工作内容越多变越好，在新的活动场景中更能激发他们的工作热情。他们喜欢新鲜事物，乐于接受新事物和新思想。

（2）重复型

这些人喜欢做一些机械的、重复性工作，喜欢按部就班的工作，他们习惯在有规章制度或者计划的情况下做事情，喜欢有标准、有规则的工作。

（3）服从型

这种类型的人不愿意独立做决定，更愿意听从上级的安排做事，会对自己的分内工作格外负责，但缺乏主观能动性。

（4）独立型

这种类型的人具备领导潜质，喜欢规划自己的生活和工作，同样喜欢指导别人的工作，喜欢提前计划好所有的事情，喜欢独立和掌控一切。

（5）协作型

这种类型的人能够很好地与他人相处，他们喜欢在团队中工作，不喜欢单打独斗。

（6）劝服型

这些人具有较强的沟通能力，喜欢说服别人认同自己的观点，适合从事与人打交道的工作。

（7）机智型

这些人在面对突发状况的时候能够镇定自若，即使是面对危险情况也能控制全局，镇定自若。他们喜欢挑战刺激性强的任务，即使出现错误，也能坦然处理，具备领导潜质。

（8）好表现型

这些人喜欢表现自己，就像孔雀一样，个性相对张扬一些，喜欢成为同事中的焦点。

（9）严谨型

这些人追求完美，注重细节，会按照规则和步骤有条不紊地完成工作。这种类型的人会严格要求自己，对待工作态度非常严谨，喜欢欣赏自己的劳动成果。

很多人是多种类型性格的人，凡是写"是"的选项就体现了他的性格类型。